小学校
家庭科
教育研究

教師養成研究会
家庭科教育学部会
編著

東洋館出版社

ま え が き

　21世紀は「知識基盤社会」の時代であるといわれ，グローバル化の進展も加わって国際競争を加速させる一方，異なる文化や文明との共存や国際協力の必要性も求められてきた。このような時代潮流のなかで，約60年前に制定された教育基本法や学校教育法の改正が行われた。この法改正をふまえた審議の末，中央教育審議会は2008（平成20）年１月「幼稚園，小学校，中学校，高等学校及び特別支援学校の学習指導要領等の改善について」答申を行った。この答申をふまえて３月に学習指導要領が告示された。

　このような教育界の流れにそって，家庭科を指導するにあたり，学習指導要領の趣旨をよく理解し，改訂をふまえた望ましい家庭科教育を推進できるように，そして，家庭科教師として望ましい資質や力量が養えるよう，本書の編集に心がけた。

　本書は，小学校の家庭科教育の基本的事項である家庭科教育の本質や目標をはじめ，小学校家庭科の内容，学習指導，指導計画，施設・設備，評価，家庭科担当教師，諸外国の家庭科など，指導上習得しておくべき事項を概説した。社会や家庭の変革が著しい今日において，家庭科教育に求められている教育課題に迫り，子どもたちが主体的に学び，活動できる授業を創造する指導力の育成が図れることを期待して編集したものである。

　今回，本書の前身である「小学校家庭科の研究　三訂版」の構成の一部を改め，書名を新たにし，さらに資料の更新を図り，執筆者を変更するなど一層の整備・充実を行った。本書の構想を練るにあたって，「小学校家庭科の研究三訂版」の執筆代表者である武井洋子氏，田部井恵美子氏の成果を活用させていただいたことを，ここに付記する。

　執筆者は，現在大学において小学校家庭科の教育に関する講義を担当している研究者である。したがって，本書が大学ならびに短期大学で小学校教員を目指そうとする学生の必携の書として，また現在家庭科教育実践の場にあって，

諸問題解決に携わっておられる先生方の研究の一助として，活用されれば幸いである。

最後に，本書の刊行にあたり，引用または参考にさせていただいた資料の関係者の方々に謝意を表すとともに，ご尽力くださった学芸図書株式会社編集部に心から感謝の意を表します。

2008（平成20）年11月

教師養成研究会
家庭科教育学部会
池　﨑　喜美惠

編集者・執筆者一覧（五十音順，○は編集責任者）

○池　﨑　喜美惠	東京学芸大学	（Ⅰ章，Ⅶ章，Ⅹ章）
生　野　晴　美	東京学芸大学	（Ⅲ章§2－2(1)(4)(5)）
志　村　結　美	山梨大学	（Ⅲ章§2－5，Ⅷ章，Ⅸ章）
流　田　　　直	十文字学園女子大学	（Ⅲ章§2－3）
鳴　海　多恵子	東京学芸大学	（Ⅲ章§2－2(2)(3)）
野　上　遊　夏	聖徳大学	（Ⅱ章，Ⅲ章§1，§2－4）
浜　島　京　子	福島大学	（Ⅳ章，Ⅵ章）
増　茂　智　子	立教大学	（Ⅲ章§2－1，Ⅴ章）

目　次

まえがき

I　家庭科教育の本質
- §1　家庭科教育の歴史 …………………………………………7
  戦前の家庭科教育──戦後の家庭科教育
- §2　家庭科教育の概念 …………………………………………11
  家庭科・家庭科教育の定義
- §3　学校教育における家庭科の位置づけ ……………………13
  教育基本法──学校教育法──学校教育法施行規則──他教科と家庭科
- §4　児童の生活と家庭科教育 …………………………………18
  社会生活の変容──家庭生活の実態
- §5　児童の発達と家庭科教育 …………………………………27
  知的発達──社会性の発達──発育と健康

II　家庭科教育の目標
- §1　目標設定の視点 ……………………………………………31
- §2　目標の変遷 …………………………………………………33
  戦後から現在まで──2008（平成20）年の改訂
- §3　新学習指導要領における小学校家庭科教育の目標 ……36
  教科の目標──学年の目標

III　家庭科の内容
- §1　内容の概要 …………………………………………………39
  内容の変遷──内容設定の視点──学習指導要領に示される内容
- §2　教材研究
  1　家族・家庭生活 …………………………………………43
  指導内容の概要──基本的事項──教材化や指導における留意点

2　衣生活
　　(1)　衣服の材料 …………………………………………………53
　　　　指導内容の概要——基本的事項——指導上の留意点
　　(2)　着　　方 ……………………………………………………58
　　　　指導内容の概要——基本的事項——指導上の留意点
　　(3)　製　　作 ……………………………………………………63
　　　　指導内容の概要——基本的事項——指導上の留意点
　　(4)　衣服の手入れ ………………………………………………68
　　　　指導内容の概要——基本的事項——指導上の留意点
　　(5)　現代の衣生活の課題 ………………………………………75
　　　　衣生活と資源——衣生活と環境
　3　食生活 ……………………………………………………………78
　　　指導内容の概要と指導上の留意点——基本的事項
　4　住生活 ……………………………………………………………96
　　　指導内容の概要——基本的事項——指導上の留意点
　5　消費生活・環境 …………………………………………………106
　　　指導内容の概要——基本的事項——指導上の留意点

Ⅳ　学習指導
　§1　学習指導の考え方及び家庭科の学習指導にあたって …………122
　§2　学習指導の形態及び方法 ……………………………………126
　　　　学習指導及び学習の形態——学習指導の方法
　§3　学習指導の実際 ………………………………………………130
　　　　実習に関する学習指導例——環境を考慮した学習指導例——
　　　　食生活を考えさせる学習指導例——男女共同参画を目指した
　　　　学習指導例

Ⅴ　指導計画
　§1　指導計画作成の必要性 ………………………………………145
　§2　指導計画作成にあたっての留意点 …………………………146
　　　　学習指導要領に明記された留意事項——学習目標の明確化
　　　　——児童や児童を取り巻く環境についての実態把握——他の
　　　　教科や特別活動等との関連——中学校技術・家庭科との関連

§3　指導計画の作成 …………………………………………………152
　　　　指導計画の作成準備――指導計画の種類――題材の構成と配
　　　　列――年間指導計画案――題材案――時案

Ⅵ　施設・設備
　　§1　家庭教室（家庭科室）………………………………………………166
　　　　家庭教室（家庭科室）の必要性――家庭教室の現状
　　§2　施設・設備の管理 ……………………………………………………169
　　　　教材整備――机・いすの設備――施設・設備の管理――問題
　　　　点と今後の課題

Ⅶ　評　　価
　　§1　評価の意義 …………………………………………………………174
　　§2　評価の種類 …………………………………………………………175
　　　　評価者による分類――評価時期による分類
　　§3　評価の方法 …………………………………………………………177
　　　　規準と基準――評価の観点とその趣旨――評価方法と用具
　　　　――評価結果の記録と通知

Ⅷ　家庭科担当教師
　　§1　教師の資質 …………………………………………………………186
　　　　教師の資質とは――これからの教師に求められる資質とは
　　§2　家庭科担当教師に求められる資質 ……………………………190

Ⅸ　諸外国の家庭科
　　§1　世界の学校教育 ……………………………………………………192
　　§2　世界の家庭科の概観 ………………………………………………193
　　§3　アメリカ合衆国の家庭科 …………………………………………194
　　§4　イギリスの家庭科 …………………………………………………196
　　§5　スウェーデンの家庭科 ……………………………………………198
　　§6　アジアの家庭科 ……………………………………………………200

Ⅹ　家庭科の課題
　§1　家庭科と「生きる力」……………………………………………203
　§2　家庭科と食育 ………………………………………………………203
　§3　家庭科と消費者教育 ………………………………………………204
　§4　家庭科と環境教育 …………………………………………………205
　§5　家庭科と総合的な学習の時間 ……………………………………205
　§6　家庭科と生活の技術 ………………………………………………207

付　　録
　1　関係法規（抄）
　　　教育基本法 …………………………………………………………210
　　　学校教育法 …………………………………………………………212
　2　学習指導要領（抄）
　　　小学校「家庭」（平成20年3月28日）……………………………213
　　　中学校「技術・家庭」（平成20年3月28日）……………………215
　　　小学校「家庭」（平成10年12月14日）…………………………218
　　　中学校「技術・家庭」（平成10年12月14日）…………………220
　3　小学校児童指導要録（平成13年・抜粋）………………………224
　4　教材機能別分類表（平成13年・抜粋）…………………………226

索　　引

I　家庭科教育の本質

§1　家庭科教育の歴史

戦前の家庭科教育　　近代的な学校教育制度は，1872（明治5）年の学制によって始まり，家庭生活に関する教育は，女子教育を中心に行われてきた。初等教育では，読物，手芸，裁縫，家事，芸能科裁縫，芸能科家事などによって教育されてきた。

（1）　裁縫教育

学制では尋常小学，女児小学，村落小学などが設置され，女児小学では手芸という教科の中で裁縫，編物，ししゅうなどを教えることとした。学制期には女子の就学率はきわめて低く，女子は学校に通学するより女工場と呼ばれた裁縫塾に通う方が一般的であった。就学率を上げるために，1879（明治12）年の教育令では，手芸科にかわって裁縫科が設けられた。当時は，自給自足による衣生活のため，高度な被服製作や処理にかかわる技術が要求され，生活への実用性が強調された。

1891（明治24）年「小学校教則大綱」が出され，尋常小学校では，運針法から始めて簡単な衣服の縫い方や繕い方を教えていた。高等小学校では，さらに高度な衣服の縫い方を教え，裁縫用具の種類，衣服の保存の方法，洗濯を教えていた。

1900（明治33）年「小学校令および同施行規則」の改正で，裁縫科は高等小学校では女子に必修，尋常小学校では第3学年から随意科目としておかれることとなった。その後，尋常小学校では縫い方，繕い方に加え裁ち方が指導内容に取り入れられた。

1941（昭和16）年，「国民学校令並びに施行規則」が公布され，裁縫科は音楽，習字，図画，工作，家事とともに芸能科の1科目になり，裁縫に習熟し衣類に関する常識を養い，婦徳の涵養に資することをねらいとした。これまで衣類の

裁ち縫いが主な内容であったのが，衣生活の知識や理解が加わり，家事科で扱われていた内容が裁縫科に総合的に内包されたことは特筆すべきことである。

　裁縫科は，1947（昭和22）年の「学校教育法」の公布まで約70年間，女子に必要な教科として設置された。当時は，産業が未発達であったため，家庭における被服製作の必要性が要請され，女性には必要不可欠な技能であった。

（2）　家事教育

　明治初期は読物科で翻訳物家事科教科書を使用して西洋の衣食住などについて教えていた。その後1879（明治12）年の教育令で，男子の経済科に代えて女子に家事経済科が課された。翻訳物家事科教科書を使用して指導していたが，衣・食・住の内容を経済的視点から教育しようとしていたことが，読物科での扱いとは異なっていた。将来よい主婦としての務めやあり方が力説され，良妻賢母の女子教育が行われていた。

　1886（明治19）年「小学校令」が制定され，高等小学校に課されていた家事経済科はなくなり，理科や国語の中で家事的な内容が扱われた程度であった。

　1911（明治44）年「小学校令施行規則」の改正により高等小学校の理科の中で女子のために「家事の大要」を教えることとなった。理科家事は理科の実用主義の教育をふまえて，生活を科学的にとらえようとした。

　1919（大正8）年の「小学校令」の改正により，家事科が高等科に随意科目ではあるが，独立教科としておくことができるとなり，衣食住，看病，育児や一家の経済に関することを教えていた。

　1941（昭和16）年，「国民学校令並びに施行規則」が公布され，家事科は芸能科の1科目となった。芸能科家事は，家庭生活における女子の任務を理解させ，婦徳の涵養に資することを目的とし，家庭生活上必要なことを教えることとした。

　戦前の家庭科教育では，女子が裁縫技能を習得し，家事関連の知識や技能を身につけることを望んでいた。裁縫科は生活に必要な不可欠な技能を学ぶ場であったし，家事科は生活にかかわっての情報を得る場であり，家事に文化を導く場でもあった[1]。良妻賢母を養成することが国の教育政策として求められ，

裁縫科と家事科が女子教育のために必須とされた。

戦後の家庭科教育　1945（昭和20）年，第二次世界大戦の終了を期に，我が国の学校教育は大きく変換した。CIE（民間情報教育局）の指導のもと，家政関係の教育改革に携わったのは，E. R. ドノヴァンであった。男女の教育格差をなくすことを目指し，女子が裁縫を学ぶ間に男子はhome artsを学び，さらに男女ともに学ぶhome makingを加え，これらを一教科としてまとめ「家庭科」と称することにした[2]。

1947（昭和22）年の学習指導要領家庭科編（試案）のはじめのことばには，次のように記されている。

　「家庭科すなわち家庭建設の教育は，各人が家庭の有能な一員となり，自分の能力にしたがって，家庭に社会に貢献できるようにする全人教育の一分野である。この教育は家庭内の仕事や，家族関係に中心を置き，各人が家庭建設に責任をとることができるようにするのである。」

家庭科は，家庭建設について学び，家庭の民主化を図るための一翼を担う教科として誕生した。実際の指導に当たっては，男子には掃除用具等の製作・修理，女子には前掛けの製作というように男女異教材であった。

このようにして発足した家庭科ではあるが，1951（昭和26）年には，「小学校家庭生活指導の手引き」が出され，家庭科との差があいまいとなり，学校によって家庭科を指導するかどうかが問われた。1950年代には，小学校家庭科は経験主義教育観のもとでは，生活にかかわる学習は社会科などの教科で行うことから，家庭科不要論が出されたこともあった。

1956（昭和31）年，「小学校学習指導要領家庭科編」が出され，家族関係，生活管理，被服，食物，住居の5分野に整理された。

1958（昭和33）年，基礎学力の充実，道徳教育の徹底，科学技術の振興などの要請や社会科との重複に対する批判から改訂が行われた。家庭科では衣食住などの生活技能を中心に学習させ，家庭生活の理解を深め，実践的態度を養うことをねらいとした。被服，食物，すまい，家庭の4領域構成となり，その後，ほぼ10年ごとに学習指導要領の改訂が行われた。小学校では中学校や高等学

表Ⅰ-1　学習指導要領の変遷

学習指導要領家庭科編（試案） 1947（昭和22）年5月 1947～1955（昭和22～30）年度	第5学年 1　主婦の仕事の重要さ 2　家族の一員としての子供 3　自分のことは自分で 4　家庭における子供の仕事 5　自分のことは自分で 6　家事の手伝い 第6学年 1　健康な日常生活 2　家庭と休養 3　簡単な食事の仕方 4　老人の世話
小学校における家庭生活指導の手引き 家庭科編 1951（昭和26）年11月 1951～1955（昭和26～30）年度	幼稚園～小学校第5，6学年 1　家族の一員 2　身なり 3　食物 4　すまい 5　時間・労力・金銭・物の使い方 6　植物や動物の世話 7　不時のできごとに対する予防と処置 8　レクリエーション
小学校学習指導要領家庭科編 1956（昭和31）年2月 1956～1960（昭和31～35）年度	家族関係 生活管理 被服 食物 住居
小学校学習指導要領　家庭 1958（昭和33）年10月 1961～1970（昭和36～45）年度	A　被服 B　食物 C　すまい D　家庭
小学校学習指導要領　家庭 1968（昭和43）年7月 1971～1980（昭和46～55）年度	A　被服 B　食物 C　すまい D　家庭
小学校学習指導要領　家庭 1977（昭和52）年7月 1980～1991（昭和55～平成3）年度	A　被服 B　食物 C　住居と家族
小学校学習指導要領　家庭 1989（平成元）年3月 1992～2002（平成4～14）年度	A　被服 B　食物 C　家族の生活と住居
小学校学習指導要領　家庭 1998（平成10）年12月 2002～2011（平成14～23）年度	1　家庭生活と家族 2　衣服への関心 3　生活に役立つ物の製作 4　食事への関心 5　簡単な調理 6　すまい方への関心 7　物や金銭の使い方と買物 8　家庭生活の工夫
小学校学習指導要領　家庭 2008（平成20）年3月 2011（平成23）年～	A　家庭生活と家族 B　日常の食事と調理の基礎 C　快適な衣服と住まい D　身近な消費生活と環境

教員養成大学・学部教官研究会　家庭科教育部会「家庭科教育の研究」学芸図書（1978），
日本家庭科教育学会「家庭科教育50年—新たなる軌跡に向けて—」建帛社（2000）による

校に比べれば大きな改編はなかった（表Ⅰ-1）。

　1985（昭和60）年に日本は女子差別撤廃条約に批准した。現在では男女が家庭科を学ぶことは当たり前となっているが，現在の履修形態になるまでにはさまざまな働きかけがあった。1989（平成元）年学習指導要領の改訂により，男女がともに学ぶ家庭科が成立した。しかし，1998（平成10）年の小学校学習指導要領はこれまでの領域分けと異なり，8項目の学習内容が示され，さらに，2008（平成20）年告示の小学校学習指導要領では，中学校との連携を図るために，四つの内容に整理統合された。

　社会の変化や時代の要請にそって，学習指導要領は改訂され，1947（昭和22）年から2008（平成20）年まで7回（「小学校家庭生活指導の手引き」を除く）の改訂が行われた。

§2　家庭科教育の概念

家庭科・家庭科教育の定義

（1）　家　庭　科

　家庭科は小学校では1947（昭和22）年，学校教育の教育課程に一教科として位置づけられた教科である。中学校では1947（昭和22）年，職業科の中の一教科として位置づけられ，その後職業・家庭科，技術・家庭科と改称された。技術・家庭科は現在，技術分野と家庭分野に分かれ，家庭分野が家庭科である。高等学校では実業の中の一教科として発足した。その後実業から独立して，家庭科となった。普通教育の家庭科の他，専門教育としての家庭科もある（p.16表Ⅰ-4参照）。

　小学校の家庭科の学習対象は，自分と家族の生活であり，毎日過ごしている家庭生活である。現代の子どもたちにとって，家庭生活は身近であるため無意識に過ごしてしまいがちな空間でもある。この中でよりよく生活をするために，モノや人に働きかけて自分や家族が楽しく，健康に，快適に，生活しやすいように児童自身が変え，生活自立能力を身につけていくことが必要である。

　中間ら[3]は，個人・家族・地域社会のウエルビーイングの向上を目指し，生涯にわたって生じてくる生活問題を環境とのかかわりで，実践的に解決する能

力が必要である。そして学校の家庭科においては，そのための素地を育成することが課題となってくると述べている。このとらえ方は，アメリカでも家族・消費者科学（family and consumer science）は，「個人・家族・地域社会のウエルビーングの向上」を環境とのかかわりの中で追求していく専門であるとしていると

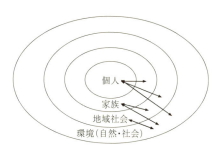

図Ⅰ-1 個人・家族・地域社会・
　　　環境（自然・社会）のかかわり
中間美砂子他「家庭科への参加型アクション志向学習の導入」による

いうことから援用している。個人・家族・地域社会の生活は，環境の影響を受けるとともに，環境へ影響を与えながら，成り立っているといえる（図Ⅰ-1）。

家庭科は，次のことに教育的価値を見いだすことができる。

① 家庭生活を営むために必要な衣・食・住生活や家族，家庭経営，保育等にかかわる知識や技術を実践的・体験的な学習を通して習得し，家庭や社会の構成員として望ましい人間を形成する。
② 家庭科は家庭生活の改善向上を図る実践的な能力と態度を育成する。
③ 実践的・体験的な活動を通して生活に対する関心を深め，創意工夫する能力を育成する。
④ 生活技能の習得や生活の科学的認識を目指し，実生活における矛盾や課題を解決する問題解決能力を育成する。

(2) 家庭科教育

学校教育において，各教科（国語，社会，算数，理科，生活，音楽，図画工作，家庭，体育），道徳，外国語活動，総合的な学習の時間，特別活動の学習が行われている。これらの教育を総合して教科教育という。家庭科教育も各科教育の一つで，児童の人間形成の一端を担っている。

家庭科教育は家庭科の学習を通して児童に家庭生活の意義を理解させ，家庭生活を運営する認識と意欲をもたせ，家庭生活の充実向上を図り，より望ましい家庭生活を創造する実践的能力をもつ人間を育成することを目標としている。

家庭生活にかかわることは家庭で親から習えばよいのではないかという意見も顕在化していることは否定できない。家庭生活に関することは，実際の場面で家族からの指導を直接的かつ具体的に受ける機会も多いし，その効果も大きい。しかし，家庭教育には，次のような問題点があるので，教科としての必要性が叫ばれるのである。

① 家庭生活における価値観が家族集団によって異なるので，価値観の多様化により教育の状態も変わってくる。
② 家族の小規模化や単親家庭，共働き家庭など家族構成が変化してきており，家庭生活にかかわる基本的な事項を家庭の中では十分教育できるとはいえない。
③ 高度情報化，科学技術の進歩，家事の機械化など社会の変化が著しい現代，日進月歩の生活に関する知識や情報及び技術などに対し，家族集団は適切な対応ができるとはいえない。
④ 家庭における教育はその場限りであり，必要性が生じた時のみになされるので系統性に欠ける。
⑤ 家庭教育は単なる経験やしつけに終わりがちであり，科学的な認識に欠ける。

このように家庭教育にはさまざまな問題点があるため，学校教育において教科としての指導が必要となってくるのである。

家庭科教育では，生活に必要な基礎的な知識・技能の習得，工夫して実践する力や生活の中の課題を把握し，考え判断する力，たくましく生きる力，家族や地域とかかわる力などを培いたい。このような力を家庭科教育で児童に習得させることにより，「生きる力」が自ずと備わっていくであろう。

§3 学校教育における家庭科の位置づけ

教育基本法　家庭科は学校教育における一教科であるので，公教育に関連する諸法規について理解する必要がある。1947（昭和22）年に日本国憲法の精神にのっとり教育基本法が制定されてから半世紀以上が経過

した。この間，科学技術の進歩，情報化，国際化，少子高齢化など状況は大きく変化し，さまざまな課題が生じてきたことから，新しい教育基本法が，2006（平成18）年に改正された。教育基本法（p. 210参照）の第1条，教育の目的では，「教育は人格の完成を目指し，平和で民主的な国家及び社会の形成者として必要な資質を備えた心身ともに健康な国民の育成を期して行われなければならない」と述べられている。また，第4条第1項，教育の機会均等では「すべての国民は，ひとしく，その能力に応じた教育を受ける機会を与えられなければならず，人種，信条，性別，社会的身分，経済的地位又は門地によって，教育上差別されない」と述べられている。このことは，女子のみの家庭科教育ではなく，一人の人間として学校教育の一教科である家庭科を学ぶ機会をすべての児童・生徒に与えられるべきことが，法律上認められている。

学校教育法　学校教育法は，1947（昭和22）年に制定され，2007（平成19）年に大きく改正された（p. 212参照）。義務教育として行われる普通教育は，教育基本法の第5条第2項に規定する目的を実現するために，10項目の目標が設定されている。

小学校は，心身の発達に応じて，義務教育として行われる普通教育のうち基礎的なものを施すことを目的としている。学校教育法第21条に規定する10項目の目標のうち，小学校の家庭科と特に関連が深い項目を次にあげる。

四　家族と家庭の役割，生活に必要な衣，食，住，情報，産業その他の事項について基礎的な理解と技能を養うこと。

八　健康，安全で幸福な生活のために必要な習慣を養うとともに，運動を通じて体力を養い，心身の調和的な発達を図ること。

つまり，日常生活に必要な衣，食，住等について基礎的な知識と技能を養うこと，健康，安全で幸福な生活のために必要な習慣を養い，心身の調和的発達を図ることなどを，家庭科を指導する上で十分考慮すべきである。

学校教育法施行規則　　(1) 小 学 校
2008（平成20）年に学校教育法施行規則が改正され，小学校の教育課程が改訂された（表Ⅰ-2）。この教育課程は2011（平成

表Ⅰ-2　小学校の教育課程

区分		第1学年	第2学年	第3学年	第4学年	第5学年	第6学年
各教科の授業時数	国語	306	315	245	245	175	175
	社会	—	—	70	90	100	105
	算数	136	175	175	175	175	175
	理科	—	—	90	105	105	105
	生活	102	105	—	—	—	—
	音楽	68	70	60	60	50	50
	図画工作	68	70	60	60	50	50
	家庭	—	—	—	—	60	55
	体育	102	105	105	105	90	90
道徳の授業時数		34	35	35	35	35	35
外国語活動の授業時数		—	—	—	—	35	35
総合的な学習の時間の授業時数		—	—	70	70	70	70
特別活動の授業時数		34	35	35	35	35	35
総授業時数		850	910	945	980	980	980

備考
1　この表の授業時数の1単位時間は，45分とする。
2　特別活動の授業時数は，小学校学習指導要領で定める学級活動（学校給食に係るものを除く。）に充てるものとする。
3　第50条第2項の場合において，道徳のほかに宗教を加えるときは，宗教の授業時数をもってこの表の道徳の授業時数の一部に代えることができる。（別表第2及び別表第4の場合においても同様とする。）

表Ⅰ-3　中学校の教育課程

区分		第1学年	第2学年	第3学年
各教科の授業時数	国語	140	140	105
	社会	105	105	140
	数学	140	105	140
	理科	105	140	140
	音楽	45	35	35
	美術	45	35	35
	保健体育	105	105	105
	技術・家庭	70	70	35
	外国語	140	140	140
道徳の授業時数		35	35	35
総合的な学習の時間の授業時数		50	70	70
特別活動の授業時数		35	35	35
総授業時数		1015	1015	1015

備考
1　この表の授業時数の1単位時間は，50分とする。
2　特別活動の授業時数は，中学校学習指導要領で定める学級活動（学校給食に係るものを除く。）に充てるものとする。

表 I-4　高等学校の教育課程

教科	科目	標準単位数	教科	科目	標準単位数
国語	国語総合	4	保健体育	体育	7～8
	国語表現	3		保健	2
	現代文A	2	芸術	音楽 I	2
	現代文B	4		音楽 II	2
	古典A	2		音楽 III	2
	古典B	4		美術 I	2
地理歴史	世界史A	2		美術 II	2
	世界史B	4		美術 III	2
	日本史A	2		工芸 I	2
	日本史B	4		工芸 II	2
	地理A	2		工芸 III	2
	地理B	4		書道 I	2
公民	現代社会	2		書道 II	2
	倫理	2		書道 III	2
	政治・経済	2	外国語	コミュニケーション基礎英語	2
数学	数学 I	3		コミュニケーション英語 I	3
	数学 II	4		コミュニケーション英語 II	4
	数学 III	5		コミュニケーション英語 III	4
	数学A	2			
	数学B	2		英語表現 I	2
	数学活用	2		英語表現 II	4
理科	科学と人間生活	2		英語会話	2
	物理基礎	2	家庭	家庭基礎	2
	物理	4		家庭総合	4
	化学基礎	2		生活デザイン	4
	化学	4	情報	社会と情報	2
	生物基礎	2		情報の科学	2
	生物	4	総合的な学習の時間		3～6
	地学基礎	2			
	地学	4			
	理科課題研究	1			

教科	科目
家庭 (専門教育)	生活産業基礎，課題研究，生活産業情報，消費生活，子どもの発達と保育，子ども文化，生活と福祉，リビングデザイン，服飾文化，ファッション造形基礎，ファッション造形，ファッションデザイン，服飾手芸，フードデザイン，食文化，調理，栄養，食品，食品衛生，公衆衛生

単位については，1単位時間を50分とし，35単位時間の授業を1単位として計算する

23) 年4月から施行されることになった。

　小学校の教育課程は，国語，社会，算数，理科，生活，音楽，図画工作，家庭及び体育の各教科と，道徳，外国語活動，総合的な学習の時間，特別活動によって編成されている。家庭科の授業時数は1998（平成10）年に制定された

授業時間数と同じで，第5学年60単位時間，第6学年55単位時間が配当されている。1単位時間は45分である。

(2) 中学校

中学校の教育課程は，国語，社会，数学，理科，音楽，美術，保健体育，技術・家庭及び外国語の各教科と道徳，総合的な学習の時間並びに特別活動によって編成されている（表Ⅰ-3）。授業時数は，これまでと変わらず，第1及び第2学年では70単位時間，第3学年では35単位時間が配当されている。1単位時間は50分である。技術・家庭は，技術分野と家庭分野に分かれているため，家庭科に配当される時間数はそれぞれ半分になる。

(3) 高等学校

高等学校の教育課程は，普通教育における各教科・科目及び単位数と専門教育に関する各教科・科目が示されている（表Ⅰ-4）。普通教育の教科には，国語，地理歴史，公民，数学，理科，保健体育，芸術，外国語，家庭，情報がある。普通教育の家庭には家庭基礎，家庭総合，生活デザインの科目があり，これら3科目の中から1科目をすべての生徒に履修させることになる。標準履修単位数は，家庭基礎は2単位，家庭総合と生活デザインはそれぞれ4単位である。専門教育の家庭には20科目が用意されている。

他教科と家庭科　小学校学習指導要領に記述されている家庭科の学習内容が，総合的な性格を有する家庭生活を対象とするため，他教科の学習内容との関連を考え，指導計画を検討しなければならない。他教科の内容と家庭科の学習内容との関連については，第Ⅴ章の表Ⅴ-2（p.148）に詳しく述べられている。

例えば，生活科では，自分の役割や地域の人々とのかかわりなどの内容は，家庭科の学習と関連が深い。しかし，生活科は体験学習をねらいとしているが，家庭科は実践的・体験的な学習をもとに，家庭生活に必要な知識や技能を習得することを目的としていることに特徴がある。

社会科の第3学年及び第4学年の地域の人々の生活の内容では，行政の公共施策として廃棄物の処理をどのように事業として行っているかという巨視的な

とらえ方にたって学習していく。しかし，家庭科では日常生活で使用する飲料水などの生活資源やごみの処理などについて自分たちの生活でどのように活用し処理するかなど，自己の家庭生活から学習を始めるという，いわゆる微視的なとらえ方をしていく。

理科では，第3学年の光の性質の学習や第5学年の1日の気温の変化の仕方の違いに関する学習では，暖かい衣服の着方や暖かい住まい方など家庭科の衣・住生活の学習と関連づけていく。

体育では，第3学年及び第4学年のG保健で，休養及び睡眠の調和のとれた生活を続ける必要があることや第5学年及び第6学年G保健の病気の予防についてでは，健康を考えた食事や栄養の摂取の必要性を取り上げている。このことは健康的な身体をつくるために食生活をどう営んでいけばよいかの学習と関連が見いだされる。

その他の教科として，算数では数の計算などはいうまでもないが，第2学年や第3学年の量と測定の長さ，かさ，重さの単位などは，製作での寸法を測ることや調理実習の計量の概念の基礎となっている。また，図画工作における表現などは，豊かな発想や創造的な技能などを働かせて，作品を製作したり，調理実習で盛り付けを考えたりすることなど美的センスに関連している。

このように考えていくと，家庭科は教育課程で設定されたさまざまな教科と連携を図りながら，児童の日常生活を創造・発展させていくことが家庭科のあるべき姿といえる。

既習の学習内容を定着させ，発展させるためには，学習の間隔が短い方が効率がよいし，順序性があった方が理解しやすいため，教育課程をふまえたうえで家庭科の指導を考えなければならない。

§4　児童の生活と家庭科教育

社会生活の変容　15歳以上就業者数を産業3部門別にみると，1970（昭和45）年には第1次産業は19.3％，第2次産業は34.0％，第3次産業は46.6％，1985（昭和60）年には，それぞれ9.3％，33.1％。57.3％

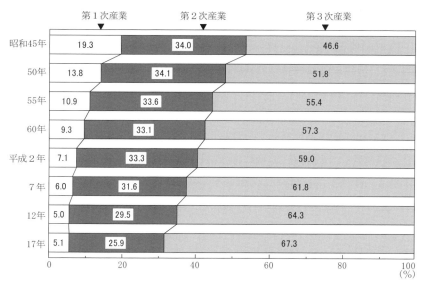

図Ⅰ-2　産業（3部門）別15歳以上就業者の割合の推移―全国（昭和44年～平成17年）
2005年国勢調査による

と産業構造が変化してきた。さらに2005（平成17）年には第1次産業は5.1％，第2次産業は25.9％，第3次産業は67.3％となっている（図Ⅰ-2）。第3次産業は調査開始以来増加している一方，第1次産業は1955（昭和30）年以降，第2次産業は1995（平成7）年以降，それぞれ減少が続いている。この産業構造の変化は，子どもたちを取り巻く家庭生活に大きな変化を及ぼしてきた。子どもは親の働いている姿を見る機会が少なく，モノの生産過程を知る機会が少ない。このことは労働の意味やモノの価値などに考えが及ばない状況を引き起こしている。モノを大切にしない子ども，消費に対する安易な意識など，子どもを取り巻く生活課題は山積している。

また，女性の高学歴化により職業進出，共働き家庭の増加などにより所得水準や消費水準が向上した一方，家庭内の生産機能は企業へ移行し，家庭内の仕事の社会化が進んでいる。これは，主要耐久消費財の普及率（表Ⅰ-5）ともかかわっている。2003（平成15）年には電気冷蔵庫（98.4％），電子レンジ（96.5％），電気洗濯機（99.0％），電気掃除機（98.1％）など家事作業に必要

表 I-5　主要耐久消費財の普及率

品目	1990年度末	2000	2003	品目	1990年度末	2000	2003
応接セット	36.5	37.8	37.2	VTR	71.5	79.3	82.6
ベッド	52.2	59.6	60.5	ビデオカメラ	23.7	36.8	42.0
温水清浄便座*1	14.2	43.2	53.0	デジタルカメラ*2	…	22.7	51.8
洗面化粧台*1	26.2	46.7	52.6	DVDプレーヤー*2	…	19.3	35.4
システムキッチン*1	24.4	40.8	46.5	ステレオ	57.9	52.9	55.5
電気冷蔵庫	98.9	98.4	98.4	CDプレーヤー	41.0	62.1	60.9
電子レンジ	75.6	95.3	96.5	パソコン	11.5	50.1	65.7
電気洗濯機	99.4	99.3	99.0	ファクシミリ*1	9.5	35.5	45.6
ふとん乾燥機	30.6	37.0	38.1	プッシュホン	47.2	77.2	95.3
電気掃除機	98.7	98.3	98.1	うち携帯電話*2	…	78.6	85.1
ミシン	80.6	72.5	69.3	乗用車	79.5	85.3	86.0
温風ヒーター	61.2	69.5	72.8	自転車	81.7	81.2	82.8
ルームエアコン	68.1	86.2	87.1	カメラ	86.8	83.2	72.3
電気カーペット	50.2	68.3	65.2	ピアノ	23.3	22.8	23.6
カラーテレビ	99.3	99.2	99.0	電子鍵盤楽器	14.3	17.6	20.1
衛星放送受信装置*1	16.2	39.2	36.8	ゴルフセット	35.6	40.0	38.2

注　各年度の調査は翌年の３月末現在で調査されている（例：2003年度は2004年３月末調査）
　　*1　1991年度　　*2　2001年度
資料　内閣府経済社会総合研究所「消費動向調査年俸　四半期報」

「統計でみる日本　2005」による

な家庭電化製品の普及率は著しい。また，パソコン（65.7％），ファクシミリ（45.6％），プッシュホン（95.3％），携帯電話（85.1％）なども，急速に普及率を伸ばしている。現代の高度情報通信網の発達に伴い，家庭生活に大きな変化が現れていることが実感できる。しかし，ミシンは1990（平成２）年度末では80.6％であったが，2003（平成15）年には69.3％にまで減少している。このことは，家庭生活における被服製作の必要性が減少し，企業が生産する既製品の活用が家庭内にもたらされたことを示している。家庭科教育において，科学技術の進歩と家庭生活の変容を理解させ，時代に即した生活適応力を児童に習得させていくことが必要である。

家庭生活の実態

（1）　家族関係の特徴

1960年代の高度経済成長期以降，核家族化が進み，家族構成に変化が現れてきた（p. 45表Ⅲ-4参照）。単独世帯は，1986（昭和61）年18.2％から1998（平成10）年23.9％，2006（平成18）年25.3％と増加の途をたどっている。また，1955（昭和30）年まで３人前後であった合計特殊出生

率が1980(昭和55)年には1.75人,2000(平成12)年には1.36人,2006(平成18)年には1.32人にまで減少している。これらの要因が関連して,平均世帯人員が1989(平成元)年には3.10人,2006(平成18)年には2.65人と減少し,家族の小規模化がおこってきている(p.45,表Ⅲ-4参照)。拡大家族の中で生育すると,高齢者やきょうだいとのかかわりの中でいたわりあいやゆずりあい,我慢などの精神的な成長も図れるし,日本古来から伝わる生活文化も伝承されていく。しかし,現代ではそれらが妨げられているのが現状である。

また,単親家族,ステップファミリー,単身赴任の家族などさまざまな家族の形態が現存している。家族・家庭は,子どもにとって生活の基盤であり,成長していく子どもに対して大きな意味をもつ。

このような核家族化や少子化,多様な家族の形態などの家族構成の変化は,子どもの生活や成長過程にさまざまな様相を出現させる。つまり,親の強い期待や過干渉,過保護,子ども中心の生活習慣,子どもの体験不足などは,子どもの自立を阻み,他人とのコミュニケーションがうまくとれず,情緒面での発達の未熟さが憂慮されるのである。

(2) 生活の現状

国民生活基礎調査によると,児童のいる世帯が全世帯に占める割合は1996(平成8)年は31.7%,2006(平成18)年は27.3%となり,児童の数が減少していることが明らかである。生活意識の調査結果(図Ⅰ-3)では,1996(平

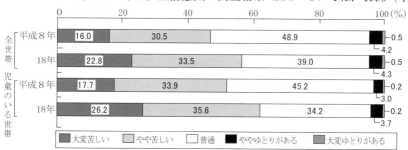

(注) 家計支出額は前年5月中の家計上の支出金額で税金・社会保険料は除く。所得は前年中の状況。
資料 厚生労働省大臣官房統計情報部「平成8年国民生活基礎調査」1997/「平成16年国民生活基礎調査の概況」2007

図Ⅰ-3 生活意識の調査
「日本子ども資料年鑑 2008」による

成 8) 年と 2006 (平成 18) 年を比較すると, 児童のいる世帯が「大変苦しい」と回答した割合は 17.7％から 26.2％へと増加している。「大変苦しい」と回答した全世帯の 22.8％より高率で,「大変・やや苦しい」をあわせると, 61.8％が生活の苦しさを訴えている。

博報堂生活総合研究所では, 1997 (平成 9) 年と 2007 (平成 19) 年に, 日本の子どもの意識や行動はどう変わったかについて調査した (図 I − 4)。アフターバブル・キッズ (1992 (平成 4)〜1997 (平成 9) 年生まれ) と 10 年前の子どもたち (1982 (昭和 57)〜1987 (昭和 62) 年生まれ) との生活行動や意識を比較分析したところ, 両年とも最

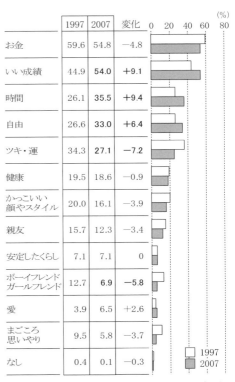

（太字は±5ポイント以上の変化）
資料：博報堂生活総合研究所「子供の生活10年変化」

図 I − 4　自分が欲しいものは何ですか？（複数回答）
　　竹内宏「アンケート調査年鑑2008」並木書房による

も多くの子どもが「お金」が欲しいと回答した。10 年のうち大幅に伸びた回答は 3 位「時間」(26.1％→35.5％), 2 位「いい成績」(44.9％→54.0％), 4 位「自由」(26.6％→33.0％) であった。勉強や日々の生活ではゆとりの減少がうかがえた。10 年間で,「時間」「いい成績」「自由」が欲しい子どもが増加した。この報告では,「アフターバブル・キッズはゆとりなき "ゆとり教育世代"」[4]と指摘している。

また, 藤本は子どもの生活内容の特徴として,「生活の室内化」「生活の偏り」「生活のゆとりのなさ」の 3 点を挙げている[5]。「生活の室内化」により運動

不足や孤独化や受け身化が進んでいる。また，学校から帰ってテレビを見たりゲームをやったりして時間が過ぎてしまう，あるいは勉強ばっかりするなど「生活の偏り」が見られがちである。物やお金も豊富に与えられているが，「生活にゆとりがない」と感じている子どもが多く，現代の子ども像の象徴といえる。

　2006（平成18）年に財団法人日本青少年研究所が東京，北京，ソウルの小学4〜6年生を対象に「小学生の生活習慣に関する調査」を実施した（図Ⅰ-5）。東京1,576人，北京1,553人，ソウル2,120人の児童が回答した結果，「朝，人に起こされないで自分で起きる」は東京22.7％，北京38.1％，ソウル19.0％，「言われなくても宿題をする」は東京42.1％，北京82.7％，ソウル37.1％であった。

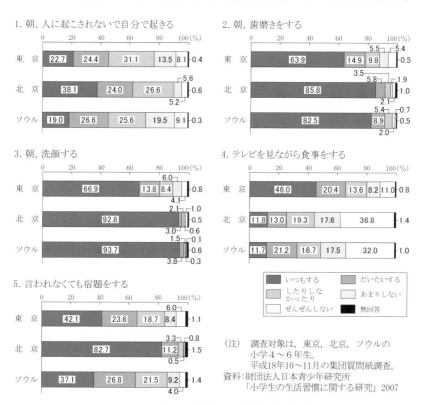

図Ⅰ-5　小学生の生活習慣3都市比較（平成18年）
「日本子ども資料年鑑2008」による

また,「朝,歯磨きをする」「朝,洗顔をする」などは3か国の中でも日本の児童の数値は低率であった。この数値から日本の児童は生活の自立や基本的生活習慣が身についていないのではないかと懸念される。このような児童の生活実態をふまえ,児童の生活の自立を目指すことは,家庭科教育の役割といえる。

(3) 生活時間

先の博報堂生活総合研究所「子供の生活10年変化」では,約65％の児童が増やしたいと回答した「睡眠時間」が,1997（平成9）年の1位であった「友達と過ごす時間」を抜いてトップになった。また,「ぼんやりすごす時間」(22.7％→31.9％),「勉強する時間」(18.8％→26.0％)が大きく増加した。一方「テレビを見る時間」(38.7％→29.0％),「テレビゲームをする時間」(29.9％→19.8％)が大幅に減少した(図Ⅰ-6)。図には示していないが,時間的ゆとりがない子どもは30.6％→41.6％へと大幅に増加し,「放課後や休日に友達の家へよく遊びにいく」は53.4％→39.4％と14ポイントも減っていた。また,「塾へ行かないと不安だ」が44.5％→51.1％と増加し,過半数を占めていた。ゆとりがないと感じていながらも,勉強ニーズをもっていることが示されていた。

早く眠ったほうがよいと分かっていても,塾の宿題が終わらないので眠ることができない子,深夜までテレビに釘

	1997	2007	変化
睡眠時間	61.7	64.9	+3.2
友達とすごす時間	63.5	61.9	−1.6
ぼんやりすごす時間	22.7	31.9	+9.2
テレビを見る時間	38.7	29.0	−9.7
勉強をする時間	18.8	26.0	+7.2
家族とすごす時間	20.6	25.0	+4.4
テレビゲームをする時間	29.9	19.8	−10.1
ひとりですごす時間	15.7	19.8	+4.1
買い物をする時間	21.5	17.1	−4.4
食事をする時間	8.8	8.9	+0.1
この中になし	3.7	3.0	−0.7

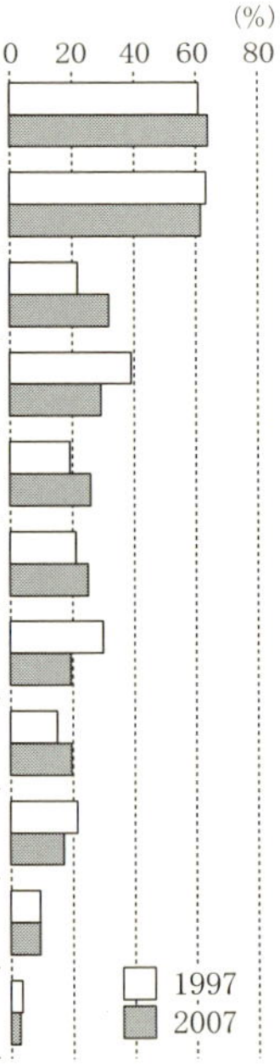

（太字は±5ポイント以上の変化）

資料：博報堂生活総合研究所「子供の生活10年変化」
図Ⅰ-6 もっとも増やしたい時間はどんな時間ですか？
（複数回答）
竹内宏「アンケート調査年鑑2008」並木書房による

Ⅰ　家庭科教育の本質　25

付けになってしまう子，親が共働きのため，親の帰宅時間に合わせて生活のサイクルが遅い時間にずれ込んでしまう子など，おとなの社会に子どもが巻き込まれてしまっている。

（4）　家庭での役割分担

家庭生活の電化，マスメディアの普及，携帯電話やインターネットの普及などにより，家庭生活が大きく変化してきた。子どもは先に述べたように，家庭内の仕事の省力化や高い教育水準が望まれているため，勉強をしてさえいればよく，消費的生活を送っているのみといっても過言ではない。生産や家庭・学校・地域社会の運営に，子どもはほとんど参与していない。

小学生の家の手伝いの3都市比較では，「ふだん，家事の手伝いをするか」では，「よくする」と回答した東京の小学生は27.2％，北京の小学生35.0％，ソウルの小学生31.2％であった（図Ⅰ－7）。「ほとんど・あまりしない」は東京19.4％，北京6.3％，ソウル15.7％であった。複数回答による手伝いの種類を概観すると（表Ⅰ－6），東京は「ご飯を炊くなど，食事のしたく・調理」が53.9％，「食器洗い・片づけ」52.5％など食生活に関することを5割の小学生が実践していた。北京では「家の掃除」を75.6％，「部屋の片づけ」を75.0％，

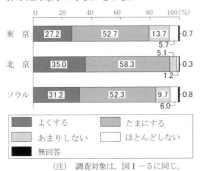

図Ⅰ－7　小学生の家の手伝い3都市比較
（平成18年）
「日本子ども資料年鑑2008」による

表Ⅰ－6　手伝いの種類（複数回答）

(％)

	東　京	北　京	ソウル
総　数（人）	1,267	1,450	1,771
ご飯を炊くなど，食事のしたく・調理	53.9	32.1	36.5
食器洗い・片づけ	52.5	63.4	18.8
食料品などの買い物	34.6	31.9	29.2
家の掃除（そうじ）	35.6	75.6	69.9
洗濯ものの片づけ	40.1	31.1	50.6
ゴ　ミ　出　し	45.2	69.7	50.6
部　屋　の　片　づ　け	46.4	75.0	44.7
そ　の　他	16.5	5.5	7.5

(注)　調査対象は図Ⅰ－5に同じ。
「日本子ども資料年鑑2008」による

「ゴミ出し」を69.7％,「食器洗い・片づけ」を63.4％が実践していた。ソウルでは,「家の掃除」を69.9％,「洗濯ものの片づけ」を50.6％,「ゴミ出し」を50.6％の小学生が手伝っていた。全体を通して,日本の子どもの仕事分担率は低く,北京の子どもは住生活にかかわる仕事を,ソウルの子どもは多様な仕事を比較的高い割合で分担していた。

日本家庭科教育学会が2001（平成13）年に実施した「家庭生活に関するアンケート」で18項目の家の仕事について「いつもする」から「しない」までの4段階のうち当てはまる程度について問うた調査がある[6]。例えば,「家族の夕食を作る」「せんたく機で衣服のせんたくをする」「とれたボタンをつける」などを実践している児童は少ない。このことは,工業化や高度経済成長の進展により,家庭が消費の場へと変化していった。そのため自分の手や足や体を使って仕事をする子どもの生活体験がほとんどなくなっている現状が明らかにされている。しかし,五感を働かせ体を使って日常生活の諸事象を行うことは,子どもの成長を促し,生きる力を身につけるうえで必要なことである。

オーストラリアのグッドナウ（Goodnow, 1988）は,家庭での子どもの仕事は,向社会性の発達,責任感の養成,おとなの指導による学習,性役割の獲得など,子どもの発達上の多くの問題とつながりをもっていて,研究の必要性に気づかれ始めていると述べている。また,他者への思いやりの研究（Grusec et al., 1996）では,家の仕事と身辺の自立に関する仕事を日常的にしている場合には,家族に対する思いやりが高い傾向が見出された[7]と報告されている。

以上のことから,子どもの生活体験が減少し,生活が画一化し,物が作られる過程を知らない子が増え,物を大切にしない状況が憂慮されている。また,家族のまとまりが希薄化し,子どもの人とかかわる力が弱まり,円滑な人間関係の形成に支障がおこっていることなど,さまざまな現象が問題視されている。したがって,家庭生活を学習対象とする家庭科は,身近な日常生活の実態を把握し,問題視されている事柄を学習内容として取り組み,児童の人間形成に寄与することが,家庭科の存在意義を強調していくことにつながる。

§5　児童の発達と家庭科教育

知的発達　発達段階の分け方は，時期や領域により発達の速さや様相が異なるため，さまざまな区分をすることができる。また，人が発達段階を順調に進めていくためには，それぞれの段階で達成すべき課題がある。この発達課題は，子どもの教育の目的や内容を考える上で重要である。ハヴィガースト（Havighurst, R. J.）によれば，児童期の発達課題[8]として，次のような項目をあげている。

① 日常の遊びに必要な身体的技能の学習
② 生活体としての自己に対する健康な態度の育成
③ 遊び仲間とうまくつき合うことの学習
④ 男子あるいは女子としての適切な社会的役割の学習
⑤ 読み・書き・計算の基礎的な能力
⑥ 日常生活に必要な概念の発達
⑦ 良心・道徳性・価値観の発達
⑧ 個人的独立の達成
⑨ 社会集団や制度に対する態度の発達

このことを家庭科の学習課題に反映させると，②④⑥⑦⑧の発達課題は，家庭科学習で習得すべきものといえる。つまり，発達過程にいる児童が健全な心身を形成していくこと，男女それぞれが理解しあいながら人間として果たすべき役割を理解すること，日常生活に必要な知識や考え方を身につけていくこと，生活者・消費者としての価値観を育成していくこと，生活の自立を図ることなどは，家庭科の目指すことでもある。

エリクソン（Erikson, E. H.）は，児童期の子どもは生産と結びついた技能，運動の技能，あるいは学校と関係する知的な技能など，自分が置かれた社会の文化で有用だとされる技能を獲得するように求められると述べている[9]。児童期を「学ぶ存在」として位置づけ，失敗を重ねながら自力で目標を達成できたとき，コンピテンスをもつことができ，大人の励ましにより自信や自尊心がついてくる。家庭での役割でも前述したが，日本の小学生は家庭での仕事への参

画が非常に低率である。家庭内の仕事を単なる手伝いとして遂行させるのではなく，試行錯誤しながら役割を果たすことに満足感を得させ，自己効力観を獲得させたい。さらに大人の期待にこたえようと自主的に行うようにさせることが，子どもの発達をとらえた指導のあり方といえるので，家庭科教育ではこの点を留意して家庭との連携を図っていかなければならない。

　ピアジェ（Piaget, J.）は，7～11.2歳を「具体的操作期」と称している。具体的対象に関して，論理的な思考ができ，知識欲が旺盛で機械的記憶によって科学的な知識を取り入れようとする。そして，得られた情報を相互に関連させて判断できるようになるという，脱中心化が起こる。したがって，学習内容の抽象的な概念を具体的な事物に置き換えて，実際生活に即して扱うと理解も容易となる。

　子どもへの動機づけの量や質が指導する上で問題になってくる。教師にとっては，自ら興味をもって学習するような，内発的動機づけをどう高めるかが課題となる。しかし，外発的動機づけから内発的動機づけに変化することもあり，変化のプロセスを援助していくことが必要である[10]。家庭科の製作学習で作品製作の学習態度を的確にとらえ，児童に賞賛を与えることは動機づけを促すことにつながり，児童の製作意欲の喚起にもなる。このように，子どもの思考様式や発達をとらえた指導のあり方を考えていかなければならない。

社会性の発達　児童期は幼児期と比べ人間関係が広まり，学校や地域の仲間からさまざまな影響を受けることになる。児童期の子どもは，ギャングエイジといわれるように異年齢の集団を作り，遊びの中で社会の中の仲間関係や秩序などを理解し身につけていた。例えば，年上の子が年下の子の面倒を見，それによって，年上の子には責任感が芽生え，年下の子は仲間関係ルールや社会的スキルを身につけていた。しかし，今日のように屋内の一人遊びや二人遊びなどで時間を過ごしている子どもにとっては，このような集団で体を動かしながら自然に培われる社会性が習得できなくなっている。社会的スキルがない子は仲間に入ることが困難になり，孤立し，青年期になっての人間形成の上で，問題化していく。

学校教育は，集団で同じことをやり遂げる喜びを感じ，仲間同士助け合うという社会性の発達を促がす場であり，子どもたちの勤勉性の獲得を促すことにつながる。製作学習で技能の未熟な子どもがグループの仲間に教えられながら技能を獲得していくことは，学習の中で双方が人間関係を円滑にしていくスキルを習得していくことにもなる。

　近年，インターネットや電子メール，携帯電話などの電子メディアが普及している。だれでも，何者にも干渉されずに，好きな相手に，好きなことを，好きな時に瞬時に発信できるという特徴をもっている。したがって，子どもの主体性や自由がかなり尊重されるメディアである。しかし，子どもの個人主義を助長し，公共性の感覚をまひさせ，さらには社会性の発達を阻害する可能性もある[11]。そこで，家庭科では家族という小集団の中で，自分だったらどうしてほしいか，どんな気持ちになるかなど，相手の立場に立って思いやりの意識をもちながら，家族の一員として子どもが自信をもって家庭や社会に参加できるようになる力をつけさせたい。精神活動の発達段階を考慮して，日常生活に近づけた学習や健全な発達を支援できるような学習をする家庭科教育の役割は大きいといえる。

発育と健康　子どもたちの身長や体重には，発達の加速化減少がおこり，体格が非常に良くなっている。また，第二次性徴も著しい。特に小学校高学年の男女の体格を比べると，男子より女子の方が体格がよいことに気づく。発育の盛んな時期の子どもたちに，食生活に関する指導の重要性が問われている。子どもたちの食生活の実態をふまえて，学校現場では食育指導が展開されている。食育指導と家庭科学習との関連を配慮して，子どもたちの成長や身体づくりを考えた指導が急務となっている。

　例えば，健康状態では虫歯，肥満，裸眼視力の問題が指摘されている。成長盛んなこの時期の子どもたちにとって，健康な体をつくり，成長を促すためには子ども自ら自己の体に関心をもち，望ましい発達が遂げられるように自己管理ができるようになることが望まれる。そのために，身体の発達的特徴をふまえたうえで，食生活教育や衣生活教育をすることは，家庭科に課された役割と

いえる。例えば，健康的な身体を維持するためには，栄養や食品に関する知識を習得し，運動量を考えた食物摂取を心がけること，被服製作の面では，身体の発育や運動量の増加にともない，体型の変化やゆるみ，被服衛生などについて学習することなどである。また，視力を正常に保つためには，勉強の場での照明に注意をはらうなど住まいに関する学習での扱いが望まれる。

このように子どもの発達の可能性を十分考慮し，適時性に適った指導をすることが必要である。

＜引用及び参考文献＞
(1) 斉藤弘子，鶴田敦子，朴木佳緒留，丸岡玲子，望月一枝，和田典子，「ジェンダー・エクイテイを拓く家庭科」かもがわ出版，2002，p.64
(2) 前掲(1)，pp.66-67
(3) 中間美砂子他「家庭科への参加型アクション志向学習の導入」大修館書店，2006，p.8
(4) 竹内宏「アンケート調査年鑑2008」並木書房，2008，p.495
(5) 藤本浩之輔「子どもの育ちを考える　遊び・自然・文化」久山社，2001，pp.79-83
(6) 日本家庭科教育学会「家庭科で育つ子どもたちの力─家庭生活についての全国調査から─」明治図書，2004
(7) 小嶋秀夫，森下正康「児童心理学への招待［改訂版］─学童期の発達と生活─」サイエンス社，2004，p.212
(8) 下山剛編「児童期の発達と学習」学芸図書，1991，p.17
(9) 前掲(7)，pp.52-53
(10) 遠藤克弥監修「新教育事典」勉誠出版，2002，p.4
(11) 前掲(10)，p.7

Ⅱ　家庭科教育の目標

§1　目標設定の視点

　教科の目標は，家庭科の果たすべき役割やねらいについて示しているものである。目標には本質的・一般的な目標と，具体的・特殊的な目標とがある。前者は，憲法の精神に基づき人格の完成を目指すという目的から導き出され，教科の意義・ねらいに即して設定される。一方，後者は，児童の発達段階に応じた学校段階・学年別の目標，領域別の目標，さらには伸ばそうとする能力の目標などを含む。これら教科の目標は，学校の教育目標と相互に関連し合い，学校全体の中に位置付けられている必要がある。いずれも，学習者の心身の発達による準備性を考慮したものでなくてはならない。

　図Ⅱ－1は，日本家庭科教育学会が1996（平成8）年に行った調査[1]で，「家庭科教育で育てようとする能力について」どの学校段階がふさわしいと考えるかを聞いた結果である。これをみると，小学校段階では，生活の自立の基

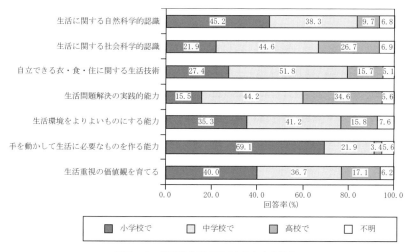

図Ⅱ－1　家庭科教育で育てようとする能力

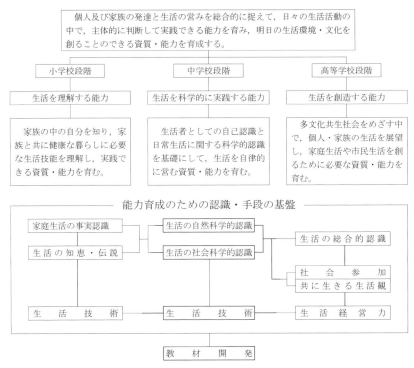

図Ⅱ-2　家庭科教育が育む「生きる力」（能力）―概念図―（構想案）
日本家庭科教育学会「家庭科の21世紀プラン」(1997)による

礎となる力を身につけさせたいと考えていることがわかる。日本家庭科教育学会では，家庭科で育てる能力と，その育成のための考え方として，図Ⅱ-2の構想を提案している。

　生活経験の少なくなった現代では，日常で基本的であると思われる生活技術が身に付いていない子どもも少なくないといわれる。しかし，子どもたちの能力が低下したとみるよりも，家庭や社会で必要とされるスキルや能力が変質してきたと考えることもできる。時代の要請に対応して，目標や内容の変更を重ねてきた家庭科教育では，一貫して育てようとしてきた教科の本質の部分を念頭に置きながらも，それぞれの時代の学習指導要領において許容される範囲で充実した教科指導を行う工夫が必要である。

§2 目標の変遷

戦後から現在まで　家庭科は小学校に設置されて以来，男女共に学習する教科として位置づけられてきた。時代によって目標と内容は変化しているが，生活をつくる教科として試行錯誤を繰り返して現在に至っている。戦後から2008（平成20）年告示の新学習指導要領までの教科目標の変遷を表Ⅱ-1に示す。

家庭科は民主的な家庭の建設を目指して，新しい教科としてスタートした。この時の教科目標は，意欲的で進取の気性に富んでいるといえる。一方で，趣旨が理解されず現場が混乱したこともあったようである。1958（昭和33）年の改訂では，各教科とも系統性を重視し，基礎学力の充実を図った。その後，学校教育が知識の伝達に偏る傾向があるとの指摘がなされ，1977（昭和52）年の改訂では，各教科の基礎的・基本的事項を確実に身に付けられるように教育内容が精選される動きがあった[2]。教科の目標も基礎的な面を重視し，生活をよりよくする実践的な態度を育てることに焦点を絞っている。

2008（平成20）年の改訂　中央教育審議会の答申（2008（平成20）年1月）[3]で，家庭科，技術・家庭科の課題とされていることの中から，小学校家庭科と関連する項目を次に挙げる。

・自己と家庭，家庭と社会のつながりに目を向け，生涯の見通しをもって，よりよい生活を追求できる実践力の育成
・家庭のあり方や家族の人間関係などについて学習し，生活における自立とともに，他の人と連携し共に生きるための知識と技術の習得
・食育や消費者教育の推進
・持続可能な社会の構築の観点から，資源や環境に配慮したライフスタイルの確立
・日本のものづくりを支える能力や技術を安全に活用できる力の育成

その他，各教科共通の課題である「言語活動の充実をはかること」については，体験したことや調べたことをまとめ，発表し合うことを家庭科の中で行う

表Ⅱ－1－(1) 教科目標の変遷と社会（その1）

発行告示	目標	社会の動き
1947（昭22）学習指導要領家庭科編（試案）	1．家庭において（家族関係によって）自己を生長させ，また家庭及び社会の活動に対し自分の受け持つ責任のあることを理解すること。 2．家庭生活を幸福にし，その充実向上を図って行く常識と技能とを身につけること。 3．家庭人としての生活上の能率と教養とをたかめて，いっそう広い活動や奉仕の機会を得るようにすること。	1947　日本国憲法施行，教育基本法・学校教育法公布，山川菊栄女性初の労働省婦人少年局長就任 1948　エリザベスサンダースホーム開設，優生保護法公布 1951　児童憲章制定，日米安保条約調印
1956（昭31）	1．家庭の構造と機能の大要を知り，家庭生活が個人および社会に対してもつ意義を理解して，家庭を構成する一員としての責任を自覚し，進んでそれを果そうとする。 2．家庭における人間関係に適応するために必要な態度や行動を習得し，人間尊重の立場から，互に敬愛し，力を合わせて，明るく，あたたかい家庭生活を営もうとする。 3．被服・食物・住居などについて，その役割を理解し，日常必要な初歩の知識・技能・態度を身につけて，家庭生活をよりよくしようとする。 4．労力・時間・物資・金銭をたいせつにし，計画的に使用して，家庭生活をいっそう合理化しようとする。 5．家庭における休養や娯楽の意義を理解し，その方法を反省くふうして，いっそう豊かな楽しい家庭生活にしようとする。	1953　NHKテレビ本放送開始 1955　原水爆禁止第1回世界大会，森永粉ミルク中毒事件 1956　日本の国連加盟，水俣病報告 **神武景気** 1957　朝日訴訟 1958　小・中学校定員50人とする，1万円札発行 1959　メートル法施行 1960　新安保条約調印，カラーテレビ本放送開始，四日市ぜんそく発生，国民所得倍増計画決定（高度成長政策）
1958（昭33）	1　被服・すまいなどに関する初歩的，基礎的な知識・技能を習得させ，日常生活に役だつようにする。 2　被服・食物・すまいなどに関する仕事を通して，時間や労力，物資や金銭を計画的，経済的に使用し，生活をいっそう合理的に処理することができるようにする。 3　健康でうるおいのある楽しい家庭生活にするように，被服・食物・すまいなどについて創意くふうする態度や能力を養う。 4　家庭生活の意義を理解させ，家族の一員として家庭生活をよりよくしようとする実践的態度を養う。	1962　サリドマイド出荷停止 1964　東京オリンピック開催，東海道新幹線開業 1965　中教審「期待される人間像」中間発表，新潟水俣病報告 1966　いざなぎ景気 1967　イタイイタイ病原因特定，公害対策基本法

よう示唆している。さらに，「社会の変化への対応の観点から教科等を横断して改善すべき事項」として，環境教育の重要性が指摘されており，資源や環境に配慮したライフスタイルの確立が求められている。また，ものづくり，食育も今日的な課題である。

Ⅱ 家庭科教育の目標 35

表Ⅱ－1－(2)　教科目標の変遷と社会（その2）

発行告示	目標	社会の動き
1968 (昭43)	日常生活に必要な衣食住などに関する知識，技能を習得させ，それを通して家庭生活の意義を理解させ，家族の一員として家庭生活をよりよくしようとする実践的な態度を養う。 このため， 1　被服，食物，すまいなどに関する初歩的，基礎的な知識，技能を習得させ，日常生活に役だつようにする。 2　被服，食物，すまいなどに関する仕事を通して，生活をいっそう合理的に処理することができるようにする。 3　被服，食物，すまいなどについて創意くふうし，家庭生活を明るく楽しくしようとする能力と態度を養う。 4　家族の立場や役割を理解させ，家族の一員として家庭生活に協力しようとする態度を養う。	公布 1968　学園紛争（東大安田講堂占拠） 1970　大阪万博開催，光化学スモッグ警報発令体制スタート 1971　沖縄返還協定調印 1972　札幌冬季オリンピック開催 1973　第4次中東戦争：石油ショック 1976　教課審「ゆとりある，充実した学校生活」を答申 1977　学力低下論議 1978　国際児童年
1977 (昭52)	日常生活に必要な衣食住などに関する実践的な活動を通して，基礎的な知識と技能を習得させるとともに家庭生活についての理解を深め，家族の一員として家庭生活をよりよくしようとする実践的な態度を育てる。	1980　「ゆとりの時間（小学校）」新設 **バブル経済** 1986　男女雇用機会均等法施行
1989 (平元)	衣食住などに関する実践的な活動を通して，日常生活に必要な基礎的な知識と技能を習得させるとともに家庭生活についての理解を深め，家族の一員として家庭生活をよりよくしようとする実践的な態度を育てる。	1990　1.57ショック，バブル崩壊 1992　育児休業法施行 1995　製造物責任(PL)法施行
1998 (平10)	衣食住などに関する実践的・体験的な活動を通して，家庭生活への関心を高めるとともに日常生活に必要な基礎的な知識と技能を身に付け，家族の一員として生活を工夫しようとする実践的な態度を育てる。	1997　京都議定書採択 2001　環境庁から環境省へ改組，BSE感染牛を国内で確認 2004　自衛隊イラク派兵 2005　食育基本法成立 2006　教育基本法・学校教育法改正
2008 (平20)	衣食住などに関する実践的・体験的な活動を通して，日常生活に必要な基礎的・基本的な知識及び技能を身に付けるとともに，家庭生活を大切にする心情をはぐくみ，家族の一員として生活をよりよくしようとする実践的な態度を育てる。	

学習指導要領データベース作成委員会（国立教育政策研究所内）教育情報ナショナルセンター「学習指導要領データベース」による　http://www.nicer.go.jp/guideline/old/
東京学芸大学日本史研究室「日本史年表」東京堂出版, 1987

§3 新学習指導要領における小学校家庭科の目標

教科の目標　改訂前の学習指導要領と2008(平成20)年3月に告示されたものに示される目標を表Ⅱ-2に示した。表中の下線が改変のあった部分である。下欄に中学校の技術・家庭科（家庭分野）の目標を付記した。小学校・中学校の系統的なつながりをもたせ，中学校では小学校の学習の上に積み上げて発展させる能力として「生活の自立」が目標に含まれている。

目標に表れている教科の特徴がいくつかある。「衣食住などに関する実践的・体験的な活動を通して」とあるのは，具体的な体験によって知識や技能をより確実に身につけると同時に，「実践的な態度を育てる」ことに結びつくことを意図しているからである。「家庭生活への関心を高める」とされていたものが，「家庭生活を大切にする心情をはぐくみ」と変えられた。「生活を工夫しよ

表Ⅱ-2　小学校・中学校における教科の目標〔各学年／分野の目標〕

	平成20年告示（新学習指導要領）	平成10年告示
小学校	衣食住などに関する実践的・体験的な活動を通して，日常生活に必要な基礎的・基本的な知識及び技能を身に付けるとともに，家庭生活を大切にする心情をはぐくみ，家族の一員として生活をよりよくしようとする実践的な態度を育てる。 〔第5学年及び第6学年〕 (1) 衣食住や家族の生活などに関する実践的・体験的な活動を通して，自分の成長を自覚するとともに，家庭生活への関心を高め，その大切さに気付くようにする。 (2) 日常生活に必要な基礎的・基本的な知識及び技能を身に付け，身近な生活に活用できるようにする。 (3) 自分と家族などとのかかわりを考えて実践する喜びを味わい，家庭生活をよりよくしようとする実践的な態度を育てる。	衣食住などに関する実践的・体験的な活動を通して，家庭生活への関心を高めるとともに日常生活に必要な基礎的な知識と技能を身に付け，家族の一員として生活を工夫しようとする実践的な態度を育てる。 〔第5学年及び第6学年〕 (1) 衣食住や家族の生活などに関する実践的・体験的な活動を通して，家庭生活を支えているものが分かり，家庭生活の大切さに気付くようにする。 (2) 製作や調理など日常生活に必要な基礎的な技能を身に付け，自分の身の回りの生活に活用できるようにする。 (3) 自分と家族などとのかかわりを考えて実践する喜びを味わい，家庭生活をよりよくしようとする態度を育てる。
中学校	**家庭分野**　衣食住などに関する実践的・体験的な学習活動を通して，生活の自立に必要な基礎的・基本的な知識及び技術を習得するとともに，家庭の機能について理解を深め，これからの生活を展望して，課題をもって生活をよりよくしようとする能力と態度を育てる。	**家庭分野**　実践的・体験的な学習活動を通して，生活の自立に必要な衣食住に関する基礎的な知識と技術を習得するとともに，家庭の機能について理解を深め，課題をもって生活をよりよくしようとする能力と態度を育てる。

うとする」とされていた部分は,「よりよくしようとする」となった。「心情をはぐくみ」という文言はややもすると,情緒的で徳目のようにとらえられがちである。しかし,家庭科という教科の特質を考えれば,あくまで,生活することに関心をもち,科学的にとらえ自ら生活をつくりだそうとする気持ちを育てる,という意味を示していると考えるのが妥当である。家族に感謝するだけで終わってしまうことのないよう,十分に注意したい。

また,「基礎的な知識・技能」が「基礎的・基本的な……」と変更になっている。家庭科で扱う事柄は応用科学であり,基礎的なことを身につけた上で,生活を工夫し発展させていく態度を育てるものである。すなわち,応用・発展につながる基礎・基本でなくてはならない。

学年の目標 　教科の目標を受けて,実現すべき具体的な資質や能力を,学習者の発達段階に合わせて示したものが学年の目標である。新学習指導要領の目標は,1998(平成10)年のものと比較し,大きな変更はないようにみられる。

家庭科の学年の目標は,1989(平成元)年の改訂以来,第5,6学年の2学年分をまとめて示すようになっている。これは,2年間を見通し,児童や学校の実態に応じて,効果的に学習できるよう配慮しているためである。

学年別目標は3つ挙げられている。(1)では家庭生活への意識を高めることを,(2)では具体的な知識・技能の習得を,(3)では実践につなげようとする姿勢を身につけることをねらいとして示している。

児童は毎日,家庭生活を送っているが,それを支えるさまざまな事柄には必ずしも気付いていない。家庭生活を支えているものに目を向け,自分はどのように生活しているのか,生活を成り立たせているものは何かを考えることにより,児童は将来にわたって自分の生活を創造していく意思をもつことができる。

学年別目標の(1)の中に,「家庭生活への関心を高め」の文言が移動している。さらに,「自分の成長を自覚し」の一文が加わったことが大きな変化である。従来から,自分の生活を支える家族の仕事があることに気付かせることはいわれてきたが,成長を自覚するというやや扱いづらいものとなった。自分の生活

を見つめ直すことは，家庭の事情によっては児童にとってつらい経験となる可能性もある。個々の事情に配慮しながら，だれにでも生活をつくる能力や権利があることが児童に自覚されるよう指導する必要がある。

(2)では「日常生活に必要な基礎的・基本的な知識及び技能……」とされており，1998（平成10）年の学習指導要領にあった「製作や調理など」の文言が削除された。また，「技能を身につけ」が「知識と技能を身につけ」になるなど，以前の詰め込み教育の再来と批判をうけかねない表現になっている。

今回の改訂では，教科目標と学年別目標の文言を入れ替えたのみで，大筋に変化はない。しかし，家庭科は生活スキルを身につける教科として科学的に扱う姿勢から，心の教育の必要性がいわれるなか，道徳的な要素を強めていこうとする傾向がうかがえる。

<引用及び参考文献>
(1) 日本家庭科教育学会「小・中・高等学校家庭科教育の新構想研究　家庭科の21世紀プラン」家政教育社，1997，p.116
(2) 中央教育審議会「幼稚園，小学校，中学校，高等学校及び特別支援学校の学習指導要領等の改善について（答申）」，2008，p.6
(3) 中央教育審議会「幼稚園，小学校，中学校，高等学校及び特別支援学校の学習指導要領等の改善について（答申）」，2008，p.101

Ⅲ 家庭科教育の内容

§1 内容の概要

内容の変遷 いまだに家庭科に対しては家事・裁縫のイメージが根強く残っているが，戦後に創設されて以来，小学校では一貫して男女ともに学ぶ教科である。家庭科で扱ってきた内容から，特徴的なものを表Ⅲ-1に示す。

1947（昭和22）年の学習指導要領（試案）では，民主的な家庭の建設を目指して男女共学とした家庭科も男女では学習内容が異なっている。学習指導要領の上では，被服製作にかかわる事項は女子が，家庭用品の製作や修理を男子が学習するよう示している。1956（昭和31）年の改訂で，ようやく男女異教材が改められた。1958（昭和33）年からは現在の学習指導要領に近い表記の仕方になり，内容も戦後の窮乏生活から抜けだし，家庭生活にもゆとりが出てきたことがうかがえる。

その後，1998（平成10）年まで内容の取捨選択が行われてきている。この改訂では学年ごとの示し方を廃し，2学年を通じて学校や地域の実情に合わせて指導計画を立てやすいようになっている。しかし，児童の関心が高く教師からも評価のあった「間食の整え方」が姿を消している。また，家庭科のみならず，各教科とも内容を厳選し過ぎたため，学力低下につながるおそれがあるとの批判が起こり，2004（平成16）年に補訂が出る騒ぎとなった。

内容設定の視点 教科の内容は，目標を達成するために選択，配列される。家庭科においても教科の特質を十分に理解し，児童の実態に合わせて考えなくてはならない。

内容を設定する上で配慮する事項として，①家庭科の目標を達成しうるものであること，②児童の発達段階や学習の欲求を満たすものであること，③児童の課題解決能力と創造性を育てるものであること，④他教科との関連を考慮し

表Ⅲ-1　小学校家庭科の内容の変遷

領域＊	衣生活	食生活	住生活	消費生活	家族と家庭生活	環境
	生活資源と暮らしの知識・技術			消費生活の営みと生活環境・文化		
					個人及び家族の発達と福祉	
1947 昭22	製作, 洗濯	調理, 食物のとり方	清潔, 整頓, 家具の手入れ, 暖かくするには	おつかい	休養, 団欒, 家庭における子どもの仕事, 家族の健康, 老人の世話, 子守り, 来客	
1956 昭31	機能, 着方, 計画, 手入れ, 保存, 製作, 手芸	健康と食べ方, 栄養, 調理, 台所の整備, 献立, 食事作法, 団欒	清掃, 整頓, 健康なすまい方, 住まいの機能	金銭の使い方, 物資の尊重	交際, 時間の尊重, 労力と休養, 生活の合理化, 家庭生活の意義, 家庭の仕事, 家庭と社会, 家族のあり方	
1958 昭33	身なり, 被服の修理, 着方, 計画, 洗濯, 手入れ, 保存, 製作(刺繍・染色含む)	膳立て・後片づけ, 栄養, 調理(生食, ゆで卵, 青菜の油炒め, ごはん, みそ汁, 目玉焼き, こふきいも, サンドイッチ), 食事作法・会食	清掃, 整理・整頓, 健康なすまい方, 調和のある楽しい住まい方	金銭の使い方	家族の一員としての役割, 応接や訪問, 家庭の機能, 生活時間	
1977 昭52	身なり, 着方, 手入れ, 製作(刺繍含む)	栄養, 調理(生食, ゆで卵, 青菜の油炒め, ごはん, みそ汁, 目玉焼き, こふきいも, サンドイッチ), 献立, 食事作法, 会食, 間食の整え方	清掃, 整理・整頓, 健康なすまい方, 調和のある楽しい住まい方(染色含む)	買い物の仕方及び金銭収支の記録	家族の一員としての役割, 応接や訪問, 家庭の機能, 生活時間	
1989 平元	被服の働き, 日常着の着方, 手入れ, 製作(装飾含む)	栄養素, 調理(米飯, みそ汁, じゃがいも料理, 加工品の調理等), 間食の整え方, 会食	整理・整とん, 清掃, 住居の働き, 快適で安全なすまい方	買い物の仕方及び金銭の使い方, 記録	家族の仕事や役割, 生活時間の使い方, 近隣の人々との生活	不用品やごみの適切な処理, 環境の清潔, 騒音の防止
1998 平10	衣服の働き, 日常着の着方, 手入れ, 生活に役立つ物の製作	食品の栄養的な特徴, 簡単な調理(米飯, みそ汁)	整理・整とん, 清掃, 気持ちよい住まい方	物や金銭の使い方	家庭の仕事, 生活時間, 家族との触れ合い, 近隣の人々との生活	環境に配慮した家庭生活の工夫
2008 平20	衣服の働き, 日常着の着方, 生活に役立つ物の製作	食事の役割, 栄養素, 調理(米飯, みそ汁)	整理・整頓, 清掃, 快適な住まい方	物や金銭の使い方と買い物	自分の成長, 家庭の仕事, 生活時間	環境への配慮

＊下段の名称は日本家庭科教育学会「家庭科の21世紀プラン」家政教育社 (1997), p.119による

たものであること，⑤家庭や社会の変化に対応し，これらの要請にこたえるものであること，⑥家政学や家庭科教育学会等の関連諸科学の研究成果をふまえていること[1]，などがあげられる。

　限られた授業時数のなかで，家庭生活でのあらゆる課題を解決するための知識や技能を習得させることは不可能である。新しい課題に直面したときに，自ら解決する方法を考える力を身につけさせるには，どのような内容に精選すべきか，という点が十分に検討されなくてはならない。

学習指導要領に示される内容　被服，食物，家族の生活と住居の3領域で構成されていた家庭科の内容は，1998（平成10）年の学習指導要領改訂では領域が廃止された。生活を総合的にとらえる視点から8項目で示され，弾力的に扱いやすいように目標と同様に2学年をまとめた示し方となった。その後，2008（平成20）年の改訂では領域ごとの示し方が復活し，表Ⅲ-2に示した新学習指導要領では，A家庭生活と家族，B日常の食事と調理の基礎，C快適な衣服と住まい，D身近な消費生活と環境の4領域で構成されている。この背景には，小学校段階でも中学校での4領域にならい，小学校・中学校の接続をスムーズにする意図がある。

表Ⅲ-2　小学校・中学校学習指導要領「家庭」（2008年3月28日告示）における内容の項目

小学校	中学校
A　家庭生活と家族	A　家族・家庭と子どもの成長
(1)　自分の成長と家族	(1)　自分の成長と家族
(2)　家庭生活と仕事	(2)　家庭と家族関係
(3)　家族や近隣の人々とのかかわり	(3)　幼児の生活と家族
B　日常の食事と調理の基礎	B　食生活と自立
(1)　食事の役割	(1)　中学生の食生活と栄養
(2)　栄養を考えた食事	(2)　日常食の献立と食品の選び方
(3)　調理の基礎	(3)　日常食の調理と地域の食文化
C　快適な衣服と住まい	C　衣生活・住生活と自立
(1)　衣服の着用と手入れ	(1)　衣服の選択と手入れ
(2)　快適な住まい方	(2)　住居の機能と住まい方
(3)　生活に役立つ物の製作	(3)　衣生活，住生活などの生活の工夫
D　身近な消費生活と環境	D　身近な消費生活と環境
(1)　物や金銭の使い方と買物	(1)　家庭生活と消費
(2)　環境に配慮した生活の工夫	(2)　家庭生活と環境

食育ということばが広まり，食生活に関心が高まるなかで，衣食住の「食」の扱いが突出して重要視されている。衣生活と住生活は環境をつくるという観点では，共通して学習することは可能である。しかし，1989（平成元）年の改訂では，「家族の生活と住居」という領域で扱っており，この当時は家族の生活と住まいのあり方を関連づけることを明確にしようとしていたのである。住生活領域の扱い方の変化にも，社会の関心が影響しているといえる。消費生活に関する問題が多い現代社会で，消費生活に関する内容を充実させることは，時代の要請に合わせているといえる。また環境を領域として立てることも同様に，現代社会の問題意識を反映したものである。

　1998（平成10）年の改訂以来，被服製作や調理での指定題材がなくなり，米飯とみそ汁のみが必修として扱われている。ほころび直し，簡単な装飾，間食の工夫，金銭の記録の仕方などは削除された。また，日常着の選び方，栄養素とその働き，会食，住居の働き，安全な住まい方などは中学校へ移行した。2008（平成20）年の改訂で，栄養素とその働きについては小学校の内容に戻されている。

　「指導計画の作成と内容の取り扱い」の中では，道徳教育と関連づけること，米飯とみそ汁が日本の伝統的な食生活であること，食育について充実すること，言語力を高めるため言葉や図表を用いて考えたり，説明したりできるようにすること，などが加わっている。しかしながら，道徳教育と関連づけようとするあまり，家庭のあるべき姿を押しつけることに陥りやすい。米飯とみそ汁が伝統的な食生活であるかということについても，議論がある。食育については，家庭生活において食生活だけの充実でよいのか，という疑問がある。言語力は学習の結果として高まるものであり，家庭科は言語力を高めるための教科という位置づけではない。いずれにせよ，極論に偏らず，児童一人一人が自身の家庭生活を肯定的に受け止め，生活をよりよくしていきたいと思うような授業づくりが大切である。

　＜引用及び参考文献＞
（1）　田部井恵美子他「家庭科教育」学文社，2002，pp.43-44

§2 教材研究

1 家族・家庭生活

指導内容の概要　家庭科の教科目標を史的に見ると「家庭人」「家族を構成する一員」「家族の一員」などの表現が必ず登場し，家族・家庭生活の内容が学習基盤になっていることがわかる[1]。ここでは「自分の成長と家族」「家庭生活と仕事」「家族や近隣の人々とのかかわり」の3項目で構成され，指導内容も人とのかかわり方をはじめ，生活時間の使い方や家庭生活の大切さに気づかせるなど多岐にわたっている。特に自分の成長への自覚から，家族や家庭生活の大切さに気づかせる指導は，今回の改訂でガイダンス的に取り上げることが明記された。また家庭生活と仕事についての指導では，家庭における具体的な仕事内容と生活時間に注目させて，自分にできる役割分担や，時間の有効な使い方を能動的にとらえさせ，家族に協力することの意義についても触れている。さらに家族とのふれあいや，近隣の人々とのかかわりについての指導では，よりよいコミュニケーションの図り方について取り組ませることが求められている。児童が抱えるさまざまな家庭事情を考慮し，それぞれができる方法や工夫で家族の団らんをとらえさせたり，近隣の人々とのかかわりでも，自分の生活圏が家庭だけではないことを自覚させた上で，多くの人々によって支えられていることへの気づきを重視している。以下では教材研究にかかわる基本の4項目について検討していく。

基本的事項　（1）「自分の成長」

児童の体格は，小学校6年間で表Ⅲ-3のように発達し，身体面の成長が著しいことがわかる。同様に，精神面や学習面，基本的生活習慣に関する生活の自立の面でも，入学当初よりも家庭科を学び始める5年生では一段と成長してきている。これまでの自分自身を振り返ることで，数字として見えているものに加え，生活の営みの中でできるようになったことや，わかるようになったことについても，自分の成長として気づかせるとよいだろう。さ

表Ⅲ-3　児童の体格の推移

		6歳	7歳	8歳	9歳	10歳	11歳
身長	男子	116.5	122.8	128.4	133.8	139.1	145.4
(cm)	女子	115.9	121.8	127.5	133.5	140.4	146.7
体重	男子	21.2	24.2	27.4	30.6	34.7	38.8
(kg)	女子	21.0	23.4	26.3	29.9	34.2	38.9

文部科学省　学校基本調査2006年度による

らに，今はまだ思うようにできないことや，だれかにやってもらっていることを確認していく作業もこれからの成長への指針となる。

このようにここで扱う「自分の成長」は，これまでの自分を見つめることを通し，支えてくれていた存在への気づきがねらいになっている。

(2)「家　族」

新社会学辞典[2]によると，家族とは「夫婦（親）・子の結合を原型とする，感情的包絡（emotional involvement）で結ばれた，第一次的な福祉志向集団」とされている。しかし牧野[3]はこの定義に対し「今，家族の中で発生する児童虐待やドメスティック・バイオレンスを考えるならば，「第一次的な福祉志向集団」という部分も，家族の定義として妥当であるか疑問が出されるであろう」と指摘している。確かに図Ⅲ-1からもわかるように，児童相談所が虐待相談に対応した件数は増加している。このように親の病気や死亡，虐待などにより

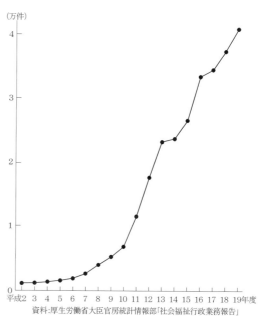

資料：厚生労働省大臣官房統計情報部「社会福祉行政業務報告」

図Ⅲ-1　児童相談所における虐待相談対応件数の推移

生まれた家庭で育つことができない子ども（要保護児童）の存在は，家族が福祉志向集団とはいえない状況を確認できる。

1994（平成6）年は国連の定めた「国際家族年（International Year of the Family：IYF）」であった。図Ⅲ－2は，社会に開かれた家族の生命と愛情をイメージしたもので，屋根の下にハートが保護されたデザインのシンボルマークである。図中の屋根の右端は，筆による「はらい」部分のように墨がかすれて見えるが，これが家族の多様性と複雑さを表している。世界における多様な形態と機能をもった家族の存在を前提として，家族を社会の基本的構成単位（basic unit）とみなし，そこでの個人の

図Ⅲ－2 国際家族年のマーク

表Ⅲ－4 世帯構造別，世帯類型別，世帯数と平均世帯人員の年次推移

年次	総数	世帯構造						世帯類型				平均世帯人員
		単独世帯	夫婦のみの世帯	夫婦と未婚の子のみの世帯	ひとり親と未婚の子のみの世帯	三世代世帯	その他の世帯	高齢者世帯	母子世帯	父子世帯	その他の世帯	
	推　計　数 （単位：千世帯）							推　計　数 （単位：千世帯）				
昭61	37,544	6,826	5,401	15,525	1,908	5,757	2,127	2,362	600	115	34,468	3.22
平元	39,417	7,866	6,322	15,478	1,985	5,599	2,166	3,057	554	100	35,707	3.10
4	41,210	8,974	7,071	15,247	1,998	5,390	2,529	3,688	480	86	36,957	2.99
7	40,770	9,213	7,488	14,398	2,112	5,082	2,478	4,390	483	84	35,812	2.91
10	44,496	10,627	8,781	14,951	2,364	5,125	2,648	5,614	502	78	38,302	2.81
13	45,664	11,017	9,403	14,872	2,618	4,844	2,909	6,654	587	80	38,343	2.75
16	46,323	10,817	10,161	15,125	2,774	4,512	2,934	7,874	627	90	37,732	2.72
17	47,043	11,580	10,295	14,609	2,968	4,575	3,016	8,349	691	79	37,924	2.68
18	47,531	12,043	10,198	14,826	3,002	4,326	3,137	8,462	788	89	38,192	2.65
	構　成　割　合　（単位：％）							構　成　割　合　（単位：％）				
昭61	100.0	18.2	14.4	41.4	5.1	15.3	5.7	6.3	1.6	0.3	91.8	
平元	100.0	20.0	16.0	39.3	5.0	14.2	5.5	7.8	1.4	0.3	90.6	
4	100.0	21.8	17.2	37.0	4.8	13.1	6.1	8.9	1.2	0.2	89.7	
7	100.0	22.6	18.4	35.3	5.2	12.5	6.1	10.8	1.2	0.2	87.8	
10	100.0	23.9	19.7	33.6	5.3	11.5	6.0	12.6	1.1	0.2	86.1	
13	100.0	24.1	20.6	32.6	5.7	10.6	6.4	14.6	1.3	0.2	84.0	
16	100.0	23.4	21.9	32.7	6.0	9.7	6.3	17.0	1.4	0.2	81.5	
17	100.0	24.6	21.9	31.1	6.3	9.7	6.4	17.7	1.5	0.2	80.6	
18	100.0	25.3	21.5	31.2	6.3	9.1	6.6	17.8	1.7	0.2	80.4	

注：平成7年の数値は，兵庫県を除いたものである。

厚生労働省大臣官房統計情報部編「平成18年版国民生活基礎調査」による

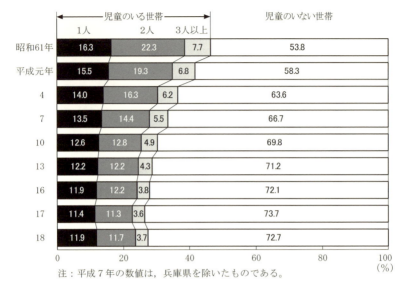

図Ⅲ-3 児童の有（児童数）無別に見た世帯数の構成割合の年次推移
厚生労働省大臣官房統計情報部編「平成18年版国民生活基礎調査」による

人権保障を第一義として，それぞれの家族に応じた支援を行うことを目的としていた。あるべき家族像や，家族に関する定義を，ここでは示していない[4]。

　一方家族について考える時に，「住居と生計を共にする人々や個人」を指す「世帯」について取り上げることがある。さまざまな調査で活用され，統計的に把握しやすい指標の一つであるが，そのデータからも家族の現実の一面を知ることができる。例えば，表Ⅲ-4は世帯構造別，世帯類型別にみた世帯数及び平均世帯人員の年次推移であるが，世帯総数は増加しているものの，1992（平成4）年からは平均世帯人員が3人を割っている。単独世帯や，類型別では高齢者世帯が増えていることがわかる。また，図Ⅲ-3は児童の有無別に見た世帯数の構成割合の年次推移であるが，児童のいる世帯数は2006（平成18）年に微増したことが確認できるものの3割には届かず，児童のいる世帯の平均児童数も2人未満となっている。家庭を構成するメンバーも，きょうだい数が少なくなっていることがわかる。このような状況からも，両親がいて，子どもが複数いるという家族像を，一般的なものとして扱うことに困難が生じよう。

前述した牧野[5]は,「あえて家族とは何かと言うならば, それぞれの個人が家族と考える人々が家族であると言うしかない」と述べている。このとらえ方は, 大学生らに15年前の自分の家族と, 15年後の自分の家族を描いてもらうと, 家族と考える範囲が異なり変化すること, また人だけでなくペットも家族と考える人もいることなどが, 描写された家族から具体的に知ることができると言う。さらにそれを互いに見せ合うことで家族についての固定観念を崩し, 相対化することができる作業であるとも詳述している。これは1枚の紙を十文字に折り, その折り目を境にして, まず1マスを使って現在の自分の家族を好きな表現方法で描き, 次に隣のマスに過去の自分が幼かったころの家族を思い出して描く, そして現在を描いたマスの別隣のマスに, 未来の自分の家族を想像して描くという作業である。小学生の場合は15年間という時間スケールでは自分の存在自体が無いためにできないが, 10年間とか6年間ならば可能である。また, 過去と未来を同じ時間スケールにしなくてもよいかもしれない。互いに見せ合うところまでできるならば, 家族の多様性に気づくことができ, 何よりも自分の家族をとらえ直すことにつながる。描いたものを互いに見せ合い紹介することができない場合でも, 家族というものへの意識化が図れるだろう。

このような作業から, 家族についての学習では, 知識獲得や遠い存在の無縁な家族像を押し付けるよりも, 自分にとっての家族とは何か, これまではそしてこれからはと, 今までを振り返ることや将来への展望とつなげて, 家族について考えることに焦点を当てた, 主体的な学習を検討するとよいだろう。

(3) 「生活時間」

生活時間は, 生命の維持継続のために, どのような機能がどれだけの時間営まれているのかを表したものといわれている。1日24時間はだれにも与えられた時間ではあるが, どのように過ごしているのか, 何にどれ位の時間を費やしているのか, 費やさねばならないのかは, 人それぞれである。やりたいことや, やらねばならないこと, いつもやっていることなど時間の使い方にはどれも行動への意識が伴うが, そこには優先順位をつけた時間の使い方が反映されている。「時は金なり」という慣用句もあるが, まさに時間はだれもがもつ大

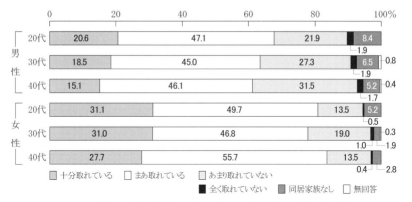

図Ⅲ-4　性別，年齢別家族との時間（20～40代男女別・平成18年度）

表Ⅲ-5　30代，40代男性が家族との時間をとれない理由

(%)

区　　分	30～34歳	35～39	40～45	45～49
該　当　数　（人）	32	44	43	34
自分又は相手の仕事が忙しいから	87.5	86.4	88.4	82.4
それぞれの趣味やつきあいで忙しいから	9.4	9.1	2.3	2.9
子どもや自分が塾や習い事で忙しいから	―	―	4.7	5.9
お互いの時間を尊重しているから	3.1	2.3	―	5.9
不仲だから	―	2.3	4.7	2.9

注：調査対象は，全国の15～80歳の男女3,383人（有効回収率67.7％）。
平成19年1月訪問留置法調査。
内閣府国民生活局「平成18年度　国民生活選好度調査」2007による

切な資源の一つといえる。この資源をどのように使うのか，管理するのかなどについて，小学生の段階で学ぶことは，これからの生活を主体的に営む意識を育成することにもつながるといえよう。

　生活時間の使い方は，生活スタイルを示すといってもよく，家庭での過ごし方や家族間のかかわり方なども見えてくる。図Ⅲ-4は20～40代を対象とした性別年齢別家族との時間を示している。20～40代というと，ちょうど小学生の親世代も含まれる年代である。グラフからは，どの年代をとっても男性の方が女性よりも，家族とかかわる時間が少なくなっている。その理由が表Ⅲ-5に示されているが，仕事の忙しさが断然トップである。外での仕事の時間と，家庭での家族と過ごす時間とのバランスがうまくとれていないことがわかる。小学生にとって，父親とかかわる時間は母親よりも少なく，しかも親の年

代が高くなればなるほど、その傾向が強くなっているといえる。

家族とのかかわり時間の男女別の相違は、家事分担にも見ることができる。図Ⅲ-5は男女別、配偶関係別家事関連時間について、2006（平成18）年の調査結果を示しているが、男性の方が未婚、既婚にかかわらず家事関連時間が非常に少なくなっている。女性は未婚では1時間余りだった家事関連時間が、配偶者の存在で4時間も増加している。

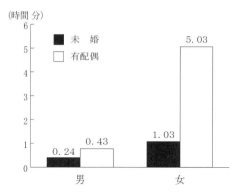

図Ⅲ-5　男女別、配偶関係別家事関連時間
（週全体の総平均時間）

総務省統計局「平成18年社会生活基本調査」2007による

このことから、結婚すると女性の方が家事を多く担当する傾向があることがわかる。これは性別役割分業を露呈しているのではないだろうか。男女共同参画社会に向けた施策が、政府をあげて総合的に推進されているはずだが、仕事と生活の調和であるワーク・ライフ・バランスが必ずしも順調であるとはいいがたい。

2008（平成20）年版の男女共同参画白書には総務省の「社会生活基本調査」（平成18年）による、妻の就業状況別夫婦の1日の生活時間結果を報告している。それによると共働き世帯での夫の家事・育児・介護などにかける時間は、総平均で30分であるが、妻は4時間15分であった。また夫が有業で妻が無業の世帯では、夫は39分、妻は6時間21分であった。このことから、夫については妻の就業の有無にかかわらず、家事・育児・介護などにかける時間は妻よりもはるかに少なく、未婚・既婚を通してほぼ同じような生活スタイルであるといえる。妻としての女性は、仕事も家事も育児も介護もと、家庭での仕事役割が男性よりも多くなり、その分自分の自由時間が少なくなっていることがわかった。これは実態の一部ではあるが、学習として取り上げる時に、家族の特定の人がその役割を過剰に負担していることに気づくような、あるいはこれでいいのだろうかと考えられるような学びが必要ではないだろうか。ましてそ

こに性別役割分業意識が存在するならば、ここでの学習がその再生産を招いてはいけない。男性であれ女性であれ、仕事も家庭のことも、ともにかかわりあい助け合って取り組んでいくことを、小学校段階から丁寧に指導していくことが大切である。生活時間と家庭での仕事を組み合わせた教材から、小学生にも自分にできる家での仕事分担や自分の役割を自覚させたいところである。

一方子ども自身の生活時間に注目すると、表Ⅲ-6から、子どもの起床時刻はどの学年もほぼ6時30分前後であるが、就寝時刻は学年が上がるにしたがい遅くなっていく傾向であることがわかる。さらに、23時以降に就寝する子どもの割合に注目すると、低学年では2～3％だけ

表Ⅲ-6　起床及び就寝時刻の平均値、23時以降就寝する子どもの割合（全体／学年別）

	起床時刻	就寝時刻	23時以降就寝する子どもの割合
全体	6:34	21:30	11.1 ％
1年	6:31	20:53	2.3
2年	6:27	20:59	3.1
3年	6:34	21:23	3.6
4年	6:38	21:47	12.0
5年	6:35	21:43	18.8
6年	6:41	22:21	29.8

学研版「小学生白書」2008年
小学生まるごとデータによる

だった割合が、4年生になると12％となり、さらに高学年になるに従ってその割合は増加し、6年生ではほぼ3人に1人が23時以降まで起きていることがわかる。次第に夜型の生活リズムになっていて、朝も早いことから、睡眠時間が十分にとれない状態で登校する子どもの姿が想像できる。

生活時間の学習では、まず自分の実態を把握するところから時間の過ごし方に注目させてはどうだろうか。時刻のメモリを付した円グラフまたは帯グラフのようなワークシートに、何時から何時までどのようなことで過ごしたのかを記入し、それを学習の目的に応じて、例えば家族と過ごした時間か、家の仕事をした時間か、自分のことをして過ごした時間かなど、分類したり具体的な所要時間を計算したりして把握しやすいものを作成する。さらに、家族の生活時間についても調べ比較することで、家庭生活についての大事な気づきを促すことができるだろう。

(4)「地域とのつながり」

地域とかかわるような学習は、小学校1、2年生の生活科や3年生から始まる社会科でも行われている。家庭科では1998（平成10）年告示の学習指導要領

Ⅲ　家庭科教育の内容　51

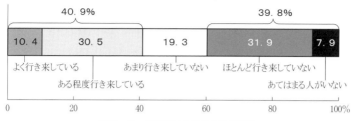

図Ⅲ－6　近隣住民との行き来の程度
内閣府「国民生活選好度調査」2007年による

から，近隣の人々との暮らしや，近隣の環境を考えた家庭生活の工夫などの学習において，地域とのかかわりが登場してきた。確かに家庭生活の営みの範囲は，家庭の中のみにとどまるのではなく，地域における隣近所とのかかわりも影響し，日々営まれている現実を無視することができないからだろう。図Ⅲ－6は近隣関係によるつながりの現状を，近隣住民との行き来の程度から見ることができる。これによると，近隣住民との行き来が多い人と，ほとんどない人は同程度であることがわかる。小学生の場合は私立の学校など遠方に通学する場合を除き，基本的には地域の最寄の学校に通っているため，地域とのつながりは重要である。

一方図Ⅲ－7は，地域の教育力に関する実態調査の結果である。小・中学生

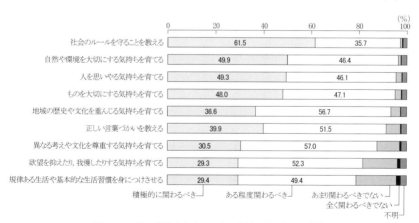

図Ⅲ－7　小・中学生を育てる上で地域が果たすべき役割
文部科学省「地域の教育力に関する実態調査」2006年による

をもつ親は,「社会のルールを守ることを教える」を最重視し,子どもたちを育成する役割として,地域のもつ教育力への期待が高くなっている。地域には家族とのかかわりだけでは得られない,例えば高齢者や乳幼児などの異年齢の人々とのかかわりや,異文化社会の人々との交流もある。学校以外の子どもたちの生活圏は,それぞれの家庭のみでなく,身近な地域とも大いにかかわっており,大切な環境として存在している。家庭や学校の教育力だけでは補えない部分を,地域とのつながりについて学ぶことで得られる可能性もある。ここでは特に,人とのふれあいやかかわりあいを大事に,共生していくための生活の工夫について取り組むとよいだろう。こうした学びが,今後の中学校や高校で行われる市民意識を育てる学習への足がかりになっていく。

教材化や指導における留意点　家族や家庭生活に関する学習は,それぞれの児童の家族構成や家庭の事情など,非常に個人的なことにかかわる内容が多いため,プライバシーへの配慮が大切である。家庭との連携もとりながら,家族のことを教材として取り上げ,自分の家族について考える授業を行う際には,家庭科通信などで事前に連絡しておくとよいだろう。また価値観やこれまでの家庭における習慣が反映され,家族への意識や,家庭での仕事役割について,固定観念を抱いているケースもある。それぞれの考えや状況を尊重しつつ,しかしそこに問題点や課題などが潜む場合,それに気づき,解決に導くような学習を推進することも大切である。

特に性別役割分業意識,あるいは社会的・文化的に作られる性差(ジェンダー)による,役割の固定を助長するような学習にならないように気をつける必要がある。男性であれ女性であれ,互いに協力し合い共にかかわって,家庭生活を営むことが大切であることを学んでいる児童たちである。教師による,一方的な「あるべき家庭像」の押し付け[6]や,児童が現在抱えている家族や家庭生活を,否定するようなことがないように,十分留意しなければならない。

<引用及び参考文献>
(1)　教師養成研究会家庭科教育学部会「小学校家庭科の研究　三訂版」学芸図書,

       2006，pp. 32-33
 (2)　森岡清美他「新社会学辞典」有斐閣，1993
 (3)　牧野カツコ「青少年期の家族と教育」家政教育社，2006，pp. 7-8
 (4)　前掲(1)，p. 49
 (5)　前掲(3)，p. 10
 (6)　鶴田敦子・朴木佳緒留編「現代家族学習論」朝倉書店，1996，pp. 158-167

2　衣　生　活

(1)　衣服の材料

指導内容の概要　　小学校の家庭科では，「衣服の着方と手入れ」及び「生活に役立つ物の製作」の中で，衣服などを構成する材料として布，糸，ボタンを取り上げ，布を重点的に取り扱う。布の成り立ちや性質，布とそれを縫う糸の関係が分かり，衣服の着方と手入れ及び布を用いた製作に生かすことができるように指導する。

　衣服の着方では，保健衛生上や生活活動上の着方を考えるなかで，季節による布の厚さや色の違い，織物・編物・フェルトの違い，布の性能（伸縮性，通気性，保温性，吸水性など，p. 61参照）に気付かせ，衣服にはその用途に適した繊維素材が使われていることが分かるようにする。

　衣服の手入れでは，洗濯に役立てる観点から衣服などの表示を調べ，取扱い絵表示を洗濯に生かせるようにする。また，肌着や夏服には綿，冬服には毛やアクリル，丈夫さの必要なものにはポリエステルなど，いろいろな繊維が使われていることに気付かせる。

　生活に役立つ物の製作では，紙との比較などから布の性質が分かり，丈夫さや縫いやすさなどを考えて，製作する物に適した布と糸を選び，適切に縫えるようにする。布は織物，フェルト，キルティング，糸は綿の手縫糸，ポリエステルのミシン糸などを取り上げる。

基本的事項　　衣服には，織物や編物などの繊維製品の他に，皮革，フィルム，ゴム・金属・合成樹脂など種々の材料が使用されてい

る。近年は，加工技術の進展により，さまざまな性能をもつ繊維製品が開発されている。

(1) 繊維の種類と基本的性質

繊維は細くて長く，しなやかで強い。繊維の長さにより，短繊維（綿，毛など。ステープル・ファイバーと呼ぶ。），長繊維（絹，化学繊維。フィラメントと呼ぶ。）に分けられる。繊維の種類によって，重さ，引張り強さ，伸びやすさ，吸湿性，酸やアルカリに対する強さ，耐熱性などが異なる。主な衣料用繊維の性質と用途を表Ⅲ-7，形状を表Ⅲ-8に示す。

表Ⅲ-7 主な衣料用繊維の特徴と用途

分類		繊維名	主な性質		主な用途
天然繊維	植物繊維	綿	吸水性・吸湿性が高い。肌ざわりがよい。洗濯に耐える。しわになりやすい。アルカリに強い。酸にはやや弱い。耐熱性がある。		下着，Tシャツ，ジーンズ，靴下
		麻	引っ張りに対して強く，伸びにくい。しわになりやすい。吸湿性が高い。接触冷感がある。		夏物衣料，日傘，バッグ
	動物繊維	毛	伸びやすい。しわになりにくい。吸湿性が高いが表面はぬれにくい。保温性が高い。虫害を受けやすい。アルカリに弱い。		セーターやコートなどの冬物衣料，スーツ
		絹	吸湿性が高い。光沢があり，しなやかな感触をもつ。アルカリに弱い。日光に弱い。		ブラウス，ネクタイ，和服
化学繊維	再生繊維	レーヨン	吸湿性が高い。弱い。ぬれるとさらに弱くなる。ひんやりした感じで，滑りやすい。		夏物衣料，ブラウス
	半合成繊維	アセテート	光沢がある。吸湿性はレーヨンより劣る。		夏物衣料，合服，裏地
	合成繊維	ナイロン	吸湿性が若干ある。日光にやや弱い。	軽い。吸水性・吸湿性が低い。ぬれてもあまり弱くならない。熱に弱い。しわになりにくい。	ランジェリー，ストッキング
		ポリエステル	比較的熱に耐える。		ワイシャツ，ブラウス，水着
		アクリル	毛に似た感触で保温性が高い。		セーターなどの冬物衣料，靴下

表Ⅲ-8 主な衣料用繊維の形状（顕微鏡写真）

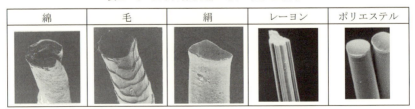

綿，毛，絹は文化服装学院編「アパレル素材論」，レーヨン，ポリエステルは化学繊維協会のホームページによる

繊維の性質とその繊維から成る布の性質には，次のような関係がある。
・吸湿性，耐熱性，耐薬品性，染色性などの化学的性質は，繊維の性質がそのまま，布の性質として現れる。
・引張り強さ，引張りによる伸びなどの物理的性質は，同じ繊維を用いた布でも，布の厚さ，糸密度，織り方や編み方などによって大きく変化する。
・通気性，吸水性，ほつれやすさなどは，布になってはじめて現れる。

また，同じ布地を用いても，衣服の形や着用方法によって性能が変わるなど，実際の衣服の着用や手入れではさまざまな要素が複合的に影響する。

(2) 糸の成り立ちと性能

糸は何本もの繊維を引きそろえて撚りをかけたもの，その糸をさらに2本以上撚り合わせたものなどがある。縫糸やレース糸，織物・編物などを構成する糸として使われ，付加価値の高い糸づくりも行われている。

短繊維は引きそろえただけでは繊維がずり抜けるため，撚りをかけ，繊維間の摩擦を増して強度を与え，紡績糸にする。紡績糸は一般に毛羽が多く，嵩高い。一方，長繊維は必要な本数を引きそろえるか，ゆるく撚ってフィラメント糸にする。フィラメント糸は表面が平滑で光沢があり，薄地の布に使われる。糸の太さや撚り方，構造によって，織物や編物の外観や風合い，性質が大きく変わる。

撚りは繊維を糸にまとめ，撚りの強弱は素材の外観や感触，丈夫さ，保温性などに影響する。撚り方向は，S（右）撚りとZ（左）撚りがあり（表Ⅲ-9），撚りの斜線の向きによって見分けることができる。

表Ⅲ-9 糸の成り立ち

紡績糸	フィラメント糸		三子糸	被覆糸
	撚糸	無撚糸	(手縫糸，ミシン糸等)	(ストッキング等)
			上撚り（S撚り，右撚り）／下撚り（Z撚り，左撚り）	

表Ⅲ-10　縫糸の番号と強度（綿：JIS L 2101，ポリエステル：JIS L 2511）

綿手縫い糸				綿ミシン糸				ポリエステルミシン糸			
呼び	原糸番手	合糸数	引張強さ(N)	呼び	原糸番手	合糸数	引張強さ(N)	呼び	原糸番手	合糸数	引張強さ(N)
30/3	30	3	7.9	#30	30	3	10.9	#30	30	3	18.8
40/3	40	3	6.2	#40	40	3	8.6	#40	40	3	13.7
60/3	60	3	5.0	#60	60	3	5.9	#60	60	3	8.9

　糸は柔らかくて変形しやすく，断面の形も不均一であるため，その太さを直径で正確に表すことは難しい。糸の太さは長さと重さの関係で表され，番手，デニール，テックスの単位が使われる。綿や毛などの紡績糸は番手で表され，番手数が増すほど細い糸になる。デニムなどの厚手織物には10番手程度の太い糸，ローンなどの薄手織物では60番手以上の細い糸が使われている。ストッキングや絹などのフィラメント糸はデニールで表され，デニール数が増すほど太い糸になる。太さの表示は商取引の実用性に基づいているため，紡績糸でも綿と毛では基準の長さが異なるなど複雑である。すべての糸と繊維に共通する単位として，長さ1000mあたりのグラム数で表すテックスがあるが，必ずしも普及していない。

　手縫糸やミシン糸はJISで規格化されており，綿のミシン糸（カタン糸と呼ぶ）の場合，次式で求められたカタン番手がつけられる。この数値が大きくなるほど，糸は細くなり，#40や#60の糸がよく使用される。

　　カタン番手(#) = (b×3)／a　　a：合糸数，b：原糸（単糸）の番手

　近年，ポリエステルのミシン糸が多く使用されているが，同じ番号の場合，綿のミシン糸よりも強度が高い（表Ⅲ-10）。

（3）　布の成り立ちと性能

　主要な被服材料として織物，編物，フェルトが多く使用される。

(a)　織物　　織物はたて糸とよこ糸が交差してできており，その糸の交わり方や織り密度は，織物の外観や風合い，丈夫さなどに影響する（表Ⅲ-11）。

(b)　編物　　編物は糸をループ状に絡ませて布にしたもので，ニットとも呼ぶ。糸の絡まる方向により，たて編とよこ編があり，それぞれに基本組織がある。同じ糸を用いても編組織によって編地の風合いや性能が変わる。

表Ⅲ-11 織組織と主な布の種類

織組織		説明	布の例
三原組織	平織	たて糸とよこ糸が交互に交差し、表裏の組織が同じ。糸がずれにくく、丈夫で、薄地にできる。	綿：ブロード、ガーゼ、さらし、ギンガム 毛：モスリン、ポーラ 絹：羽二重、タフタ
	斜文織（綾織）	たて糸、よこ糸が2本以上でずれながら交差し、斜めに畝（綾）ができる。平織より柔軟性がでる。厚地で丈夫な布が多い。	綿：デニム、ギャバジン 毛：サージ、ギャバジン 絹：綾羽二重
	朱子織	たて糸、または、よこ糸が表面で長く浮く。糸がずれやすく、丈夫ではない。柔らかく、光沢がある。	綿：綿サテン 毛：ドスキン 絹：サテン
その他の組織	添毛織 コーデュロイ カット前 カット後	織物の片面、または両面にループや毛房を織り込む。	ループ：タオル 毛羽：コーデュロイ、ビロード
	からみ織 紗　絽（3本絽）	たて糸2本を絡み合わせながら、よこ糸を織り込む。薄く、織り目が開き、通気性が高い。	絽、紗

　よこ編は棒針などでよこ方向に1段ずつ編み進めるもので、基本組織は平編・ゴム編・パール編である。たて編は多数の編針を用い、1本の編針に1本の糸をかけて、たて方向にループをつくりながら、横隣りのループと連結させる。トリコットとも呼ばれ、ランジェリーなどに使われる。編物は下着、Tシャツ、セーター、ソックス等に多用されている。

(c) フェルト・不織布　　フェルトは羊毛繊維をシート状に重ねて温石けん液中で強くもみ、繊維を絡み合わせて作る。毛の繊維は表面が鱗状のスケールで覆われており、このスケールが水中で立ち上がり、繊維同士が絡みあう。フェルトは裁ち目がほつれないので、裁断したまま、手芸品や帽子、習字の下敷きなどに使われる。引っ張りや摩擦には強くないが、保温性や弾力性に優れる。不織布も繊維を薄いシート状に広げ、熱や樹脂、機械的方法によって繊維

表Ⅲ-12　編組織

よこ編		たて編	
平編（表目）	平編（裏目）	閉じ目	開き目

表Ⅲ-13　織物と編物の性能比較

性能	織物	編物
伸縮性	小さい ＜	大きい
柔軟性	＜	
防しわ性	＜	
腰・張り	大きい ＞	小さい
耐摩耗性	＞	
形崩れ	しにくい	しやすい

同士を絡み合わせた布である。接着剤を塗布した芯地，マスク，手術用の使い捨て衣料，各種のフィルターに多く使われている。

(4) その他の付属品

ボタン，スナップ，フック，ジップファスナー，バックルなどが留め具として使用される。ボタンは装飾にも使われる。

指導上の留意点　これらの学習では，被服材料の成り立ちや性質を，着用・手入れ・製作の視点からとらえるように指導する。日常着に使われている種々の布や糸に触れ，観察し，簡単な性能実験を行い，布を用いたものを製作することを通して，被服材料の成り立ちや性能，取扱い方を実感を伴って理解させることが重要である。

(2) 着　方

指導内容の概要　「着方」の学習内容は，日常着用している衣服の働きについて保健衛生上，生活活動上の二つの働きを理解させ，生活場面に応じた快適な着方を考えて工夫し，適切に着ることができるようにすることである。2008（平成20）年告示の学習指導要領では，衣生活領域と住生活領域が「Ｃ．快適な衣服と住まい」としてまとめられたことにより，衣生活の学習は住まい方の学習と関連付けて学習することとなった。特に，衣服の着方の学習は，人間を取り巻く，より身体に近い環境にかかわる内容であるため，住まい方の学習との相互の関連を図る授業構成が求められている。

基本的事項　(1)「衣服」と「被服」のことばの使いわけ

着るものを表現する代表的な言葉に「衣服」と「被服」があ

る。「衣服」は胴体躯幹部を覆うもの、すなわち上衣（トップス）と下衣（ボトムス）のみを指すことばである。それに対し「被服」とは身体を覆うものの総称として用いられるものであり、靴下、靴、帽子やアクセサリーも含まれることばである。日常的には混同して使用されているが、家庭科教育では、小・中学校で「衣服」、高等学校では「被服」を中心に扱っている。

(2) 衣服の働き

① 保健衛生上の働き（気候調節、身体汚染からの防護）

衣服は寒暑、風雨、日光など環境気候に対して人体を守る。人体は環境気候に対してある程度までは適応能力をもつが、気温が下がると裸では恒体温（約37℃）を維持することができなくなる。衣服を着用すると、体表面と衣服間、衣服と衣服間に環境気候とは異なる局所気候が形成される（衣服気候）。この気候が温度32 ± 1℃、湿度50 ± 10%、気流25 ± 15cm/secのとき、快適な着用感がえられる[1]。外気温や湿度、体温や不感蒸泄・汗による衣服間の温湿度の上昇を衣服の着方によって、快適域に入るよう調節することが大切である。

皮膚は知覚、呼吸、発汗等による体温調節などの重要な作用を営むため、その機能が正常に働くように常に清潔でなければならない。衣服は外界の塵埃や微生物等の浮遊塵、泥土、食品、化粧品などの汚染物質が身体に付着することを防ぐ。また、体内から分泌される皮脂やあかなどを吸収して皮膚を清潔に保つ。

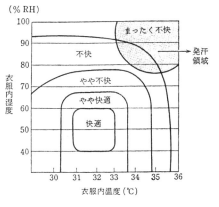

図Ⅲ-8　衣服気候と快適感の関連
原田隆司他 「衣服気候と衣服材料」繊維機械学会誌, 35（1982）による

② 生活活動上の働き（身体活動への適合）

人体は裸体のときに最も活動しやすいと思われがちであるが、安全性などの点から、むしろ衣服を着用することによって活動性が向上する。衣服を着用し

ていると，物にぶつかったり，転んだりしたときの負傷を軽くし，薬品や害虫が直接皮膚に害を与えることを防ぐ。また，低温環境や水中，宇宙，火中など特殊な環境中で活動するときには人体を守る機能をもった衣服を着用することによって，作業を安全に効率よく進めることができる（ウェットスーツ，宇宙服，消防服など）。スポーツ界では，着用することによって，より身体活動を効率的に成績につなげるような水着が開発され話題になった。

③ 社会活動上の働き（慣習への適合）

衣服の着方にはその地域・社会における規範や慣習がある。その規範や慣習に従うことで集団生活を円滑に営むことができる。例えば冠婚葬祭などの儀礼的な場面では，慣習に沿った衣服を着用することによって，ことばで示さなくても，着用者の祝意や弔意を相手や周囲に伝えることができる。制服も特定の集団への所属を示すとともに，着用者自身へも所属を認識させる役割をする。近年，大学生が就職活動を行う際に着用するいわゆるリクルートスーツも，就職を希望する会社への敬意と忠誠をアピールする働きがある。

④ 美的感覚の表現（自己表現）

美に対する欲求は人間が生来もっている感情である。美しくありたい，あるいは美しさへの思いを表現したいという欲求を，自分らしい着装をすることで充足させることができる。衣服の流行は新しい刺激や変化を求める欲求から生まれるが，流行を早期に取り入れるか，周囲の状況を見回してから取り入れるかは個人の選択である。しかし，時として流行に遅れまいとする心理的圧力を伴い，購買意欲をそそるために服飾メーカーが提案した流行に振り回されることもある。

小学校の高学年では流行に関心をもつ児童もいるので，衣服の選択における最も基礎的事項として保健衛生上の機能と生活活動上の機能を理解させ，適切な選択基準や被服の価値観を身につけさせたい。

(3) 衣服気候の形成要素と着方

衣服気候は衣服材料の性質，衣服の形態，着装方法の三つの要素の組み合わせによって形成される。

① 衣服材料の性質

保温性，通気性，吸湿性，吸水性および表面特性や色などが関与する。

表Ⅲ-14 繊維の熱伝導率
（空気を1とした比較数値）

麻	13.5
綿	9.5
絹	4.6
羊毛	6.5

家政学会編「環境としての被服」朝倉書店（1988）による

保温性　熱が伝導，対流，放射によって放散するのを防ぐ性質。

繊維自身の熱伝導率は空気と比較すると数倍大きい。したがって，暖かい着方をするためには空気を多量に含むことのできる構造の衣服がよい。毛糸で作られたセーターを着ると暖かいのは，羊毛が繊維の中では比較的熱伝導率が低いことと，あまく撚られた毛糸を使った編み組織は，より多くの空気を含むことができるためである。

通気性　布地の一方から他方へ空気が通過する性質。

布の組織が粗く，糸や組織に隙間が多いものは空気を通しやすい。先に述べた毛糸のセーターは，風のある日など，空気が流動しているときには組織に隙間が多いために通気性がよく，暖まった空気が放散されて，むしろ寒く感じることがある。

吸湿性　大気中の湿気や人体から発散される水蒸気が繊維の表面や内部に吸着される性質。

繊維の性質に関与する性質で，綿，麻，絹，毛は吸湿性が大きく，合成繊維は一般的に吸湿性が小さい。汗をかくほど暑くないときでも，ポリエステルなどの合成繊維で作られた被服は蒸れた感じがするのはそのためである。

吸水性　布地が水を吸収する性質。

水はまず繊維の表面に付着し，毛管現象によって繊維や糸のすきまに吸収される。繊維表面のぬれやすさや布地の構造に左右される。一般に空気を多く含む布は吸水性が高く，綿のタオルやメリヤスのシャツなどは繊維表面のぬれやすさもあるため，より速く吸水する。毛糸のセーターは空気を多く含むが，毛の繊維は表面がぬれにくいため吸水速度は遅い。時間をかければ，多量の水を吸水することはセーターの洗濯をするときの様子から理解できる。吸水性は水を吸う速さと量の両面から評価される。

② 衣服の形態と着装

　暖かい着方をするときは，保温性を高めるために暖められた空気を逃がさないような衣服の形態を選び，すずしい着方は空気を流動させ放熱するような形態が適している。空気を衣服外に逃がすか否かは開口部の形態と衣服のゆとり量に左右される。暖められた空気は対流を起こし流動するが，開口部が大きく，特に上向きの開口部からは暖かい空気が放出されやすい。

　着装方法は，衣服によって人体を覆う面積（被覆面積）を多くするかどうか，重ね着の順番をどうするかによって衣服気候への効果が異なる。被覆面積は長袖の上着と長ズボンを着用し，靴下，手袋やマフラー，帽子などの附属品を着用したときにほぼ，97%[(2)]といわれている。

保温性（牛乳びん法）

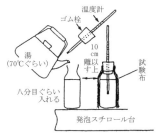

ビン2本に湯をいれて，給食着の布（ブロード）とフリースを巻いて，温度の下がり具合を比較する。

通気性（ビニール袋法）

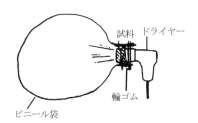

ストップウオッチなどで時間をはかり空気のたまり具合を比較する。セータとワイシャツの布などを用いる

吸水性（吸上法）

吸水する速さを観察する。体育着と給食着の布などを用いる。

吸湿性（ポリ袋法）

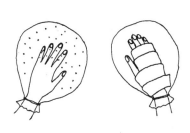

一方の手に体育着の布などを巻いてから，両手をポリ袋の中に入れ，袋の内部につく水滴の様子を比較する。

図Ⅲ-9　布の性質を観察する簡単な実験

衣服を重ねて着ると，衣服と衣服の間に空気層ができ保温効果が高まる。しかし，あまり多くの衣服を重ねると，衣服の重さが衣服間の空気層をつぶすことになり逆効果になることもある。被服の枚数を増やすよりも，着る順序によって保温効果を高めることが有効である。例えば，風の強い冬の日に外出する時はセーターの上にウインドブレーカーのように風を通さない素材のものを重ね着すると，暖まった空気が逃げず効果的である。

　布の性質を観察する簡単な実験を図Ⅲ−9に示した。

指導上の留意点　子どもたちの日常の衣服は保護者が選び，管理しているものを自覚なしに着用していることが多いといわれている。その反面，ファッションに関心をもち始め，商業的な情報に振り回されている現状もあり，健康的な衣生活を営む上から，衣服の基礎的知識を理解しておくことは重要である。毎日着ている衣服を観察したりすることによって，布や形にさまざまな種類があることに気づき，なぜ，衣服を着るのか，どのように着たらよいかなどの課題意識をもたせるようにする。実践的な例として，移動教室や林間学校などの学校行事の準備と関連させることも考えられる。また，毎日の生活を振り返り，着替える理由を話しあったり，体育着を着たときの運動のしやすさを普段の衣服で運動した場合と比較することもよい。

　季節の変化に合わせた，涼しい着方や暖かい着方と地域性を生かした快適な住まい方とを関連させて扱いながら，電気や石油などのエネルギーをできるだけ使わない，環境に配慮した生活を考えさせてもよい。

(3) 製　　作

指導内容の概要　「生活に役立つ物」の製作を通して，布を用いて製作するための基礎的技能を身につけるとともに，作品を生活の中で活用し，生活をよくするために工夫する態度を養う。製作するための技能とは，製作する物の形を用途に応じて決定し，製作手順の見通しを立てて製作計画をたて，目的に応じた簡単な縫い方を選び実践する能力である。縫い方はなみ縫い，返し縫いあるいはかがり縫いなどの手縫いとミシン縫いの直

線縫いなど，簡単な方法を用いる。

　製作する教材は学習指導要領には具体的には示されていないので，地域や学校，子どもの実態に応じて選択する。

基本的事項　　　(1) 製作教材の計画

「生活に役立つ物」とは身の回りの生活を快適にしたり，便利にしたり，楽しい雰囲気を作り出したり，人とのかかわりを深めたりするものなど，生活をよりよくするための物である。生活の中で布がどのように活用されているかを観察させ，児童自身が使いたい物，興味ある物を選択させることが基本であるが，さらに，他の学習領域との関連を図るなど，作る必然性をもたせることも製作活動への意欲を持続させるために重要である。具体的には家庭の仕事に役立つ物，遊びに使う物，贈り物などが考えられる。製作にあたっては基礎的・基本的技能を十分に練習し，習得させる必要があるが，単なる練習にとどまらず，作品製作の中で，やさしいものから段階的に製作できるように製作教材を繰り返し配列するとよい。図Ⅲ－10は，手縫いの最も基本である針に糸を通す，玉結びの練習教材の例を示した[3]。

図Ⅲ－10　「ふしぎな池」
画用紙に色鉛筆で池を書く。針に糸を通して玉結びをし2cm位の長さに糸を切り，セロテープで池に貼る。名前の縫い取りをする。

小学校5年生で初めて針と糸を使う児童が少なくない現状では，手縫いの最初の作業である「針に糸を通す」「玉結び・玉どめ」の学習は児童のつまずきが多い。左右の手指の動きを連動させたり，細い糸を指先でつまむことも糸と針に慣れていない児童にとっては大変難しい作業である。また，手縫いの作業を身近で見たことのない児童も増えている。「針に糸を通す，玉結び，玉どめ」が習得できていない場合は，手縫いの学習を系統的に進めることが困難である上に，学習の意義の理解，発展性，応用性へも影響を与えるものである。これらが十分に習得できるよう，楽しい練習教材を工夫し，徹底した指導を行う必要があろう。

　ミシン縫いの基本練習には，布を中表にして2枚重ねにして周囲を縫い，返

し口から表に返すランチョンマットなどは完成度も高く，袋製作への発展性のある教材である。製作教材の材料の布は，児童の扱いやすさや完成後の活用のしやすさから，綿が適している。「D身近な消費生活と環境」との関連を図り，家庭にある布や不要な衣服を活用することも考えられるが，Tシャツなど伸びやすい布は，織物とは異なる技術が必要なので配慮が必要である。

(2) 裁縫用具と使い方

① しるし付け

竹尺で縫い代などの寸法を計り，**チョークペンシル**（チャコペル）で印を付ける。チョークペンシルは芯の先を細く削って使う。芯が固いので線を書くときに布がゆがみやすい。竹尺でしっかり布を押さえるようにする。重ねた2枚の布に同時に印を付ける場合は，**両面布用複写紙**（チャコペーパー）を外表に合わせた2枚の布の間にはさみ，**ルレット**でしるしを付ける。児童は確実にしるしをつけようとして，同じ位置でルレットを何度も前後させることがあるが，かえって線がずれて見にくくなるので注意が必要である。

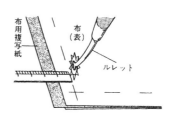

図Ⅲ-11　布用複写紙とルレットによる印付け

シワ付けができる布には**へら**も使われる。布をこすることによって，てかりを出し，しるしをつける。布の裏表に同時にしるしがつくが，厚地の布にはつきにくく，チョークによる印付けに比べ目立たない。

② 縫製用具

裁断の時に型紙を布に固定したり，布を縫い合わせするときに**まち針**を使う。本来，洋裁用には玉ピンを使うが，小学校では管理のしやすさから和裁用のまち針が使われている。まち針は，縫い目線に対して直角に刺し，端→端→真ん中の順序でうつ。まち針を留める方向は，縫うときに手に刺さらないように安全の点から重要であり，順序は重ねた布のずれを防ぐためである。

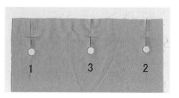

図Ⅲ-12　まち針の方向と順序

手縫い針は，長さや太さなど，いろいろな種類があるが，小学校では，45から51mm位の長さの長針がよく使われている。長針は，長く太いので縫製に慣れない子どもたちに扱いやすいが，一般的な縫製には短針（30から33mm位）が使われている。

　ミシンは手縫いに比べて速く，きれいに，丈夫に縫える機械である。ミシンの縫い目は上糸と下糸が絡み合って構成されている。ミシンを使う準備として，上糸を針穴に通すまでセットすることと，下糸を**ボビン**に巻いて，ミシンの中ガマにセットする。中ガマの種類は垂直と水平のものがある。近年普及している水平がまは**ボビンケース**が不用である。上糸をセットする順番は，機種が違っても糸立て棒→上糸調節装置→天びん→針穴が基本である。

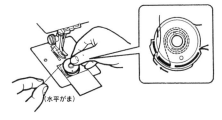

図Ⅲ-13　水平がまの下糸の入れ方

　ミシン針は布の種類や厚さによって太さを選ぶ。小学校の製作で扱う布地の範囲では11番か14番が適切である。ミシンを共同で使う場合には，針先が折れていたり，曲がっていることに気づかず，縫製の不調の原因となっていることがあるので，作業開始時に点検するようにする。

　縫い糸　　ミシン糸の繊維組成には綿，絹，ポリエステル，ナイロンがある。布と同じ組成のものを使うほうがもろくなる傾向が一致するため，基本的には毛と絹の布は同じ動物性繊維として絹糸を使い，綿，麻の布は綿糸を使い，合成繊維の布はポリエステル糸を使う。伸縮性のある布にはナイロン糸が適している。ただし，ポリエステル糸はどのような組成の布でも利用できるよう改良されているので，これに統一することも合理的である。糸の太さは布の厚さや表面状態に合わせて選択するが，小学校の教材用の布の範囲では40，50，60番が適当である。糸は，番号が多くなるほど細くなる。

　手縫い糸は絹と綿が市販されているが，綿布縫製には綿糸を用いる。

　(3)　手縫いの基礎

なみ縫い　　表と裏の縫い目が同じ長さになる縫い目。一目の長さは4～5

mm位がよい。なみ縫いを連続して速く縫う方法を運針という。小学校では2，3針続けて縫える程度で良いとされている。

返し縫い　一針ずつ返して縫う方法で丈夫な縫い目になる。本返し縫いと半返し縫いがある。本返し縫いはより丈夫な縫い目になり，表の縫い目の形はフランスしゅうのバックステッチと同じになり，飾り縫いとしても利用できる。半返し縫いは縫い目の半分づつを返して縫うので，本返し縫いよりも丈夫さでは劣るが，速く進むことができる。

図Ⅲ-14　かがり縫い

かがり縫い　布端を斜めの縫い目でかがる縫い目。縫い代の始末やマスコットなどの周囲を縫うのに適している。

指導上の留意点　既製品によって賄われることが主となった現代の衣生活において，被服製作学習がどのような意味をもつか，疑問視する意見もある。しかし，自立するための生活技能を習得し，日常着用している衣服に関する知識を体験的に得るために，さらに物を大切にする心を育てる意味からも自分でものを作り，補修する技能をもつことは大切である。物作りの作業は思考力，判断力，表現力，創造力などを養い，さらに近年，低下した子どもの手指の巧緻性を高めるために重要な意義をもつ。「縫う」技能を身につけていることは生活に潤いを与え，心を豊かにするものである。ものを作ることは，自分だけの工夫，いろいろな思いなど，人と違った自分らしさが表現されるものである。製作教材の選択においては，子どもの思いを反映できるよう考慮すべきである。また，完成したことで活動を終わらせず，実際の生活に生かし，その結果を次の活動につなげるよう配慮する。製作教材は地域との交流，学校行事との関連，快適な生活を目指した工夫などから，子ども自身の発想から選択できるとよい。

　学習の時期は，子どもの発達段階及び知識・技能の系統性を考えて，2学年にわたり扱うことが望ましい。日常生活での物作りの経験が少ない子どもたちにとって，基礎的な内容から応用的なものへと段階を踏みながら反復学習をす

(4) 衣服の手入れ

指導内容の概要　小学校の家庭科では，衣服を大切に扱い，気持ちよく着るために，日常の手入れが必要であることがわかり，洗濯やボタン付けができるようにする。小学校では手洗いを中心として，洗濯の基本がわかり，日常着や身の回りの物を工夫して洗い，身に付けた知識や技能を活用して自分で衣服の手入れをしようとする意欲を育てることを目指す。

基本的事項　快適性などの衣服の機能は，着用に伴って低下する。その機能を回復させるには，材料の特性を踏まえた手入れが必要である。手入れの内容は，①ブラシかけなどの着用直後の手入れ，②汚れの除去（洗濯），③白さや風合いなどの効果を高める仕上げ，④長期間着用しない衣服の保管を含む。洗濯に伴って生じる環境負荷や資源としての衣服の活用についても関心をもたせる。

(1) 汚れの付着と布の性能低下

① 汚れの種類と付着状態

衣服に付着する汚れの種類や量は，衣服や素材の違い，着用者の性別や年齢，季節や生活環境などによって異なる。皮膚に触れる衣服には汗，皮脂，皮膚の表皮細胞が，外衣には塵埃のほか，食品や墨汁などのしみも付着する。汚れは洗濯で用いる水などの媒質に対する溶解性から，水性汚れ・油性汚れ・固体粒子汚れに分類される。肌着の汚れの分析例を

図Ⅲ-15　肌着の汚れ
文部省「小学校家庭科指導資料，被服の指導」による

図Ⅲ-15に示す。肌着や靴下に付着したタンパク質汚れは，ニンヒドリンの0.3％水溶液を吹きつけてアイロンで加熱すると紫色に発色し，視覚的にとらえることができる。

汚れは，布地の糸や繊維にひっかかったり，静電気で表面に付着したり，繊維内部に浸透して，繊維と化学的に結合したりする。ほこりはブラシかけで落

とせるが，汗や油脂は水やベンジンに溶かし出したり，洗剤で落としたりし，さらに，洗濯で落ちないしみは漂白剤で分解する。

② 汚れ付着による布の性能低下

例えば，肌着に身体からの汚れが付着すると，吸湿性が増す一方，吸水性や通気性，保温性が低下して（図Ⅲ-16）着心地が悪くなる。汚れは，放置すると変質して落ちにくくなり，繊維を弱めることがあり，微生物の増殖，虫害やかびの原因ともなる。

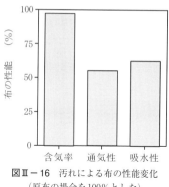

図Ⅲ-16 汚れによる布の性能変化
（原布の場合を100％とした）
中橋美智子「家政学雑誌」
18巻（1967）による

(2) 洗　剤

① 洗剤の成分と働き

洗剤には，汚れを落とす主成分である界面活性剤と，洗浄作用や仕上げの効果を高める種々の成分が配合されている。

界面活性剤は一つの分子中に親油基と親水基を有し，親油基は汚れや繊維に吸着する性質，親水基は界面活性剤を水に溶解するはたらきをもつ。水に界面活性剤を溶解させると水の表面張力が低下し，布や汚れが濡れやすくなる。水中で界面活性剤が汚れに吸着すると，油汚れは浮き上がろうとし，固体汚れも繊維から脱離しやすくなる。これにもみ洗いなどの機械力が加わると，汚れは水中に引き出され，微粒子に細分化されて，分散（油の場合には乳化）状態になる。繊維から脱離した汚れと繊維表面に界面活性剤が吸着し，汚れが再び繊維に付着したり，凝集したりするのを防ぐ（再付着防止という）。

界面活性剤はその濃度が高くなると集合体（ミセル）を形成し，ミセルは界面活性剤の貯蔵庫となる。汚れが脱離した繊維や細分化された汚れの表面には，新たに界面活性剤が吸着し，その界面活性剤はミセルから供給される。洗剤を使用量の目安にしたがって使用すると，洗濯液中にはミセルが形成している。

② 洗剤の種類

洗濯用洗剤は，主成分である界面活性剤の種類と含有率によって石けん，複

表Ⅲ-15　洗濯用洗剤の主な成分とその働き

分　類	成　　分	働　き
界面活性剤	陰イオン界面活性剤 　（LAS，α-SF，純石けん分など） 非イオン界面活性剤 　（AEなど）	洗浄作用 　（浸透，湿潤，分散，乳化， 　　再付着防止）
ビルダー	アルミノけい酸塩 炭酸塩，けい酸塩 カルボキシメチルセルロース	硬水軟化 アルカリ緩衝 再付着防止
添加物	酵素（プロテアーゼ，リパーゼ） 酵素（セルラーゼ） 漂白剤 蛍光増白剤	タンパク質や油脂の分解・細分化 綿繊維内部の汚れの除去 着色汚れの分解 白さの増加

（注）　LAS：直鎖アルキルベンゼンスルホン酸塩，α-SF：アルファスルホ脂肪酸エステル塩，AE：ポリオキシエチレンアルキルエーテル

表Ⅲ-16　洗濯用洗剤の種類と特徴

用途	液性	品名	特　　　徴		界面活性剤の種類と割合
綿 合成繊維 など	弱アルカリ性	石けん	汚れをよく落とす。冷水にとけにくい。硬水の影響を受けやすい。布に残留しやすく，黄ばみの原因となるので十分にすすぐ。		石けん（脂肪酸ナトリウムなど）が100％。
		複合 石けん	石けんより硬水の影響を受けにくい。使用上の注意はせっけんと同じ。		石けん（脂肪酸ナトリウムなど）が70％以上。
		合成洗剤	汚れをよく落とす。	石けんより冷水に溶けやすい。硬水の影響を受けにくい。炭酸塩などの配合のしかたにより，中性や弱アルカリ性になる。	石けん以外の界面活性剤の配合が多い。
毛 絹 など	中性	合成洗剤	汚れ落ちはやや劣る。		LAS, AS, α-SF, AEなど。

合石けん，合成洗剤に分類される。それぞれの特徴や繊維との適合性を考えて使用する。洗剤の液性は，液体洗剤では原液のpH，粉末洗剤では標準濃度水溶液のpHにより，$6 \leqq pH \leqq 8$は中性，$8 < pH \leqq 11$は弱アルカリ性に区分されている。

　（3）　洗濯用具

　日常生活では電気洗濯機を使用することが多く，汚れのひどい部分には洗濯ブラシや洗濯板，型くずれしやすいものには洗濯ネットなどが使われる。

　洗濯機は表Ⅲ-17の3方式に大別され，洗濯習慣や水質などの違いにより，国や地域によって異なる方式が発達してきた。日本では大型化，洗濯コースの

表Ⅲ-17　洗濯機の洗浄方式と洗濯条件

洗浄方式	渦巻き式	撹拌式	ドラム式
	回転翼（パルセーター）	撹拌羽根（アジテーター）	桟（バッフルまたはリフター）／回転ドラム／ヒーター
洗濯条件　容量	2～8kg	3.5～5kg	3～6kg
時間	8～10分	10～20分	15～60分
主な地域	日本・東南アジア	北・南アメリカ	ヨーロッパ

多様化，布がらみやいたみの軽減，節水・省エネ，低振動・静音などに関心が向けられて開発が進められ，最近では，ドラム式の洗濯乾燥機が販売されている。洗濯機には洗浄力などの性能が表示されていないことから，ヨーロッパで実施されているエネルギーラベルなどの表示が望まれている。

（4）洗濯の手順

① 洗濯物の分類

洗濯物は，家庭で洗うものと業者に委託するものに分ける。家庭で洗うものは，洗剤（弱アルカリ性，中性洗剤），洗い方の強弱（もみ洗い，押し洗い）などにより，同一条件で洗えるものに仕分ける。色落ちしやすい濃色製品，汚れのひどいものと一緒に洗うと黒ずみやすい白い合成繊維にも注意する。組成表示や取扱い絵表示を確認し，汚れの程度も考慮して分類する。

ポケットの中身を取り出す，衣服の隅にたまったほこりを払う，ファスナーを閉める，取れかかったボタンをつけ直すなどの点検や補修も必要である。

② 洗濯の条件と汚れ落ち

汚れ落ちには，洗剤の種類と量，水の硬度と温度，洗濯物と水の量の比率，機械力の強弱と洗濯時間などの要因が関係する。一般的な傾向を表Ⅲ-18に示す。

③ すすぎ・絞り・乾燥

手洗いでは，1回あたり1～3分のためすすぎを2回行う。洗剤洗いやすすぎの間に手絞りや遠心脱水を行うと，すすぎ効果が高まる。洗濯機にはシャ

表Ⅲ-18 汚れ落ちに影響する洗濯の条件

項目	グラフ	説明
洗剤の量	洗浄率(%) 縦軸、使用量の目安(倍) 横軸(0〜2)	洗剤の量が少ないと汚れが落ちにくく、落ちた汚れの再付着も起こりやすい。「使用量の目安」を越えて使用しても、汚れ落ちはあまり変わらない。必要以上を使用すると洗剤が無駄になり、すすぎに多くの水を使うことになる。使用量の目安は洗剤によって異なるので、表示を確かめて使用する。
水温	洗浄率(%) 縦軸、温度(℃) 横軸(0〜60)	水温が高いほど汚れは落ちやすい。60℃を越えると、酵素配合洗剤では酵素が失活し、非イオン界面活性剤を主体とする洗剤では界面活性剤の溶解状態が変化して、汚れ落ちが低下することがある。水温が高いと、毛の収縮や色落ちが増すなど、素材が傷みやすくなる。省エネには40℃程度までが望ましく、風呂の残り湯の使用は効果的である。
水量	洗浄率(%) 縦軸、洗濯物の重さ/洗濯機の表示重量 横軸	洗濯機では、洗濯物の重さの10〜20倍程度の水を使用して洗う。洗濯物の量が多すぎると、洗濯槽内で洗濯物が動きにくくなり、汚れ落ちが低下し、洗いむらや汚れの再付着が起きやすくなる。洗濯機には、使用水量と対応する洗濯物の量が表示されている。洗濯物の量は表示容量の80%までを目安とする。
洗い方	洗浄率(%) 縦軸、押し洗い・もみ洗い・弱水流・強水流(洗濯機洗い)	洗濯機では、衣服の素材や汚れの程度に応じて、標準・念入り・デリケート・ドライ表示などのコースを選択する。洗濯ネットに入れると汚れ落ちは低下するが、布の傷みを抑えることができる。（▨：洗濯ネットを使用した場合）

（標準的な条件で洗濯した場合の洗浄率を100%として表した。）

ワーすすぎが導入されて節水が進んでいる。

遠心脱水は標準3分程度に設定されている。厚手のジーンズなどは長め、しわのつきやすいポリエステルなどは短めにする。

布の乾きやすさは、繊維の種類や布の厚さによって異なる。疎水性のポリエステルは親水性の綿に比べて乾きやすく、ジーンズのような厚い布は乾きにくい。洗濯物の種類や天候などによっては、乾燥機の使用も効果的である。

(5) 衣服の表示

衣服に付けられている表示を表Ⅲ-19に示す。家庭用品品質表示法で義務づけられている組成表示、取扱い絵表示、はっ水表示のほか、事業者による自

表Ⅲ-19 繊維製品の表示の種類と意味

組成表示	繊維の種類と混用率（重量割合をパーセントで表示）を表示する。指定用語のない繊維は，たとえば「指定外繊維」（テンセル）のように示す。裏地や衿など部分的に素材が異なる場合には，部分ごとに表示する。
取扱い絵表示	手入れの方法を，洗い方，塩素漂白の可否，アイロンのかけ方，ドライクリーニングの可否，絞り方，干し方について記号（絵柄）で示す。
サイズ表示	サイズは着用者の身体寸法により数字または記号で示す。衣服の種類（全身用や上半身または下半身用，フィット性を要するかなど）によって，身長，胸囲，胴囲など，表示される部位や表示方法が異なる。体型区分（A：標準的，B：太め，Y：細めなど）が表示されることもある。衣服サイズは日本工業規格（JIS）によって規定され，ほぼ10年毎に見直される。
表示者	表示者名と連絡先を表示する。表示内容について責任の所在を明らかにし，消費者の問い合わせや苦情に対応するためである。
はっ水性	レインコートや傘などの水をはじきやすい性能は，JISで定めた試験法で一定以上の効果が認められたものに表示できる。
品質マーク	製品の品質が業界団体などで定めた基準を満たすことを示すもので，ウールマークなど各種のものがある。
デメリット表示	製品の短所や取扱い上の注意点を表示して，消費者の注意を喚起するものである。

主表示もある。

　繊維製品には，家庭での手入れが適切に行えるように，JISで定められた記号を用いて取扱い方を表示する（表Ⅲ-20）。繊維の種類や製品の性質によって不要な項目は省略できる。

　繊維製品の洗濯方法は原則として取扱い絵表示にしたがう。しかし，型崩れや風合い低下を防ぐために，水洗い可能なものにドライクリーニング表示を付すなど，いわゆる過剰表示もみられる。繊維や布の特性についての知識を活用して，それぞれの繊維製品に応じた取扱い方を判断できることが大切である。

　近年，海外の衣料品が多く出回るようになり，取扱い表示を国際的に統一することが，国際標準化機構（ISO）で検討されている。

指導上の留意点　衣服の手入れについては，日常着の汚れやボタンが付いている様子の観察や，家庭で実践していることの発表などを通して，児童の具体的な生活経験と関連付けて，実感を伴う学習になるよう配慮する。

　洗濯は手洗いを中心として，洗濯物や汚れの点検，洗う，すすぐ，絞る，干

表Ⅲ-20　繊維製品の取扱いに関する表示記号とその意味（JIS L 0217）

(1) 洗い方（水洗い）	[95]	液温は，95℃を限度とし，洗たく機による洗たくができる。	(4) アイロンの掛け方	[低]	アイロンは 120℃を限度とし，低い温度（80℃から120℃まで）で掛けるのがよい。
	[60]	液温は，60℃を限度とし，洗たく機による洗たくができる。		[×]	アイロン掛けは，できない。
	[40]	液温は，40℃を限度とし，洗たく機による洗たくができる。	(4) ドライクリーニング	[ドライ]	ドライクリーニングができる。溶剤は，パークロルエチレン又は石油系のものを使用する。
	[弱40]	液温は，40℃を限度とし，洗たく機の弱水流又は弱い手洗いがよい。		[ドライ セキユ系]	ドライクリーニングができる。溶剤は，石油系のものを使用する。
	[弱30]	液温は，30℃を限度とし，洗たく機の弱水流又は弱い手洗いがよい。		[×ドライ]	ドライクリーニングはできない。
	[手洗イ30]	液温は，30℃を限度とし，弱い手洗いがよい（洗たく機は使用できない）。	(5) 絞り方	[ヨワク]	手絞りの場合は弱く，遠心脱水の場合は，短時間で絞るのがよい。
	[×]	水洗いはできない。		[×]	絞ってはいけない。
(2) 塩素漂白の可否	[エンソサラシ]	塩素系漂白剤による漂白ができる。	(6) 干し方	[つり干し]	つり干しがよい。
	[×エンソサラシ]	塩素系漂白剤による漂白はできない。		[日陰つり干し]	日陰のつり干しがよい。
(3) アイロンの掛け方	[高]	アイロンは 210℃を限度とし，高い温度（180℃から210℃まで）で掛けるのがよい。		[平]	平干がよい。
	[中]	アイロンは 160℃を限度とし，中程度の温度（140℃から160℃まで）で掛けるのがよい。		[日陰平]	日陰の平干しがよい。

すなどの基本的な作業から成り立っていることを理解させる。洗剤の働きなどは中学校で学習するので，小学校では，身近な環境への影響を考えた洗剤の量などを中心に扱う。洗濯機については，脱水に使用したり，手洗いと比較した

りする程度にする。洗濯経験の少ない児童には，自分の手で洗うことを実感しながら，洗濯工程の基礎を理解させることが大切である。

　手洗いは小物などを簡単に洗えることや，汚れのひどい部分に効果的であることなどを，実習を通して体得させる。また，泥や汗などは水だけでも落ちることや，部分的な汚れにはブラシの使用が効果的であることにも気付かせる。靴下やTシャツ，体育着などの児童に身近な衣服を手洗いする活動のなかで，洗い方や干し方を工夫できるようにする。乾きやすい干し方や後の手入れが容易になる干し方を工夫するなどして，身に付けた知識や技能を活用して自分で実践しようとする意欲につながるようにする。

　ボタン付けについては，衣服の打ち合わせの留め具として必要であることがわかり，自分で丈夫に付けることができるようにする。ボタン付けは，布を用いた製作の中で扱い，再度，手入れの実習として行うことも考えられる。

　洗濯については，「身近な消費生活と環境」の買い物の学習と関連させて，衣服に付いている表示を調べた後，洗濯の学習を行ったり，水や洗剤を無駄にしない洗濯の仕方を学習した上で，「環境に配慮した生活の工夫」の学習に発展させたりすることも考えられる。また，「家庭生活と仕事」の学習との関連を図り，衣服の手入れを，家族の一員としての仕事としてとらえさせることもできる。

(5) 現代の衣生活の課題

衣生活と資源　着用されなくなった不要衣服は，ごみとして処分されたり，再生利用されたり，保有されたままになる。衣類の多様化やファッション化による複合素材の増加はリサイクルを困難にし，廃棄衣料の増加が環境負荷をより大きなものにしている。生産者は資源の有効活用を考えた生産システム，生活者は4R（Refuse, Reduce, Reuse, Recycle）を考えた衣生活を実践し，循環型社会の構築に寄与することが求められている。

　繊維製品の再資源化は，リユースとリサイクルに分けられる（図Ⅲ-17）。アパレル業界では古着の回収率をあげるために「エコメート」マーク（図Ⅲ-

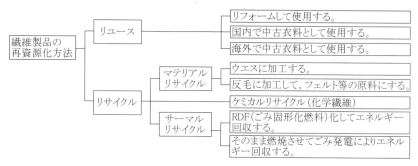

図Ⅲ-17　繊維製品の再資源化方法
ダイナミックス都市環境研究所，中古衣料リユースビジネスモデルに関する調査・検討報告書による

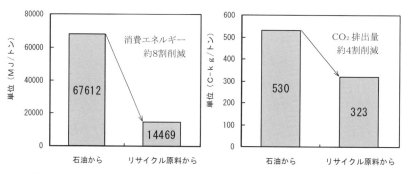

図Ⅲ-18　衣料品のリサイクル効果（ポリエステル原料のジメチルテレフタレート）
経済産業省製造産業局繊維課，繊維製品（衣料品）のLCA調査報告書による

19)を設けて，リサイクル配慮設計商品に添付する取り組みを行っている。繊維メーカーによるナイロンやポリエステルのケミカルリサイクルも行われている。繊維製品のリサイクルによってエネルギーやCO_2を削減することができ，今後，さらなる取り組みが期待されている。

図Ⅲ-19　エコメートマーク

衣生活と環境　洗濯排水には洗剤や汚れが含まれて下水道や河川に排出される。1960年代始めには，自然環境中の微生物が生分解しにくい界面活性剤が使用され，河川などに発泡が生じたが，その後生分解されやすい界面活性剤への転換（ソフト化）が進み，泡の残留問題は解消され

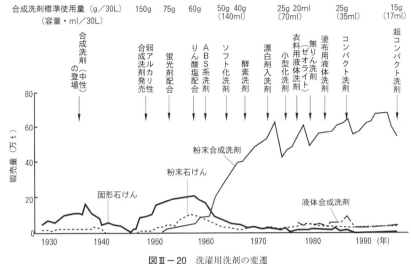

図Ⅲ-20 洗濯用洗剤の変遷
日本衣料管理協会「被服整理学」(2008)による

た。1970年代には、琵琶湖や瀬戸内海などの閉鎖性水域で藻類が異常繁殖して富栄養化現象がおこり、飲料水の異臭や漁業被害が生じた。その原因物質として、洗剤に配合されていたりん酸塩が取り上げられ、りん酸塩をアルミノけい酸塩（ゼオライト）に切り替えた無りん洗剤に転換された。

　環境中に排出された界面活性剤の生分解性は、界面活性剤の種類によって異なる。脂肪酸塩（純石けん分）はLASなどより生分解しやすいが、1回の洗濯に使用する量は合成洗剤よりも多い。石けんと合成洗剤は、洗浄力や使いやすさの点でも一長一短がある。いずれを使用する場合にも、必要以上に洗剤を使わないことが重要である。

　　＜引用及び参考文献＞
(1)　日本家政学会編「環境としての被服」朝倉書店，1988
(2)　渡辺ミチ「衣服衛生と着装」同文書院，1981
(3)　鳴海多恵子「布を使った作品集」開隆堂，2008
(4)　文部科学省「小学校学習指導要領解説　家庭科編」，2008

3 食生活

指導内容の概要と指導上の留意点

(1) 学習指導要領における「食生活」の内容

すべての学習も同様であるが，食生活の指導でもまず学習指導要領で指導内容を押さえてから授業構成を考え指導に当たらなければならない。

2008（平成20）年に改訂した小学校学習指導要領の家庭科の第5学年及び第6学年の食生活に関する学習内容は，「B　日常の食事と調理の基礎」という新たな項目が設定された。

(1) 食事の役割では，日常の食事の大切さに気づき，楽しく食事をするための工夫があげられている。

(2) 栄養を考えた食事では，体に必要な栄養素の種類と働きについて知り，食品の栄養的な特徴がわかり，食品を組み合わせてとる必要があることを学習する。

(3) 調理の基礎では，調理への関心をもち，必要な材料の分量や手順を考えて調理の計画が立てられる。また，材料の扱い方（洗い方，切り方）や味付け，盛り付け，配膳，後片付けまでできるよう指導し，調理法もゆでる，いためるを扱い，米飯，みそ汁の調理ができるよう指導する。こんろ等の調理用具や食器の安全や衛生的な取り扱いができるよう指導することも忘れてはならない。

食関係では前回の改訂で削除された「栄養素の種類と働き」が復活している。近年食育の推進が叫ばれ今回「食育の充実に資するよう配慮すること」という文言からもうなずける。栄養の話になれば小学生にとっても栄養素なしでは語れないからである。

また，米飯やみそ汁が我が国の伝統的な日常食であることにも触れるよう，さらに「D　身近な消費生活と環境」とも関連を図るよう記載されている。

ここでは主に「食事の役割」「栄養指導」「調理の基礎」の三つの内容を中心に具体的指導事例を提示しながら指導上の留意点にも触れる。

学習指導要領では第5，6学年で内容に分かれてはいないが，家庭科の場合第5学年から始まる教科なので，これまでの子どもの食に関する経験や系統性を考慮すると指導計画は第5，6学年別々に立てることが実際には必要になる。

(2) 食事の役割と栄養指導に関する指導から

(1) 食事の大切さに気付く指導事例

① ヒトはなぜ食べるのだろう

最も基本的な食の重要性に気付かせるために，食の第一歩は子どもにこの質問から学習に入っていく。子どもたちはこれまで1日3回の食事は当たり前のこととしてとらえ，深く考えたこともなかったため一様に驚いた表情をする。

「当たり前でしょ。食べないと死んじゃうもの。」
「なぜ死んじゃうの？」
「お腹がすいて・・・・よくわかんない。」
「お腹がすくと動けなくなる。」
「食べないと病気になっちゃうよ。」
「ちゃんと食べないと大きくなれないよって言われる。」
「本当，どうして食べるんだろう。」

子どもの疑問がふくらんで話し合いもいよいよ佳境に入っていく。

5年生の子どもにとって，これまで自明の理でこの根源的な課題に触れた経験がないため，改めて考えるとわからないことばかりである。教科書以外に補助教材として，子ども向けの資料を見つけてコピーをしたりして使うことは有効である[1]。

子どもから出た考えを板書し整理分類していくと，おおよそ食べ物の主な三つの働きにまとまってくる。

・体の組織（骨や肉）をつくる・熱やエネルギーのもと・体の調子を整える

そして子どもは，お腹がすくのは食べ物を取り込む必要の合図であることにも気付くのである。

この他，体にとって大切な役割の食事は動物では餌（えさ）と呼ばれるが，人間は食事であり，家族や仲間と一緒に食べることでマナーや文化が生まれるのである。近年の孤食やながら食べは，子どもたちにはどのように映るのだろうか。

80

　時代とともに変わるとはいえ，命をつなぎ育む食生活を大切に感じる心を小さいうちから育てたいものである。
　②　体のしくみから食の働きを知ろう
　口から体内に取り込まれた食べ物が，どのようにそれぞれの働きにかかわっていくかは，理科との関連で第5学年ではまだ扱っていない場合が多い。
　消化吸収や，場合によっては循環までも資料[1]などで扱うことでより理解が深まる。
　口から入るのと便で出るところしか目には見えない訳だが，実は取り入れられた食物が，口や胃で細分化され変化した物質（栄養素）になり小腸中心に吸収され，血液で全身（60兆もの細胞）に運ばれ，主に三つの働きになっていくことは案外知らない（図Ⅲ-21）。
　血液を全身に運ぶ働きが心臓であり，ここで消化器と循環器がつながる。あるものは酸素と結合して熱や力のもとのエネルギーとなり，炭素や水の化合物のでんぷんや糖が，糖質または炭水化物（ことばを分解して説明する）と呼ばれる理由を知ることになる。
　鼻から吸った空気の中の酸素が肺から血液と一緒に運ばれ代謝が起こり，熱

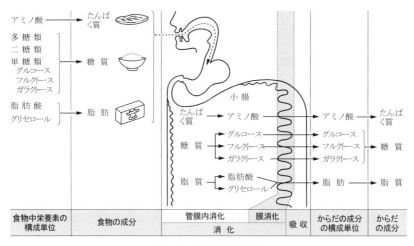

図Ⅲ-21　消化吸収の模式図
中野昭一編「栄養学総論—からだと栄養—」医歯薬出版（1991）による

や力となって，酸素は一部二酸化炭素に変わり肺に戻り吐き出される。

　心臓や肺が酸素と栄養素を運ぶ重要な働きに関与していることにも気づくのである。簡単な体の仕組みを図で描いたり，市販の布製の内臓模型などを使ったり，理科等のビデオを用いたりして説明すると子どもにもわかりやすい。この部分がこれまで家庭科ではほとんど扱われてこなかったので，理科と関連させて指導に加えてみると，栄養の話とつながり理解しやすいようである。

　小学校では人体の学習は理科や保健でも扱うので，家庭科の5年生では食にかかわる部分だけをさっと触れる程度でよいが，全く触れずにいきなり栄養の学習ではかえって理解が難しくなろう。

③　五大栄養素と水

　三つの働きの元になる栄養素は大きく分けて五つに分かれる。食品それぞれに含まれているが，特に含有量が多かったり，働きに大きく影響を及ぼしたりするものでグループ化されたものが，六つの基礎食品群となっている。

　これまでこの部分の指導の定着がかなり困難とされ，1998（平成10）年の改訂では中学に移行したのである。確かにことばだけでは難しいが，体のしくみや体への影響（三つの働き）を関係づけて押さえればある程度小学生にも理解できるであろう。

　五大栄養素はたんぱく質，無機質（ことばになじみがないので反対語の有機質を出すとわかりやすい，ミネラルの方が子どもの耳になじんでいる），炭水化物，しぼう（脂質），ビタミンである。ビタミンはすべてのビタミンを包括している名称だが，六つの基礎食品群では，特に野菜以外では含有が少ないとされるビタミンA（カロテン）とCを中心に扱っている（図Ⅲ-22）。

　しかも図表などでは食品が栄養素と1対1対応に見えることも間違いやすい点である。あくまで食べた時の主な働きで分けられていることを押さえなければならない。

　米など複数の栄養素を含む食品を使って含まれる栄養素の割合を知ると，なぜ炭水化物の仲間に加えられるかが理解できる。ことばだけでなく意味がわかれば理解できるので，栄養の学習は丁寧な指導が大切になってくる。

●1群は，卵を1個，残りを魚：肉：豆・豆製品で1：1：1の割合になるようにとる。　（「日本家庭科教育学会誌」2002年をもとに作成）
●4群では，果物を150g，野菜を250gとる。　●5群では，いもは必ずとる。砂糖は30gまで。

図Ⅲ-22　六つの基礎食品群別の摂取量の目安と食品群（12〜14歳男女の例，1人一日分）
「ローティーンのための食育　3考えよう食事と健康」小峰書店（2005）による

　もう一つ水についても扱う。食物がなくても水さえあれば数日生きられることをいくつかの事例から伝える。それはなぜだろうか？

　人間の体が約3分の2の水分でできているので，水なしでは生きていけないからである。これは動物だけでなく植物（多くは低学年の時の栽培で確認済み）も含む生物全般に共通な大事な事柄である。

　ヒトの体の水分の多くは体液（細胞液）他に血液，体から水分として出される汗や涙や尿などで子どもでも納得できる。ついでにそれぞれが人体に重要な働きをすることにも触れる。水は人体にとって栄養素以上に大切なものである

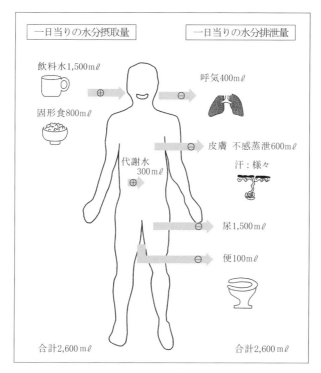

図Ⅲ-23　人体と水
「ネオエスカ　代謝栄養学」同文書院（2008）による

ことを押さえておくことで，「水が汚れるとなぜ困るのか」という環境問題の水質汚染防止にもつながっていくのである（図Ⅲ-23）。

(3) 調理実習の具体的な進め方

食の学習は調理実習なしでは不十分である。調理への子どもの興味関心もさることながら栄養や食品の学習の他，安全性や消費者問題，ひいては生活全般につながるからである。さらに餌ではない食事としての食文化とかかわってくる点も見逃せない。

しかし，家庭科の時間数削減や子どもの生活体験不足からくる調理の経験や実態では，学校における調理実習はなかなか設定が難しいのも事実である。

ここでは大きく三つの調理実習を例示する。さらに(4)で食を総合的に消費

者教育的視点や環境教育的視点を盛り込んで扱った事例も紹介する。

① 5年の調理実習例

5年生で始まる家庭科学習では，子どもの興味関心の1位は何といっても調理実習である。しかし，近年は家庭において調理をする経験が乏しいことが主な理由であるが，段取りや技能が追いつかない子どもの現状がある。その上，家庭科の時数削減が調理実習を遠ざけている。

そこで短時間でも繰り返し継続すれば少しずつ身に付くであろうと考え，単品ものの調理実習を複数回重ねてきた。最後にそれまでのものを全部合わせて一食分作る方法を試行した。それが表Ⅲ-21である。

表Ⅲ-21 第5学年の入門期調理実習例

回数	調理実習の主な内容
1	初めての調理実習に備えて（調理室，ガス，水，用具等）
2	はかる，沸かす（バナナ，ミニトマト，麦芽飲料を牛乳で溶かす）
3	切るⅠ（リンゴの皮むきと切り分け，盛り付け）
4	切るⅡゆでるⅠ（5種類の野菜を使って）
5	ゆでるⅡ（卵をゆでてカナッペ作り）
6	ゆでるⅢ（麺をゆでてそうめんサラダ）
7	ゆでるⅣ（白玉団子作り　白玉フルーツと白玉あずき）
8	フライパンで焼く（アップルケーキ）

5年ではまず調理室の使い方を実習する。設備備品，用具の使い方，片付け方が中心である。水道の栓，ガスコンロの開閉から指導する。特に換気の仕方やガス栓のつまみ方で火加減が変わるのを身につけさせる。近年は各家庭でかなり異なった調理器具を使用しているため，学校の場合の設備や用具の共通の扱い方を覚えることから入るのである。

次が用具の使い方や片付け方の指導である。いきなり包丁やまな板をさわらせるのには理由がある。調理は包丁使いが要だからである。包丁が自由に使えないと調理から遠ざかる傾向があると考えている。もう一つは火加減である。そこで5年では徹底的に包丁使いと加熱法をゆでるに絞り加減を理解させる実習を行う。調理は味加減，水加減，火加減など加減が勝負だからである。

表Ⅲ-21の内容をいくつか紹介する。調理実習なので「作って食べる」ことが基本である。

2のはかる，沸かすは，はかりや計量器で量り方を覚える。調理実習では重さ感覚も同時に体験させている。

小さくて軽いものでも重さがある。粉をこぼさずすり切りで量り取り，別の容器に移し取る。こういった作業は全く経験のない子どもも多く時間がかかるのである。それでも最後は口に入れられるよう組み合わせに配慮する。

小学校ではゆで卵が一般的であるが，5の卵をゆでてカナッペ作りでは，前時に実習しスライスしてクラッカーに乗せカナッペにする。こうすると盛り付けにも工夫が必要になる。

6の麺をゆでたそうめんサラダでは，麺は短時間でゆで上がるそうめんを使う。サラダ用の生野菜やブロッコリーのようなゆで野菜もそうめんと一緒に同時にゆでる。ざるにあげ水で洗って皿にそうめんをのせ，その上に野菜を盛り付ける。市販のつゆの素でも簡単であるが，事前にこんぶと鰹節でだし汁を作ってさましておく。味覚を意識し本物の味を味わわせたいためである。

写真Ⅲ-1　5年生の調理実習　ゆで卵の皮むきを教えあう

調理実習を計画する際，できるだけいろいろな要素を盛り込むよう工夫する。子どものようすを想像し何をどのようにするか，それも短時間で手や経費をかけすぎないでする方法を考える。

時間の足りない分いろいろ考えて工夫すれば，さほど負担感もなくできるものが結構ある。すべて指導者がお膳立てしてしまわずに，子どもの工夫できる余地を残しておくことも忘れてはならない。

小学校の場合シンプルで食材を簡単に調理できるものの方が有効であろう。各家庭に戻って子どもが一人でもできるものの方が継続につながる。学校だけの調理実習では，自立した食生活にはつながっていかないからである。

② 6年の調理実習例

5年の調理実習の経験をいかして6年の調理実習を計画する。多くの場合調理実習は共同（協働）学習である。一つの目的に向かって仲間と協力せざるをえないので貴重な体験となる。自分の思いを仲間に伝え理解してもらったり，仲間の考えを聞いて納得したり自然と人間関係を学んでいく。

例えば目標の一つに「協力しよう」を入れる場合，「声を掛け合って進めよう」とか，作業もできるだけ偏らず仲間が公平に役割分担できるよう「代わり合ってかかわりあう」ことを伝える。人とのかかわりは家庭科で育てたい力の一つである。

6年の実習例は表Ⅲ－22のとおりである。但し2と5は調理実習ではない。

表Ⅲ－22　6学年の調理実習例

回数	調理実習の主な内容
1	おやつの学習から　市販と手作りプリンの比較
2	おやつから食事へ　献立のたて方
3	4種類の野菜を生，ゆでる，いためるで味比べ
4	卵を使ってフライパンの調理（目玉焼き，スクランブル，オムレツ等）
5	米味噌調べの発表会
6	ご飯たき
7	みそ汁作り
8	一食分の食事作り

③　献立と一食分の調理実習

学習指導要領にも示されたように，小学校で最終的には一食分の食事作りが求められる。

献立で求める何をどのくらいバランスよく食べればよいかは子どもには難しいが，栄養バランスのよい献立だけならバランスコマのソフトを使ったりした指導例もあるが，ここでは実際に調理実習まで可能にしたい。

例えば，単品を続けて調理実習し，最後に一食にもっていく方法である。ご飯とみそ汁，卵料理，野菜いためを合わせ一食とする。それぞれの実習を一度経験しているので，子どもたちで担当を分担して同時にスタートできる。主食，主菜，副菜，汁物の組み合わせになり，献立の意味にもつながる。主食をパンに変えたり，卵を魚や肉の加工品にしたり，野菜を生のサラダにしたり，汁物はスープにすればパン食の献立にもなる。実習しながら献立に必要な知識や技能を押さえていく。

実際に作っているので段取りや手順，準備や時間といった1食分作る具体的なイメージが湧く。実習後献立の意味を学習すると，さらなるアレンジにもつながっていく。余力があればグループごとに考えた献立で食事つくりをさせたいものである。

(4)　食を総合的に扱った2事例から

①　消費者教育的視点を盛り込んだ食の学習から「おやつ」

　　(1)　なぜ「おやつ」としたか

食の中で子どもの関心の高いのは食事よりはおやつである。学校では一般的には給食はあるが，間食はなく，特別な場合を除いて学校にお菓子は絶対に持ってきてはいけないという厳しいルールがある。

そこで家庭科の時間に学校で堂々とお菓子を食べることのできる学習を考案した。お菓子を買ってきておやつ会をするのだが，それだけで終われば学習にはならないので，購入菓子を利用してできる学習単元を作成した。

　　(2)　単元の全体構成と主な学習内容

どのような流れで「おやつ」単元（16時間扱いの場合）を進めているか紹介

する。

① おやつ調査とおやつ会に向けて（おやつに関するアンケート調査，家庭学習で親の考えも聞いてくる。4人グループで消費税込み150円ずつの買い物計画の相談会）
② おやつ会（グループで各自購入してきたお菓子を大皿に盛ってお茶を添えておやつ会をする。購入動機や金額，盛り付け図，感想を記録する）
③ 食べたパッケージから見えるもの（前週食べて空になった箱や袋を模造紙にまとめ気付いたことを話し合う。どのような表示が明記されているかよく見て記録する）
④ 表示の意味……食品添加物，カロリー，砂糖，塩等（気付いた表示から原材料（口に入るもの）を調べてみる。他にはどんなことがかかれているか話し合う）
⑤ 市販と手作りの食べ比べ……プリンの実習（プリンにしたのは短時間にでき，市販のものもあるので比較ができるため）
⑥ 市販と手作りの比較……生産者，消費者の立場（翌週プリンの場合で市販と手作りの違いを話し合う。生産者の立場，消費者の立場で表示を見直す）
⑦ おやつ今昔（祖父母の子どもだったころ（約50年前），父母の子どもだったころ（約25年前）のおやつを調べて今のおやつと比べ話し合う。
⑧ これからのおやつ考（一連の学習からおやつについて自分の考えたことをまとめ仲間の考えにも耳を傾ける）

　　（3）子どもは何を学んだか

この一連の「おやつ」の学習を通して指導のねらいが子どもの学習記録に見られる。数点あげてまとめにかえる。

「このプリン作りをしてみて手作りというのはいいなと思いましたが，やはり手間がかかるので市販を買いがちです。そのような商品を買う時，原材料，日にちなどをよく見るように心がけたいです。また舌の感覚というのは，日常の食生活で決まるものなのでこのようなおやつも塩分ひかえめ，さとうの量を考えて買いたいです。」

「食べる方については手作りの方がたくさん楽しみがある。しかし手間がかかったり，たくさん作れなかったりするのでどうしても市販の方を買ってしまう。その時は

Ⅲ　家庭科教育の内容　89

写真Ⅲ-2
　上から
　　おやつ会で食べたお菓子
　　食べたパッケージを貼った模造紙
　　表示を調べよう

ちゃんと書いてあることを読み，安心して楽しく食べられるおやつにしたいです。」
「いつも『おやつ』といったら市販のポテトチップスやチョコレート菓子が多かったです。またそのような物はパッと見て『あ，おいしそうだな』で買ってしまいました。材料で何が入っているかも見ないですぐ買ってしまいました。それに材料で入っていては体にあまり良くないものといえば『合成……』しか知りませんでした。でも今回勉強していろいろとわかりました。添加物，砂糖の多すぎるもの塩の多すぎるもの……いろいろあったので，ああそうかと思いました。これからは作れる物は作ってみて市販のものでも材料には気をつけたいと思います。」
「私は先生が『手作りの方がおいしいと思った人？』の方に手を挙げました。なぜならグループみんなで作ったプリンの方が真心がこもっていておいしく感じたからです。これからは好きなお菓子だけを買うのでなく，体に良い物また満足できる物を選びたいと思います。また家族みんなで楽しく食べられるものもいいなと思います。」

② 環境教育的視点につながる食の学習「給食の残飯から」
　(1) 生活を取り巻く環境問題から「水」と「ゴミ」を選んでいる理由
　家庭科は生活全般を対象として扱うため，どうしても環境問題に触れない訳にはいかない。さまざまな環境問題があるが，特に水とゴミについては人が生きていく上でどうしても切り離せない。命にかかわり，いつの時代でも地球上からなくすことができないものだからである。
　「水」は主にかかわりの深い調理実習や洗濯実習の時に関連させて扱ってきた。命を支えるためになくてはならない水，新たに大量に作ることのできない水，大昔から繰り返し循環によってつくられるというアメリカで子ども向けに作られたビデオ[2]を教材に用いる。恐竜の飲んだ水を今も飲んでいるというストーリー仕立てで子どもも水の不思議さに驚く。
　もう一つ近代化社会では「ゴミ」問題が大きな位置を占めている。大量生産は大量消費につながり，さまざまな種類のゴミが発生するからである。まさにゴミ問題は現代社会の抱える大問題なのである。子どものうちから身近な問題として目を向けさせ考えさせていきたい。
　(2) 「給食の残飯」の授業から
　課題別グループでさまざまなゴミ問題をとらえ学習を構成した。
　・自分の家や学校のゴミの種類や量調べ
　・地域のゴミを収集して実態を知る
　・清掃工場見学
　・ゴミ問題を資料で調べまとめて発表する
等々のテーマが生まれ，それらについてグループに分かれて課題に取り組んだ。
　学校で一番頭を抱えている問題の一つに給食の残飯が上げられる。ところが子どもは厨芥や残飯をゴミとは考えにくいようであり，子どもからの課題には出なかった。そこで全体の学習として「給食の残飯」を設定した。一番身近で大きな問題であり改善策を考えさせたいと願ったからである。
　授業は前日の同学年の残飯を給食室の方に協力を求め，種類別に残しておいてもらい家庭科室に運び入れ覆いをしておいた。

子どもたちが部屋に入るなり「臭い，臭い。」「何だ。この臭いは？」子どもの様子を見ながら着席させて昨日の給食の残飯の覆いを取った。それを見た子どもは「先生これきのうの給食の残り物？」と聞いてきた。
　種類別に量を確認させるとその多さに驚く子どもが多かった。
　「何でこんなに残すんだろう。」
　「地球上では食べ物がなくて死んでいく子どもがいるというのに。」
　「何とか減らすことを考えなくっちゃ。」
　資料で示す以上に五感で訴える方法は有効であり，さまざまな意見が飛びかった。
　「わかっていても残しちゃうんだよね。」
　「食べるように努力できるかな，食べれば栄養，残せばゴミだってこと考えていきたいですね。」
　しばらく沈黙が続いたりしたが，やがて
　「このこと，全校集会で発表して全校児童に伝えなくっちゃ。」
という意見が出てきて，賛成の声で締めくくった。

　　（3）　授業を終えて
　模造紙に描いた資料を用意し，給食室の方に全校の残飯の量を大きなバケツで示してもらったりして訴えた。
　低学年も静まり返って聞いている。発表は成功したが，一度だけの伝達ではゴミ減量の定着まではなかなか難しい。こうした身近な問題として機会を作って訴え続け，確認しあう必要がある。子どものうちから継続して取り上げていかなくてはならない課題である。その後給食の残飯減量は，委員会活動にゆだねることになった。

基本的事項　　基本的事項としては栄養素関係と食の今後の課題を中心に提示する。

（1）　栄養素について
①　糖質（炭水化物）
　小学校では炭水化物という名称で呼ばれるが，主に炭素と水からできている

ような化学式で表されているためである。消化酵素で分解されるものとされないもの（繊維）を含んで炭水化物と呼ばれている。

分解によって単糖類（グルコース（ブドウ糖）等），少糖類（スクロース（ショ糖）等），多糖類（デンプン等）に分けられる。

糖質は約4kcal/gのエネルギーを含有し，およそ半分がエネルギー源となり，あとは他の物質に変わり利用されている。

② 脂　肪

糖質やたんぱく質の2倍以上のエネルギー源（約9kcal/g）を含有しているので貯蔵には合理的なのだが，肥満や不健康とつなげやすい。脂肪を体内に貯える人体の機能は，原始の時代から飢えをしのぐためにつくられたものといわれている。

エネルギー源の他，脂溶性ビタミンの溶媒である。必須脂肪酸（リノール酸，リノレン酸　アラキドン酸等）は体内ではつくることができないが生体膜や物質透過や脳，神経の機能を高く保つ働きをしている。

③ 蛋白質

蛋白質は生体の構成要素のほかに，酵素やホルモンの主要成分として代謝に深くかかわっている。元素組成は炭素約50％，水素約7％，酸素約23％，窒素約16％，イオウ約0〜3％であり，糖質や脂質と異なり窒素イオウなどを含む。

アミノ酸のみで構成されている単純蛋白質と他の成分を含んだ複合蛋白質に分けられる。体内で合成されない必須アミノ酸は種類も多く，それぞれの働きも異なり，人体にとってなくてはならない物質である。体の構成以外にもさまざまな働きをし，平均4kcal/gのエネルギーにもなる。

④ 無機質（ミネラル）

人体にとって必須元素のなかで酸素，炭素，水素，窒素以外の元素を無機質という。カルシウム，リン，カリウム，イオウ，ナトリウム，塩素，マグネシウム，鉄，フッ素，亜鉛，銅，セレン，マンガン，モリブデン，ヨウ素，コバルト，クロム，ケイ素があげられる。

体の硬組織の構成成分となるほか浸透圧やpHを一定に保つほか神経や筋肉

の調節，酵素の働きに微量だが重要な役割をしている。

　無機質の欠乏や過剰摂取するとさまざまな弊害につながる。例えばカルシウムは心臓や血圧関係の障害を引き起こすし，ナトリウムは食欲減退，血圧上昇を招くなどである。

　⑤　ビタミン

　ビタミンとは微量で作用する有機化合物で体内では合成できない，またはできても必要量より不足するため食物から摂取しなければならない栄養素である。

　脂溶性と水溶性に分けられ主なものは以下の通りである。

脂溶性ビタミン

- ビタミンA　　視覚機能と成長，生殖，上皮組織と体全体に作用する。不足すると成長停止や抵抗力低下，夜盲症があげられる。
- ビタミンD　　カルシウム代謝に関係する。紫外線に当たると生成されるものもある。血液中のカルシウム濃度を保ち，不足すると硬組織から動員し過剰であれば沈着する。欠乏すると乳幼児の場合くる病，成人では骨軟化症，女性に多い骨粗鬆症(こつそしょうしょう)などである。過剰になると腎障害が起きる。
- ビタミンE　　抗酸化剤（酸化を促進する作用を抑制）の働きをする。欠乏すると神経や筋肉の機能に障害がみられる。
- ビタミンK　　血液凝固Koagurationの頭文字で名づけられた。血液や骨に作用する。不足すると血液凝固が遅れたり，骨形成不全になる。

水溶性ビタミン

- ビタミンB_1　　酸性では安定だが，中性アルカリ性では不安定である。欠乏すると神経に症状が現れる。神経伝達物質に関与していることがわかってきた。代表的なのが脚気である。糖質に偏った食事では欠乏症にならなくてもビタミンB_1不足になるので注意する。
- ナイアシン　　ニコチン酸，ニコチンアミドの総称である。酵素の働きに関与している。不足すると胃液粘膜の再生が悪く，胃酸分泌が活発になって胃炎を起こし胃潰瘍(かいよう)，胃がんにつながりかねない。

- パントテン酸　動植物に広く存在するが，熱酸アルカリに弱いため食品加工で失われる。腸内細菌で合成されるので欠乏症にはなりにくいが，不足するとストレスを感じ十二指腸潰瘍になりやすく腸の働きが悪くなる。
- ビオチン　多くの微生物で生合成される。酵素の働きを助ける。
- 葉酸　植物起源で動物は生成されない。
- ビタミンB_6　アミノ酸代謝を助ける。不足すると貧血や皮膚炎，口角炎などがおきる。
- ビタミンB_{12}　総称をコバラミンといい酵素の働きを助ける。欠乏すると貧血につながる。
- ビタミンC　アスコルビン酸と呼ばれ酸性以外不安定である。果物や緑黄色野菜に多く含まれ，動物には生合成されるものが多いが，人間は生成できない。鉄を還元し，薬物や毒素を代謝する働きがあり，発がん性物質の形成を阻止し，ガンの発生を抑制する働きがある。欠乏すると壊血病になる。コラーゲンの生成が不十分となり歯肉や骨膜下出血につながる。

(2)　食の今後の課題

　毎回の授業の開始10分は長年続けてきた「生活レポート」の発表に当てている。生活レポートというのは，子どもが生活の中の関心をまとめ輪番に発表する主体的な学習の一つである。

　子どもの関心は多岐にわたりさまざまな生活からの課題を本や資料，または聞いて調べたり，見学や実習をしたりしてB4判1枚にまとめる。機会は年間一人1，2回程度である。まとめ方はテーマ設定理由と調べ方（参考資料），感想の3点を記載する以外は自由である。テーマを分析すると圧倒的に食に関するものが多い。子どもにも食は大きな関心ごとなのである。食品のこと，料理紹介などさまざまであるが，近年は食を取り巻く課題も以下のように次々に出てくる。

- 狂牛病や鳥インフルエンザ，O157，毒物混入といった食の問題
　自然の脅威（元をたどれば人災）と人間性のモラル欠如からくる問題
- 世界の飢餓問題（ハンガーマップ），遺伝子組換作物や食品の安全性

先進国優位の食料状況と餓えにあえぐ国々の実態をマップで示したもの遺伝子組換作物がそのための大義名分になってはいないか。
・日本の食料自給率……現状の37％をどのようにしたら上げることができるのか。農林水産業を活性化する方策はあるのか。
・フェアトレード……立場の弱い国々によりよい貿易の条件を提供するための公平な貿易に関する取り決めが今後さらに必要である。
・フードマイレージ……食料の供給構造を物量とその輸送距離により把握する。食料輸送エネルギーが環境に及ぼす影響は，地産地消の復活なるか。
・バーチャルウオーター（仮想水）……食料を産み出すために使われた水を換算するとその量は膨大になり輸入食品は水まで買っていることになる。
・表示偽装の問題

今，消費者として何が大事かを学ぶことが将来生産に携わる際にいきてくることを考え合わせると，こうした問題を避けて通るわけにはいかない。

ここでは上述の一つ一つについて詳細に触れないが，どれも重要な課題である。子どものうちから食を考え，健康を維持し，周囲の問題にも関心を注ぐことができる子どもであってほしい。

特に調理が少しでも食生活の中核化，日常化につながれば解決の道につながる部分もある。食の安全性，食の自立を目指して家庭科の食教育をさらに充実させていく必要を強く感じる。

＜注＞
(1) 田村真八郎他編者「こどもとおとなが一緒に読む絵本　人と食べものの話」（全5巻）農山漁村文化協会，1988
　　（1　人はなぜ食べるの？　2　元気にくらす　3　つくる，はこぶ，テーブルへ　4　いただきます　ごちそうさま　5　食べものを生みだす大地）
　藤沢良知監修「ローティーンのための食育」（全4巻）小峰書店，2005
　　（1　心と体を育てる食育　2　健康な体と栄養　3　考えよう食事と健康　4　日本と世界の食のいま）
(2) ビデオ「地球にコンタクト」（全4巻），アメリカ製　消費者教育支援センター

所蔵
　　（・水のふしぎ　・ゴミはなくならない）

＜引用及び参考文献＞
(1)　藤沢良知監修「ローティーンのための食育」（3　考えよう食事と健康）小峰書店，2005
(2)　中野昭一編「栄養学総論―からだと栄養―」医歯薬出版，1991
(3)　横越英彦編著「ネオエスカ　代謝栄養学」同文書院，2005
(4)　山田綾「「食」にまつわる影の現実　食生活の成り立ちと地球環境問題飢餓と貧困」（道徳教育12）明治図書，2007

4　住　生　活

指導内容の概要　2008（平成20）年告示の学習指導要領に示される「住生活」領域の内容と，1998（平成10）年からのものとを比較した場合，環境に関する内容を独立させた点が大きな変更である。新学習指導要領では，「衣生活」と合わせた領域設定となり，次のように示されている。「C　快適な衣服と住まい　(2)快適な住まい方について，次の事項を指導する。ア　住まい方に関心をもって，整理・整頓や清掃の仕方が分かり工夫できること。イ　季節の変化に合わせた生活の大切さが分かり，快適な住まい方を工夫できること。」

「指導計画の作成と内容の取り扱い」では「イについては，主として暑さ・寒さ，通風・換気及び採光を取り上げること」とされている。しかし，これまでは「暖かさ，風通し，明るさなど」の中から選択して取り上げ，課題解決学習を行うことになっていた。

環境に関する内容が分離されたため，住環境についてはこれまでと切り口を変えた取り上げ方が考えられる。住生活に対する関心が高まり，衣生活同様に身近なこととしてとらえ，自力で管理するものであるという認識がもちやすくなるものと考えたい。

基本的事項　(1)　住居の機能・役割
我々の家庭生活の大部分は住居内で行われている。「健康的

な住居」は，住み手の生理的健康と精神の健康とを保つことができるものでなければならない。

住まいは，雨露，風雪，寒暑，害虫など外界の脅威から人間の身を守る避難場所（shelter），あるいはねぐらとしての機能から発展し，生産の場，次世代育成の場，くつろぎの場，コミュニティーづくりの場として，効率や快適性を加えて現在の形に至っている。住まいに対する評価の尺度は個々人によるが，安全であることが基本的な機能として重要である。そのほか，住宅に必要な性能として，保健性・利便性・快適性があげられる。これらの性能を満たしながら，環境との調和を考えた住まいづくりが課題である。

(2) 住居の成り立ち

日本の住宅は，基本的には江戸時代の武家，町家，農家の三つの住宅のタイプを受け継ぎ，社会の影響を受けながら変化・発展してきている。現代では傾斜した屋根をもたない建築物も増え，建材も新しいものが取り入れられている。

① 住宅の構造

住宅などの建築物は，屋根，天井，壁，床，開口部から構成されている。構造は骨組みの材質や工法によってさまざまである。分類の一例を表Ⅲ-23に示す。

人類は居住する地域の特性に合わせて，住居の形や材料を工夫してきた。写真Ⅲ-3は中国の洛陽近辺にみられる窰洞（ヤオトン）と呼ばれる横穴式地下住居である。年間を通じて温度・湿度が安定した快適な住居であり，現在でも人々が生活し

表Ⅲ-23 建築物の構造と材料

建築材料	例
れんが，石，コンクリートブロック	材料を積み上げて壁を構成する。壁面で構造を支えるため，大きな開口部は設けられない。組積式構造。
木	軸組工法（在来工法），枠組壁工法（ツーバイフォー工法）
鉄骨（S造）	工場，体育館，高層建築など
鉄筋コンクリート（SR造）	ラーメン式（柱と梁が一体），壁式（間仕切りの多い小規模建築）
鉄筋鉄骨コンクリート（SRC造）	中高層建築
その他（膜式構造）	空気の圧力などを利用してテントのような薄い膜を構造体とする。広い空間がとれる。ドーム型野球場など。

〈建築のテキスト〉編集委員会「はじめての建築設計」学芸出版社による

ている。

　ヨーロッパにみられる石や木の家は，日本の住宅のように通し柱を入れることなく，建材を組み積む方法で建てられている。写真Ⅲ－4はニュルンベルク最古といわれる木組みの家で，現在も居住者がいる。写真Ⅲ－5はディンケルスビュールの市街地である。木組みの家は，壁を木材で囲んだ箱を重ねた形になっており，上階を下の階よりも大きくすることも可能である。この工法は地震の多い地域には不向きである。

写真Ⅲ－3　窰洞（中国）

写真Ⅲ－4　木組みの家（ドイツ）

写真Ⅲ－5　木組みの家の町並み（ドイツ）

② 地域の暮らしと住居

　室町時代に吉田兼好によって著された『徒然草』の第五十五段[(1)]では，家の建て方について触れている。まず，「家の作やうは夏をむねとすべし。冬はいかなる所も住まる。」という記述があり，日本の住居は夏を旨として作られるべきであるとしている。日本の住宅は，開口部を大きく取り，ひさしにより夏場の日差しが室内まで届かないようにする工夫がされてきた。また，「天上の高きは，冬寒く，ともし火暗し。」として，天井を低くすることで寒さ対策を考慮していることを示している。その一方，「造作は，用なき所を造りたる」

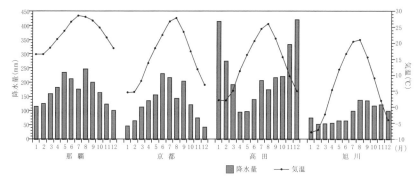

図Ⅲ-24　1971-2000年の月平均降水量と気温
気象庁「気象統計情報（過去の気象データ）」
http://www.data.jma.go.jp/obd/stats/etrn/index.php による

として，実用性ばかりでなく，住空間には「あそび」も必要であると書かれている。

　しかし，日本は地理的にはアジアモンスーン地域に属し，国土が南北に延びているため，温帯から亜寒帯までの気候区が分布している。図Ⅲ-24にみられるように，地域により降雨（雪）量，気温が大きく異なる。したがって，住居形態は一様ではなく，その土地の気候風土に合わせて発展してきた。それは屋根の形や建築材料に特徴として現れている。また，風から家屋を守るための防風林などの特徴的な機能も，住まいについて考える教材として好適である。

　実際には，人工的に管理する環境下で生活することを余儀なくされている都市部では，兼好のいう住宅の作り方を実践することは，不可能に近い。夏を基本にした住宅のつくりでは，冬の寒さ対策は困難であり，極寒の地にはおよそ適さない。また，空間にゆとりのない住宅も多い。しかし，地球環境や人間の健康を考えた場合，冷暖房に過剰に依存する住生活は，負荷がかかるといわれる。伝統的な暮らしの知恵を生かしながら，住まい方を工夫していく必要がある。先人の知恵に倣い木材を使い，自然の採光や通風を活用した住宅づくりも研究されている。

（3）　快適な住まい方

　2008（平成20）年告示の学習指導要領には，「季節の変化に合わせた生活の

大切さが分かり，快適な住まい方を工夫できること」と示されている。

① 暑さ・寒さに対応した住まい方

学校環境衛生の基準では教室内の環境は，「冬期では10度以上，夏期では30度以下であることが望ましい。また，最も望ましい温度は，冬期では18～20度，夏期では25～28度であること。」「相対湿度は，30～80パーセントであることが望ましい。」とされている。児童が長時間を過ごしている学校の環境が快適であることは，学習環境を整える意味でも重要である。また，後述する「明るさ」とも関連させ，日射への対処の仕方も合わせて考えさせたい。

② 通風・換気

室内の空気が汚染されていることには気付きにくい。室内の空気には，暖房や調理器具の燃焼時に発生する二酸化炭素，水蒸気，臭気，ほこりやダニ，細菌，カビ，タバコの煙，建材や家具などに含まれる揮発性物質が存在している。汚染の原因を排除し，汚染したら適切な方法で清浄にすることが必要である。密閉されている上に，冷暖房中の換気の回数が減ると，室内空気の汚染が放置されてしまう。在室者に必要な酸素を供給し，室内の汚染された空気を排出するために，室外から清浄な空気を取り入れる換気が必要[2]である。

換気を行うに際しては，室外の空気が汚染されている場合もあるので，周囲の環境への注意が必要である。また，暖房器具の使用時に換気が不十分な場合には，生命にかかわる事態に陥る場合もある。換気には，窓を開けて通風を確保する，空気清浄機を使用する，換気扇を回すなどの方法を組み合わせるとよい。つまり，外部が清浄な状態ならば，すきま風がふんだんに入ると，換気が自然に行われているという面では安全な住居である。

③ 採　光

自然の光を取り入れることを採光といい，採光を補い人工的な光源から明るさを利用することを照明という。また，日照とは太陽の光が直接当たることをいい，日射とは日の当たる強さを示している。生活しやすく，活動に適した明るさを得ることは，安全や健康のみならず精神的な快適さにもつながる重要な要素である。明るさは，光の強さそのものだけでなく，天井や壁の反射によっ

Ⅲ 家庭科教育の内容 101

ても異なる。反射率の高い，明るい色を使用すると部屋全体が明るくなる。採光により，明るさだけでなく，赤外線や紫外線も取り入れることになる。まぶしすぎる場合にはカーテンやブラインド，窓の外の植栽を利用して光を遮るなどの工夫も必要である。太陽光の入射角については理科で既習であるので，応用したい。

照明には室内全体を明るくする全般照明と，作業時の手元を明るくするな

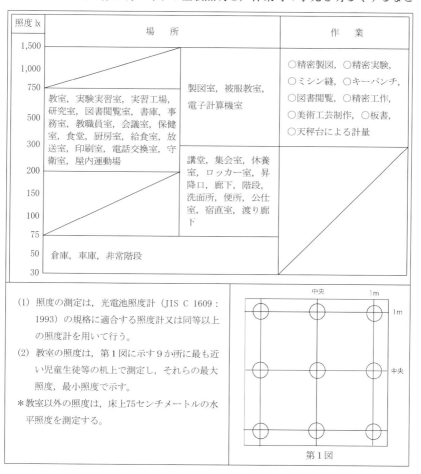

図Ⅲ-25 学校環境衛生の基準による教室の明るさの基準と測定方法
文部科学省「学校環境衛生の基準」による

必要な部分のみ明るくする局部照明とがある。また、光源からの光を直接利用する直接照明と、光を壁や天井に反射させて用いる間接照明とがある。

学校環境衛生の基準では、教室の明るさについて図Ⅲ-25に示すように定めている。照度計を用いて教室内の環境を調べ、活動に適した明るさを考えることができる。

(4) 整理・整頓と清掃

住居を清潔に保つことは、住む人の健康にとって重要である。汚れや乱雑さは精神的なストレスになっていることもある。児童が、長時間を過ごしている教室内の汚れに気付き、汚れの種類に適した方法で掃除をし、住環境を快適にできるよう考える機会をもたせたい。

整理・整頓(せいとん)は、必要な時に必要なものがすぐに取り出せる、紛失を防ぐ、物を傷めずに保管するなど大切である。整理・整頓のルールを工夫し、学校の机やロッカー、自宅にある私物を管理する習慣を身につけられるよう指導したい。

近年は、自宅の清掃を業者に依頼する家庭もみられ、児童に学校での清掃作業をさせることについて、保護者から反対意見が出ることもある。また、すべての学校において清掃活動を教育の一環として行っているともいえず、従来のように一律に清掃することの必要性を指導することが難しい現場もあるものと推測される。しかし、定住するという観点からは、自らの身の回りを清潔に調

表Ⅲ-24 住居の汚れ落としの方法

方法	場所	使用するもの	特徴・注意点
叩く払う	天井、棚・カーテンレールの上	羽ぼうき、はたき	ほこりを舞い立たせるので、窓をあけて行う。高いところから始め、床に落ちたほこりを掃き集める。
掃く	床(木材など)	ほうき	ほこりを空中に舞いあげる。細かいごみを集めきれない。
拭くからぶき水ぶき洗剤ぶき	床(材質による)、窓、棚、テーブル、ガス台	ふきん、雑巾、モップ、化学雑巾、洗剤	汚れや材質に応じて、拭き方を選ぶ。洗剤ぶきの場合、最後に水ぶきしておく。
拾う	床、棚	手	目につくごみを拾い集めておき、掃除の時間を短縮できる。
吸い取るくっつける	床	電気掃除機、手動掃除機	汚れを移動させずに集める。ほうきに比べ、掃除に時間がかかる。

えておくことは欠かせない。作業の担い手がだれであろうとも清掃の必要性はおのずと明らかである。

大きなゴミは地域の分別方法に従って処分する。その他，微細な汚れの除去については表Ⅲ-24に示す。また，ドアノブや室内灯のスイッチ近辺の壁など，人の手が触れる部分には汚れがつきやすい。

(5) 住環境

① 住環境とまちづくり学習

日本の住宅は個人の所有物であることが多く，持ち家率を年齢別にみると（図Ⅲ-26），40代では過半数が持ち家に居住していることになる。しかしながら，頻繁に建て替えが行われ，良質な住宅を受け継いでいくという意識が希薄である。そのため，高額のローンを組んで購入しながらも住宅が消耗品として扱われ，街も使い捨てであるかのようなとらえ方をされてきている。

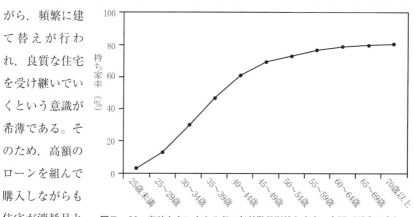

図Ⅲ-26 家計を主に支える者の年齢階級別持ち家率－全国（平成15年）

たしかに，住宅は家族構成の変化や加齢による機能の衰えなどに合わせて伸縮自在なわけではなく，ひとつの家で終生快適に暮らし続けることは困難である。しかし，快適な住まいとは，一時的な利便性，ファッション性のみを追求するばかりでなく，生活を工夫することによっても得られる。

健康で文化的な住生活の基礎として必要不可欠で，すべての世帯が確保すべき水準を最低居住水準といい，理想的な居住水準を誘導居住水準という。図Ⅲ-27にみられるように，現在では最低居住水準未満の住宅は減少しているが，誘導居住水準に達しない住宅が半数近くを占める地域もある。とくに大都

市圏では，一部の集合住宅にみられるように，居室の広さが十分とはいえない，最低居住水準を辛うじて上回る程度の住戸は多い。住環境の質は地域により違いが大きく，また，住まいを単に寝に帰るだけのカプセルホテルのようにとらえる

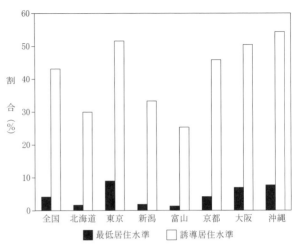

図Ⅲ－27 居住水準を満たしていない世帯の割合（平成15年）
総務省統計局「住宅・土地統計調査」による

か，家庭生活の基盤となる場ととらえるかによって，住宅に求める質も異なる。

まちづくり学習は，社会科の延長として位置づけられることが多い[3]が，総合的な学習の時間での課題と関連づけることが可能である。社会科ではまちや環境の学習として，地域の施設を見学して学習が終了している例もある。身近な生活の問題として，家庭科の中で取り上げていくことの重要性はいうまでもない。まちづくり学習を経験した児童が，将来，住まいや地域に関心をもち，まちづくりに主体的に参加し，行動する住民に育つことで，社会全体の住意識が高まるものと考えられる。

② 環境との調和

地球規模での温暖化のほか，コンクリートやアスファルトで覆われた都市が蓄熱して，気温の高い状態になるヒートアイランド現象[4]が生じている。これらを緩和するために，建築物の屋上や壁面を植物で緑化する試みが行われている。さらに，多様な生物が生息できる環境を人工的に作り出すビオトープなども研究されている。住まいを人々の生活を入れる器として考え，家や地域の環境を守ることにより，自分たちの生活も守られていく。

行政や企業の取り組みも控えめながらみられるようになっている。「環境共

生住宅」とは，地球温暖化防止等の地球環境保全を促進する観点から，地域の特性に応じ，エネルギー・資源・廃棄物等の面で適切な配慮がなされるとともに，周辺環境と調和し，健康で快適に生活できるよう工夫された住宅及び住環境のことをいう。国土交通省の事業（環境共生住宅市街地モデル事業，環境共生住宅建設推進事業）や住宅金融公庫における割増融資制度等の活用により普及が図られている。

指導上の留意点 欠陥住宅やシックハウス，アスベスト公害，リフォーム詐欺などまで，住まいをめぐるトラブルが後を絶たない。地域に目を転じれば，マンション紛争，風害，地盤沈下，環境汚染，景観の悪化など長期にわたって生活を脅かすような問題が噴出している。しかし，住宅の平均寿命は25年から30年といわれる日本では，社会問題として抜本的に解決する動きは進まないのが現状である。100年以上の使用に耐えるといわれる鉄筋コンクリートの集合住宅が，なぜ，日本では30年前後で建て替えの危機に直面するか，と考えるとさまざまな問題点が浮かび上がってくる。インテリアにこだわりをもつ人々も，住まいの外には関心が向かず，地域の一員となることを拒否するかのようである。自らも環境の一部であるということを自覚する必要はあるだろう。

便利な施設・設備だけが快適性やゆたかさを保証するものではなく，持続可能な社会を築くことこそ重要であるという，住意識を育てることが大切である。題材構成にあたっては，家庭生活と家族，環境に配慮した生活の工夫などとの関連を図り，実践へつなげていくことも考えられる[5]。

＜引用及び参考文献＞

(1) 佐竹昭広・久保田淳「方丈記　徒然草，新古典文学大系39」岩波書店，1989，p.133

　　家の作やうは夏をむねとすべし。冬はいかなる所も住まる。暑き比悪き住まゐは，堪へがたきことなり。　深き水は涼しげなし。浅くて流れたる，遥かに涼し。細かなる物を見るに，遣戸は蔀の間よりも明し。天上の高きは，冬寒く，ともし火暗し。造作は，用なき所を造りたる，見るもおもしろく，よろづの用

にも立ちてよしとぞ，人の定めあひ侍し。
(2) 藤井正一「住環境学入門」彰国社，1994，p.123
(3) 日本建築学会「まちづくり教科書第6巻 まちづくり学習」丸善，2004，pp.2-16
(4) 大西正宜「住みよい家 快適・環境・健康」学芸出版社，2004，pp.24-25
(5) 文部科学省「学習指導要領解説・家庭編」開隆堂，2008，p.62

5 消費生活・環境

指導内容の概要 消費生活・環境に関する内容は，社会の変化に対応し，2008（平成20）年3月告示の学習指導要領の小学校家庭科において新たに一つの学習内容として設定された。

2008（平成20）年1月の中央教育審議会答申において，家庭科に関する改善の基本方針として，「社会において主体的に生きる消費者をはぐくむ視点から，消費の在り方及び資源や環境に配慮したライフスタイルの確立を目指す指導を充実する。」と示された。また，小学校の改善の具体的事項においては「身の回りの生活における金銭の使い方やものの選び方，環境に配慮した物の活用などの学習について，他の内容との関連を明確にし，実践的な学習活動を更に充実する[1]。」とされ，消費生活・環境の内容についての学習の重要性を述べている。

以上を踏まえ，2008（平成20）年3月告示の学習指導要領において，持続可能な社会の構築など社会の変化に対応して，主体的に生きる消費者としての態度を育成する視点から，「D身近な消費生活と環境」が新たに設定された[2]。

そこでは，消費生活と環境に関する学習を統合して一つにまとめられ，さらには衣食住に関する領域との関連の中で学習をする必要が示されている。物や金銭の活用の視点から生活をみつめ，限りある物や金銭が大切であることに気付かせること，また，自分の生活が身近な環境に与える影響に気付き，主体的に生活を工夫できる消費者としての素地を育てることが明示されている。

また，指導のねらいは，身近な生活における消費と環境の学習を通して，物や金銭の使い方への関心を高め，環境に配慮することの大切さに気付くととも

に，物の選択，購入及び活用に関する基礎的・基本的な知識及び技能を身に付け，身近な消費生活や環境をよりよくしようと工夫する能力と実践的な態度を育てることであるとされている[3]。

次に，「D 身近な消費生活と環境」の具体的内容について概説すると，

「(1)ア 物や金銭の使い方と買い物」では，キャッシュレス社会の進行の中で児童が金銭の大切さを実感しにくくなっていることへの対応として，家庭生活における金銭の大切さに気付かせることが重視されている[4]。また，環境的な視点から物や金銭の大切さについて考える点がさらに強調されている。

「(1)イ 身近な物の選び方，買い方」においては，購入しようとする物の品質や価格などの情報を集め，物の選び方や買い方を考え，目的に合った品質のよい物を選んで適切に購入できることがねらいとされている。さらに，購入の仕方だけではなく，購入した後，どのように活用したか，使ってみてどうだったかを振り返ることにより，次の購入に生かせるようにすることが強調されている。また，買い物学習では，衣食住の内容や実習の材料，用具等の身近な物を取り上げて実践的・体験的に学ぶことが重視されている。

「(2)ア 身近な環境とのかかわり，物の使い方の工夫」においても，実践的・体験的な学習が重視されている。自分の生活と身近な環境とのかかわりに関心をもつために，衣食住との関連を図るよう示されている。また，近隣の人々とともに地域で快適に生活していくために物の使い方の工夫を考え，実践しようとする態度を育成することをもねらいとしている。

次にこれらの学習内容について，教材研究を行う上で参考となる資料を用いながら詳述する。

基本的事項　(1) 小学生を中心とした子どもの消費生活に関する実態

生まれたときから，物質的に恵まれた生活をしているといわれている子ども，特に小学生はどのような消費生活をしているのだろうか。実態調査[5]からその姿を探ってみたい。

図Ⅲ-28は「おこづかいの金額の決定の有無」を小学4年生から高校2年生までの結果をグラフで表している。「決まっている」は，小4生38.9％から

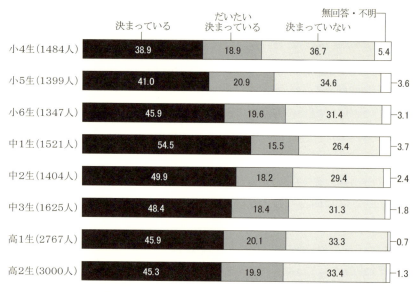

図Ⅲ－28　おこづかい金額の決定の有無（学年別）
ベネッセ教育研究開発センター「第1回子ども生活実態基本調査報告書」による

中1生54.5％まで徐々に上昇し，その後徐々に減っていく。また，女子より男子の方がお小遣いの金額が決まっている傾向がみられた。

図Ⅲ－29，30は，「お金の管理」に関する調査であり，多くの子どもたちは「むだづかいしないようにしている」し，「欲しいものを買うためにお金をためる（図略）」といった計画性ももっている。そして，「お

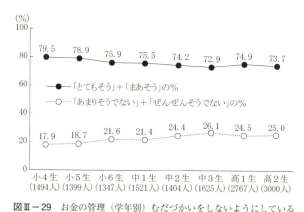

図Ⅲ－29　お金の管理（学年別）むだづかいをしないようにしている
ベネッセ教育研究開発センター
「第1回子ども生活実態基本調査報告書」による

こづかいが足りなくて親に欲しいものをねだる（図略）」子は多くはない。ただし，図Ⅲ－30にあるように「おこづかい帳をつけるようにしている」ほど，綿密に管理をしているのは少数派で，小学生で2割程度，学年を追うごとにさらに減少していき，中学2年生以降では，1割を切ってしまう。これは，消費生活や経済活動を身近にとらえさせ，具体的な把握を促す上で憂慮すべき状況といえよう。

図Ⅲ－30　お金の管理（学年別）おこづかい帳をつけるようにしている
ベネッセ教育研究開発センター
「第1回子ども生活実態基本調査報告書」による

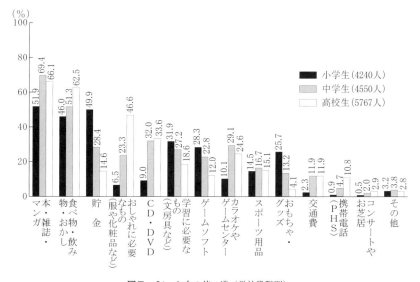

図Ⅲ－31　お金の使い道（学校段階別）
ベネッセ教育研究開発センター「第1回子ども生活実態基本調査報告書」による

具体的なおこづかいの金額は，平均して月に小学生1,115円，中学生2,559円，高校生5,379円となっており，常識的な金額と思われる。学年をあがるごとに上昇し，特に学校段階が変わるときに大幅に増加している。

図Ⅲ-31は，「お金の使い道」を表している。小学生では，「本・雑誌」「貯金」「食べもの・飲み物・おかし」「学習に必要なもの（文房具）」「ゲームソフト」の順になっている。学校段階が上がるにつれ，他に欲しいものが増えてきて，「貯金」が減ってくるようである。

最後に携帯電話の所有率を図Ⅲ-32に示した。小学生は平均2割程度であるが所有しており，主に家族との連絡で使用していることが多い。小学生の携帯所有率は近年上昇してきており，特に女子の所有率，都市部の所有率が高い。

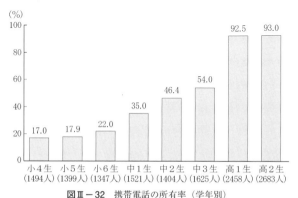

図Ⅲ-32　携帯電話の所有率（学年別）
ベネッセ教育研究開発センター
「第1回子ども生活実態基本調査報告書」による

安全対策としての使用も考えられるが，子どもの携帯電話の使用に関しては，家族で使用の仕方について話し合う等，注意を払った使用の仕方を考えることが必要と思われる。

(2)　消費者教育とは

消費生活の内容と関連する消費者教育とはどのようなものであろうか。

消費者教育とは，消費者が商品・サービスの購入などを通して消費生活の目標・目的を達成するために必要な知識や態度を習得し，消費者の権利と役割を自覚しながら，個人として，また社会の構成員として自己実現していく能力を開発する教育とされている[6]。

現代社会の消費者と生産者（事業者）間における情報の質量及び交渉力の格差は拡大し，消費者はさまざまな不利益を被り，消費者問題がおこるようになっ

てきた。そのような社会の中，消費者保護のための行政措置が進められるようになったが，行政措置では限界があるため，消費者自身にも消費生活を営む上での必要な能力を育成すること，すなわち消費者教育の必要が生まれたのである[7]。このような流れにより，消費者教育は消費者問題対応，あるいはその未然防止教育といった一面が強調されやすいが，本質は真の豊かさを求めて，QOL（Quality of Life）つまり，生活の質の向上を目指す人間形成的意義をもった教育なのである。すなわち，社会の一員としての単なるバイマンシップ（buymanship）いわゆる賢い消費者の育成を超えて，その国への経済的投票権の行使の能力，さらには，他の国の経済やその国民の生活の質の向上との調和を図るなど，世界的な視野にたったシティズンシップ（citizenship）を涵養するものであり，人間としての生き方の教育を含むものと考えられている。

（3） 消費者問題の現状

前記したように本来取引をする当事者の立場は対等でなければならないのに，事業者と消費者の取引能力を比較すると，事業者がもっている商品知識・情報は消費者より豊富であり，その取引は不平等となることが多い。このような不平等な取引ゆえに発生する消費者側の不利益が消費者問題である[8]。事業者と消費者が存在する社会では，論理的には常に消費者問題は発生するが，日本で消費者問題が大きくクローズアッ

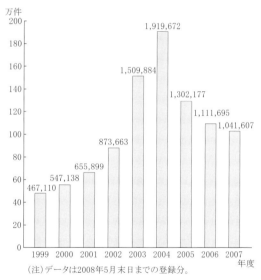

(注) データは2008年5月末日までの登録分。

PIO-NETとは，「全国消費生活情報ネットワーク・システム」の略称（パイオネット）である。国民生活センターと都道府県・政令指定都市の消費生活センターをコンピューターのオンラインネットワークで結び，消費生活相談情報を蓄積し，活用している。

図Ⅲ－33　消費生活相談の年度別総件数の推移（PIO-NET）「くらしの豆知識'09」国民生活センター　による

表Ⅲ-25 2007年度の上位商品・役務別にみた相談の特徴

順位	商品・役務等	件数	男女別件数 性別	男女別件数 件数	契約当事者の特徴	平均契約金額(千円)	主な販売購入形態(%)
1	電話情報サービス	126,288	男性 女性	68,685 56,198	20～40歳代 給与生活者	156	通信販売 (97.0)
2	サラ金・フリーローン	123,660	男性 女性	74,508 46,416	20～50歳代 給与生活者	2,520	店舗購入 (56.6)
3	商品一般	85,480	男性 女性	19,268 64,150	20～50歳代, 女性中心 給与生活者, 家事従事者	605	通信販売 (44.2)
4	オンライン情報サービス	74,318	男性 女性	50,303 23,033	20～40歳代, 男性中心 給与生活者	110	通信販売 (97.5)
5	賃貸アパート・マンション	32,372	男性 女性	15,106 16,155	20～30歳代 給与生活者	296	店舗購入 (85.2)
6	外国語・会話教室	18,008	男性 女性	5,386 12,409	20～40歳代, 女性中心 給与生活者	532	店舗購入 (93.5)
7	健康食品	16,038	男性 女性	4,965 10,690	60～70歳代, 女性中心 無職, 給与生活者, 家事従事者	317	マルチ取引 (29.1) 通信販売 (26.0)
8	生命保険	15,363	男性 女性	7,473 7,531	50～70歳代 無職, 給与生活者, 家事従事者	4,660	訪問販売 (28.0) 店舗取引 (25.6)
9	エステティックサービス	14,187	男性 女性	580 13,456	20～30歳代, 女性中心 給与生活者	412	店舗購入 (87.1)
10	自動車	14,026	男性 女性	9,627 4,055	20～40歳代, 男性中心 給与生活者	1,535	店舗購入 (83.6)
11	新聞	11,438	男性 女性	4,255 6,589	20歳以上の各年代 無職, 家事従事者, 給与生活者	42	訪問販売 (84.6)
12	移動電話サービス	10,495	男性 女性	5,675 4,536	20～40歳代 給与生活者	133	店舗購入 (74.7)
13	アクセサリー	9,943	男性 女性	3,369 6,420	20～30歳代 給与生活者	889	訪問販売 (40.0) 店舗購入 (29.1)
14	ふとん類	9,746	男性 女性	2,016 7,538	70～80歳代, 女性中心 無職, 家事従事者	553	訪問販売 (72.2)
15	修理サービス	9,375	男性 女性	3,880 5,216	40～50歳代 給与生活者, 家事従事者, 無職	225	店舗購入 (53.6)

(注1) データは2008年5月末日までの登録分。「他の相談」に属する項目は集計対象から除いている。
(注2) 通信機器を使ってインターネットなどから情報を得るサービスのうち,携帯電話や電話機,ファクシミリによるものを「電話情報サービス」,パソコンを利用したものを「オンライン情報サービス」,どちらに該当するか不明な場合は「オンライン等関連サービス全般」に分類。
(注3) 「訪問販売」には,家庭訪問,アポイントメントセールス,ＳＰ商法,キャッチセールスなどが含まれる。
(注4) 表中の割合は各項目ごとの総件数を100として算出した値である。

「くらしの豆知識'09」国民生活センター による

プされたのは，昭和30年代高度経済成長期においてである。その後，より一層，商品やサービスが種類を増し，複雑化・専門化・多様化していき，それらの販売方法も複雑化した。店舗販売が中心であったものから，訪問販売，通信販売，電話による勧誘などの無店舗販売が増加し，インターネット上の販売も定着してきている。

　支払い方法も現金払いだけではなく，前払い，後払い等も増加し，クレジットの形態も複雑化・多様化している。このように科学技術の進歩や経済の発展は消費者に恩恵を与える一方で，消費生活を複雑にわかりにくいものにしている一面を否定できない。このことが多くの消費者問題を生み出しているともいえる。

　それでは，最近の消費生活相談件数の推移等，消費者問題の現状について考えてみよう。図Ⅲ-33にあるように国民生活センターや各地の消費生活センターに寄せられる苦情相談の件数は，2000（平成12）年ごろから急増し，2004（平成16）年度には架空請求関連の急増もあり，192万件に達した[9]。その後，架空請求に関する相談が沈静化したこともあり，2005（平成17）年度以降は減少傾向にあるものの，2007（平成19）年度まで5年連続で100万件を超え，高水準な状況が続いている。その内容も情報通信，金融・保険や，各種商品・サービスの安全に関するものなど，複雑，高度で深刻なものが多くなっている（表Ⅲ-25参照）。具体的には，耐震偽装，中国製冷凍ギョーザ問題等の食品の安全に関する問題，食品の不正表示，高齢者に対する消費者被害，金融商品のトラブル，携帯電話をめぐるトラブル，クレジットトラブル，英会話学校の倒産に関するトラブル等，大量，高額被害，そして健康被害等がみられている。

　このような現状に対して，消費者政策として，悪質商法や製品事故への各種対応措置が講じられるとともに，縦割り行政の弊害を排除し，消費者行政を統一的・一元的に推進するための「消費者庁」が2009（平成21）年9月発足した。政策立案と規制，情報，そして相談窓口の一元化を図り，消費者・生活者視線を重視した消費者行政が目指されている。

(4) 消費者の権利と責任

　日本より，一足早く経済の繁栄を迎え同様の消費者問題が発生していたアメリカでは，1962年ケネディ大統領が消費者保護の必要性から「国民すべてが消費者であり，消費者は国民経済における最大の集団であるにも関わらず組織化されていないため，力を発揮できず，意見も無視されることが少なくない。政府は消費者の要求と消費者利益の増進に配慮する義務をもっている」と訴え，「消費者の4つの権利」を提唱した[10]。これは今でも世界消費者運動の憲章的役割を果たし，その後の消費者優先主義の考え方（Consumerism　コンシューマリズム）の基本権利となった。1983年には国際消費者機構（CI, Consumers International）が新たに4つの権利と5つの責任を追加提唱し，「消費者の8つの権利と5つの責任」として，これからの消費者のありかたをまとめている（表Ⅲ-26参照）。

　これからの消費者は，ただ，事業者から与えられたものを購入しているだけではなく，商品やサービスに疑問を感じた場合は，直接問い合わせをしたり，

表Ⅲ-26　消費者の権利と責任（国際消費者機構）

消費者の8つの権利	4つの権利	①安全である権利（The Right to be Safety） ②知らされる権利（The Right to be Informed） ③選ぶ権利（The Right to Choose） ④意見を反映される権利（The Right to be Heard）
		⑤消費者教育を受ける権利（The Right to Consumer Education） ⑥生活の基本的ニーズが保障される権利（The Right to Basic Needs） ⑦補償を受ける権利（The Right to Redress） ⑧健全な環境のなかではたらき生活する権利（The Right to Healthy Environment）
消費者の5つの責任		①批判的意識（Critical Awareness） 　商品やサービスの用途・価格・質に対し，敏感に問題意識をもつ消費者になるという責任。 ②自己主張と行動（Action and Involvement） 　自己主張し，公正な取引を得られるように行動する責任。 ③社会的関心（Social Responsibility） 　みずからの消費者が，他者に与える影響，とりわけ弱者におよぼす影響を自覚する責任。 ④環境への自覚（Ecological Responsibility） 　みずからの消費行動が環境におよぼす影響を理解する責任。 ⑤連帯（Solidarity） 　消費者の利益を擁護し，促進するため，消費者として団結し，連帯する責任。

消費生活センター等公的機関に相談をしたりする等，事業者や行政に消費者として意見を伝え，商品やサービスの質の向上に自ら貢献していく行動力を備えることが求められている。

(5) 日本の消費者政策

日本における消費者政策は，消費者問題の発生を未然に防ぎ，問題の解決をめざして始まり，1968（昭和43）年に「消費者保護基本法」が制定された。「消費者の利益と擁護及び増進に関する対策の総合的推進を図り，もって国民の消費生活の安定及び向上を確保すること」を目的としたものである。

その後，2004（平成16）年に「消費者保護基本法」は抜本的に改正され，新たな法律「消費者基本法」が成立した。法律名から「保護」が取れていることから分かるように，消費者は「保護」する対象から能動的な「権利の主体」とされ，「自立支援」に大きく転換した。「消費者基本法」では，消費者の権利として，①消費者の安全が確保され，②商品及び役務について消費者の自主的かつ合理的な選択の機会が確保され，③消費者に対し必要な情報及び④教育の機会が提供され，⑤消費者の意見が消費者政策に反映され，⑥消費者に被害が生じた場合には適切にかつ迅速に救済されることをあげている[11]。

「消費者基本法」の特徴の一つは，この「消費者の権利の尊重」とともに，「消費者自立支援」が打ち出されている点である。国や地方公共団体，事業者は消費者の権利を尊重し，消費者の利益の擁護と増進のための責務を負っている一方，消費者自身も消費者としての権利を知り，自立した消費者としての行動が求められている。また，生涯にわたる消費生活について学習する機会が提供される必要があるとされて，消費者教育の重要性は今後も高まると思われる。

その他，消費者の権利を守るため，割賦販売法（1961年），不当景品類及び不当表示法（1962年），訪問販売等に関する法律（1976年）等が制定された。そのような中で，「製造物責任法」（PL法　Product Liability）が1995（平成7）年施行された。それまで，損害賠償を求めるには製造物の欠陥だけでなく，製造業者などの過失を証明しなくてはならなかった。しかし，製造物の欠陥によって生命，身体または所有しているものに被害を受けたことを証明すれば，

過失を証明しなくても損害賠償を請求できるようになったのである。

また，訪問販売等に関する法律は，2000（平成12）年に「特定商取引に関する法律」（略称特定商取引法）に名称変更され，訪問販売や通信販売など主に無店舗販売を規制し，契約の解除や申し込みの撤回ができるクーリング・オフ制度等が定められている。2001（平成13）年には，事業者の不適切な行為による消費者被害を防止・救済するために，消費者取り引きの包括的な法律である「消費者契約法」が施行された。

(6) 消費行動と意思決定 (decision making)

私たちの毎日の生活は，多くの場面における意思決定の連続で成り立っている。「何時に起きるか」といった身近な日々のことから，「どのように生きるのか」「どんな仕事に就くのか」といった人生に関係することまで，さまざまな意思決定が求められている。意思決定のプロセスとは，ある欲求を満足させるためにいくつかの選択肢の中から最適と思われる答えを選択するプロセスのことである[12]。一般的に意思決定は以下のプロセスをたどる[13]。

① 目標を定め，問題を明確にする。
② 問題解決に必要な情報を集める。
③ 複数の選択肢や方法を考える。
④ 主観的，客観的基準によって比較考量する。
⑤ 一つの選択肢，方法を決定する。
⑥ ⑤の決定に責任をもつ。
⑦ 行動する。
⑧ その結果を評価する。
⑨ 思うような効果が得られない場合にはさらなる意思決定を行う。

また，批判的思考 (critical thinking) は，意思決定プロセスの内容であり，すぐれた意思決定には批判的思考が含まれている。批判的思考の基本要素は，①無関心からの解放，②新しい可能性の追求，③多角的な視点，④偏見からの解放，⑤複眼的な視点，⑥主体的な判断等，消費者教育の基本にかかわる要素が含まれる。

現代の高度情報社会は，多くの選択肢を手軽に手に入れることができ，より自分にあった消費行動を批判的思考を働かせて意思決定できるようになっている。と同時に自分の意思決定の結果には，自分で責任を負うという自己責任も問われてくる。また，消費行動における意思決定で重要なことは，自らの商品やサービスを購入するという消費行動が，経済的投票権として，その企業に一票を投じていることになるという，市場における社会的責任をも問われてくる。

(7) 家庭科で求められている環境教育とは

家庭科で求められる環境教育とはどのようなものであろうか。

近年，日本では，環境教育の推進を目指して2004（平成16）年「環境教育推進法」が施行された。国連においては，2005年から「国連持続可能な開発のための教育の10年」が開始された。これはヨハネスブルグ・サミットにおいて，日本の提言が国連で採択されたものによる。このように環境教育は国際的な枠組みに沿って展開されている状況で，国際的にも重視されている。

これまで，私たち人間は豊かさの象徴として，大量採取，大量生産，大量消費，大量廃棄を繰り返してきた。しかしそれは，限りある地球の資源や自然を枯渇させ，地球や私たちの将来を危機にさらす結果となってしまっている。そこで，持続可能な社会の構築のために，「Think Globally, Act Locally（地球規模で考え，身近なところから行動する）」という標語のように，私たち全員が行動することが求められている。特に「身近なところから行動する」ためには，衣食住など自分の生活が身近な環境に与える影響を考え，問題を発見して解決に向けて工夫しようとする実践的・体験的活動や問題解決的な学習が不可欠である[14]。また，環境教育では，「気付きから行動へ」，「気付きから築きへ」といったことばも多く用いられており，経験・体験を通じて身の回りの課題に気付くことから，持続可能な社会の構築へ向かうことが示されている[15]。家庭科はこれらの学習内容を重視しており，家庭科において求められる環境教育のあり方とも考えられよう。国立教育政策研究所から2007（平成19）年に発行された『環境教育指導資料　小学校編』[16]によると，各教科での環境教育の指導において，家庭科では，「人やもの，環境などとのかかわりを大切にし

つつ，食べることや着ること，住まうことなどの生活そのものを学習対象としていることから，子ども自身が環境負荷の少ないよりよい生活をするために，家庭科の学習をとおしてどのような生活様式を選択できるかといった環境教育の視点をもつ」と示され，家庭科の学習と環境教育と深いかかわりがあると述べられている。なお，家庭科の学習では，自然環境や社会環境そのものについて扱うわけはないので，他教科等との関連に留意することによって「物を大切に扱うこと」「金銭を有効に使うこと」「環境に配慮した生活をくふうすること」などの学習が環境教育にかかわる概念や価値認識に支えられた活動になるよう配慮することも大切であると記されている。

　また，消費者教育で求める主体的な消費者を目指す上でも，環境への配慮という視点は欠かせない。文部省から1991（平成3）年と1992（平成4）年に，その後，国立教育政策研究所から2007（平成19）年に発行された『環境教育指導資料』において，「環境教育は消費者教育の視点も併せ持つもの」と明記され，『環境白書平成16年版』でも消費者教育の重要性について触れられている[17]。持続可能な社会の構築にむけて，生涯にわたる家庭生活において，環境へ配慮するというライフスタイルを根付かせることが家庭科において求められているといえよう。

　(8)　循環型社会構築のための取り組み

　大量生産，大量消費，大量廃棄型の社会の在り方やライフスタイルを見直し，社会における物質循環を確保することにより，天然資源の消費が抑制され，環境への負荷の軽減が図られた「循環型社会」を形成するため，2000（平成12）年に「循環型社会形成推進基本法」が制定された。この法律は，「容器包装リサイクル法」「家電リサイクル法」など，廃棄物に関する個別の法律を包括し，製品等が廃棄物等になることの抑制を図ること，発生した廃棄物等についてはその有用性に着目して「循環資源」としてとらえ直し，その適正な循環的利用（再使用，再生利用，熱回収）を図るべきこと，循環的な利用が行われないものは適正に処分することを規定している（図Ⅲ-34, 35)[18]。事業者が廃棄製品の最終処理責任を負うという拡大生産者責任の考えを盛り込んでいる。

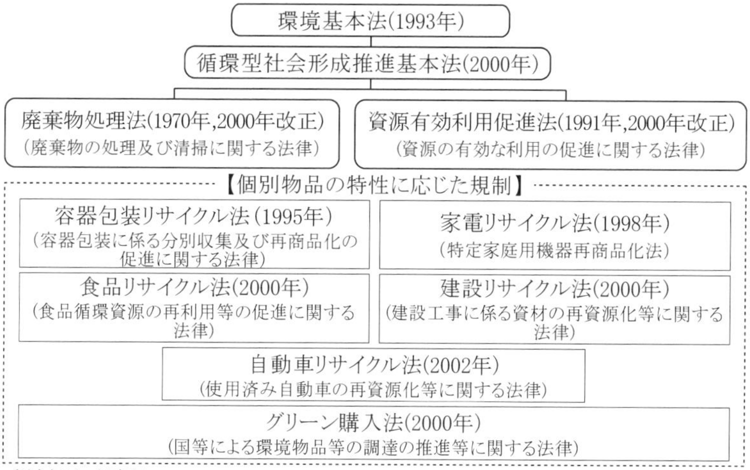

環境基本法(1993年)
循環型社会形成推進基本法(2000年)
廃棄物処理法(1970年,2000年改正)
(廃棄物の処理及び清掃に関する法律)
資源有効利用促進法(1991年,2000年改正)
(資源の有効な利用の促進に関する法律)
【個別物品の特性に応じた規制】
容器包装リサイクル法(1995年)
(容器包装に係る分別収集及び再商品化の促進に関する法律)
家電リサイクル法(1998年)
(特定家庭用機器再商品化法)
食品リサイクル法(2000年)
(食品循環資源の再利用等の促進に関する法律)
建設リサイクル法(2000年)
(建設工事に係る資材の再資源化等に関する法律)
自動車リサイクル法(2002年)
(使用済み自動車の再資源化等に関する法律)
グリーン購入法(2000年)
(国等による環境物品等の調達の推進等に関する法律)

〔注〕年は、制定年。

図Ⅲ－34　循環型社会実現のための法律体系
環境省「循環型白書」2003による

天然資源の消費の抑制
天然資源投入
1番目:リデュース
廃棄物等の発生抑制
生産
(製造・流通等)
消費・使用
3番目:マテリアルリサイクル
再生利用
処理
(再生，焼却等)
廃棄
4番目:サーマルリサイクル
熱回収
2番目:リユース
再使用
5番目:適正処分
最終処分
(埋立)

(資料:環境省)

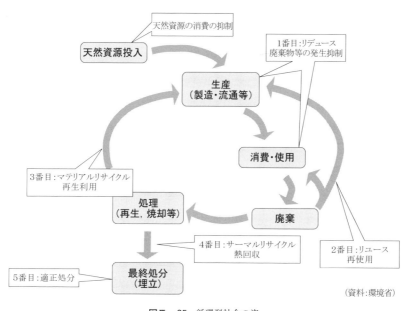

図Ⅲ－35　循環型社会の姿
環境省「平成20年度環境・循環型社会白書」2008による

(9) グリーンコンシューマー

グリーンコンシューマーとは，環境に調和した消費生活を行う消費者のことである。グリーンコンシューマーをめざした消費生活が今後より一層重要になってくると思われる。

●**グリーンコンシューマー10原則**[19]
①必要なものを必要な量だけ買う。
②使い捨て商品ではなく，長く使えるものを選ぶ。
③包装はないものを最優先し，次に最小限のもの。容器は再使用できるものを選ぶ。
④作るとき，使うとき，捨てるとき，資源とエネルギー消費の少ないものを選ぶ。
⑤化学物質による環境汚染と健康への影響の少ないものを選ぶ。
⑥自然と生物多様性をそこなわないものを選ぶ。
⑦近くで生産・製造されたものを選ぶ。
⑧つくる人に公正な分配が保障されるものを選ぶ。
⑨リサイクルされたもの，リサイクルシステムのあるものを選ぶ。
⑩環境問題に熱心に取り組み，環境情報を公開しているメーカーや店を選ぶ。

（グリーンコンシューマー全国ネットワーク「グリーンコンシューマーになる買い物ガイド」）

指導上の留意点　消費生活と環境に関する内容は，衣食住の生活と関連づけて，実践的に具体的に学ぶことが一番の指導上の留意点である。例えば，買い物に関する学習では，調理実習や被服実習等における用具や実習材料など身近な物を取り上げて，物の選択の仕方，買い方を模擬体験したり，実際の実習を行ったりすることや，よりよい物の選び方について根拠をあげて意見を交換しあう学習などが効果的であると考えられる[20]。環境に関する内容においても，調理実習のゴミの量を減らし，無駄なく使うことを考えさせたり，整理・整頓や清掃の学習と関連させ，ゴミの減量や分別等を学習させたりすることが考えられる。

さまざまな場面で消費者として，また環境に配慮した生活をする者として，意思決定を試みるような実践が積み重ねられていくことが必要である。このことにより，学習したことが自らの生活にフィードバックされ，自分自身や自分自身の生活を見つめ直し，その課題を考え，解決していくことができるような学習が望ましい。

＜引用及び参考文献＞
(1) 文部科学省「小学校学習指導要領解説　家庭編」東洋館出版社，2008，pp. 3-4
(2) 前掲(1)，p. 7
(3) 前掲(1)，p. 49
(4) 安彦忠彦監修「小学校学習指導要領の解説と展開　家庭編」教育図書，2008，pp. 46-48
(5) ベネッセ教育研究開発センター「第1回子ども生活実態基本調査報告書」研究所報　Vol. 33，2005，pp. 41-53
(6) 消費者教育学会編「新消費者教育Q＆A」中部日本教育文化会，2007，p. 7
(7) 内藤道子他「生活の自立と創造を育む家庭科教育」家政教育社，2000，pp. 29-30
(8) 吉田良子編著「消費者問題入門　第3版」建帛社，2006，pp. 1-3
(9) 独立行政法人国民生活センター編「消費生活年報2008」独立行政法人国民生活センター，2008，p. 2
(10) 前掲(8)，pp. 4-5
(11) 前掲(6)，pp. 11-14
(12) 前掲(6)，p. 26
(13) 佐藤文子・川上雅子「家庭科教育法」高陵社書店，2001，p. 54
(14) 前掲(4)，pp. 16-17
(15) 市川智史「中学校・高等学校における環境教育推進の基本的な考え方」文部科学省教育課程課　中等教育資料　平成20年2月号，ぎょうせい，2008，p. 22
(16) 国立教育政策研究所「環境教育指導資料小学校編」，2007
(17) 日本消費者教育学会編「消費生活思想の展開」税務経理協会，2005，pp. 181-182
(18) 環境省「平成20年度環境・循環型社会白書」，2008，pp. 210-212
(19) 前掲(17)，pp. 183-184
(20) 前掲(1)，p. 59

Ⅳ 学習指導

§1 学習指導の考え方及び家庭科の学習指導にあたって

「学習指導」とは，戦前に用いられていた「教授法」などに変わって，戦後使用されるようになった用語である。これは，学習の主体者は子どもであることを基本にふまえ，子ども自身の学びを豊かに育てていくことを重視して用いられるようになった用語ととらえることができよう。学習指導については，戦後最初の学習指導要領一般編（試案）〔昭和22年度　文部省〕に下記（表Ⅳ－1）のように記されており[1]，児童の主体的な学び，さらに生活に活かせる学びになることの大切さが述べられている。これらの考え方は，戦後の新教育体制への移行の中で，児童の問題解決能力や態度の育成を重視した経験主義教育思想（デューイ）の影響を受けたといえる。すなわち，子どもの自発性を尊重すること，また，集団内での討議や協力を通して自主的に問題を解決すること，さらに子ども自身の生活から教材を生み出すことなどが重要視されたものであった。

なお，上述した内容は学習指導を考える上での根幹にあたるが，学習指導をよりよいものにするには，単に授業時における指導の方法のみを考えればよいのではなく，子どもの実態，授業目標，学習スタイル，教材や教具，評価方法なども含めた一連の検討が行われなければならない。

表Ⅳ－1　学習指導要領一般編（試案）昭和22年度に示された学習指導について

第四章　学習指導法の一般
　一　学習指導は何を目ざすか
　学習指導とは，これまで，教授とか授業とかいって来たのと同じ意味のことばである。このことばを聞いて，その意味をごく常識的に考えると，知識や技能を教師が児童や青年に伝えることだと解するかも知れない。しかし，教育の目標としていることがどんなことであるかを考えてみれば，ただ知識や技能を伝えて，それを児

童や青年のうちに積み重ねさえすればよいのだとはいえない。学習の指導は，もちろん，それによって人類が過去幾千年かの努力で作りあげて来た知識や技能を，わからせることが一つの課題であるにしても，それだけでその目的を達したとはいわれない。児童や青年は，現在ならびに将来の生活に起る，いろいろな問題を適切に解決して行かなければならない。そのような生活を営む力が，またここで養われなくてはならないのである。それでなければ，教育の目標は達せられたとは言われない。

このような学習指導の目ざすところを考えてみると，児童や青年は，現在並びに将来の生活に力になるようなことを，力になるように学ばなくてはならない。そこで，われわれは，その指導にあたって，このような生活についてよく考えた教材を用意して，これを将来の力になるように学ぶよう指導しなくてはならないのである。

このような学習の指導を適切にするには，……まず「学ぶのは児童だ」ということを，頭の底にしっかりおくことがたいせつだということである。教師が独りよがりにしゃべりたてればそれでよろしいと考えたり，教師が教えさえすればそれが指導だと考えるような，教師中心の考え方は，この際すっかり捨ててしまわなければなるまい。

次に，第二に答えなくてはならないのは，……かれらがほんとうに学んでいく道すじに従って，学習の指導をしなくてはならないということである。………

このようなことを考えてみると，ほんとうの学習は，すらすら学ぶことのできるように，こしらえあげた事を記憶するようなことからは生まれて来ない。児童や青年は，まず，自分でみずからの目的をもって，そのやり口を計画し，それによって学習をみずからの力で進め，更に，その努力の結果を自分で反省してみるような，実際の経験を持たなくてはならない。だから，ほんとうの知識，ほんとうの技能は，児童や青年が自分でたてた目的から出た要求を満足させようとする活動からでなければ，できて来ないということを知って，そこから指導法を工夫しなくてはならないのである。

(後略)

注）下線は筆者

では，今日の家庭科の学習指導を考える上で，どんなことが課題になるのだろうか。まずは，1998（平成10）年及び2008（平成20）年の学習指導要領に示された（全学校種・全教科等にかかわる）改訂の方針／基本的考え方，及び家庭科全体の改善の基本方針を見てみよう。

表Ⅳ－2　1998（平成10）年及び2008（平成20）年の学習指導要領における
家庭科の学習指導関連事項

1998（平成10）年版　学習指導要領	2008（平成20）年版　学習指導要領
【全体的な改訂の方針】(2) ①豊かな人間性や社会性、国際社会に生きる日本人としての自覚を育成すること。 ②自ら学び、自ら考える力を育成すること。 ③ゆとりのある教育活動を展開する中で、基礎・基本の確実な定着を図り、個性を生かす教育を充実すること。 ④各学校が創意工夫を生かし特色ある教育、特色ある学校づくりを進めること。	【全体的な改訂の基本的考え方】(4) ①改正教育基本法等を踏まえた学習指導要領改訂 ②「生きる力」という理念の共有 ③基礎的・基本的な知識・技能の習得 ④思考力・判断力・表現力等の育成 ⑤確かな学力を確立するために必要な授業時間の確保 ⑥学習意欲の向上や学習習慣の確立
【家庭科改善の基本方針】(3) (ア) 衣食住やものづくりなどに関する実践的・体験的な活動を通して、家族の人間関係や家庭の機能を理解し、生活に必要な知識・技術の習得や生活を工夫し創造する能力を育成するとともに、生活をよりよくしようとする意欲と実践的な態度を育成することをより一層重視する……。 (イ) 男女共同参画社会の推進、少子高齢化等への対応を考慮し、家庭の在り方や家族の人間関係、子育ての意義などの内容を一層充実する。また、情報化や科学技術の進展等に対応し、生活と技術とのかかわり、情報手段の活用などの内容の充実を図る。 (ウ) 基礎的・基本的な知識・技術を確実に身に付けさせるため、実践的・体	【家庭科改善の基本方針】(5) 〇家庭科、技術・家庭科については、その課題を踏まえ、実践的・体験的な学習活動を通して、家族と家庭の役割、生活に必要な衣、食、住、情報、産業等についての基礎的な理解と技能を養うとともに、それらを活用して課題を解決するために工夫し創造できる能力と実践的な態度の育成を一層重視する観点から、その内容の改善を図る。 　その際、他教科等との連携を図り、社会において子どもたちが自立的に生きる基礎を培うことを特に重視する。 (ア) 家庭科、技術・家庭科家庭分野については、自己と家庭、家庭と社会とのつながりを重視し、生涯の見通しをもって、よりよい生活を送るための能力と実践的な態度を育成する視点から、子どもたちの発達の

験的な学習を一層重視するとともに、環境に配慮して主体的に生活を営む能力を育てるため、自ら課題を見いだし解決を図る問題解決的な学習の充実を図る。 （エ）家庭・地域社会との連携や生涯学習の視点を踏まえつつ、学校における学習と家庭や社会における実践との結び付きに留意して内容の改善を図る。	段階を踏まえ、学校段階に応じた体系的な目標や内容に改善を図る。 ○社会の変化に対応し、次のような改善を図る。 (ｱ) 少子高齢化や家庭の機能が十分に果たされていないといった状況に対応し、家族と家庭に関する教育と子育て理解のための体験や高齢者との交流を重視する。 　心身ともに健康で安全な食生活のための食育の推進を図るため、食事の役割や栄養・調理に関する内容を一層充実するとともに、社会において主体的に生きる消費者をはぐくむ視点から、消費の在り方及び資源や環境に配慮したライフスタイルの確立を目指す指導を充実する。 ○体験から、知識と技術などを獲得し、基本的な概念などの理解を深め、実際に活用する能力と態度を育成するために、実践的・体験的な学習活動をより一層重視する。また、知識と技術などを活用して、学習や実際の生活において課題を発見し解決できる能力を育成するために、自ら課題を見いだし解決を図る問題解決的な学習をより一層充実する。 ○家庭・地域社会との連携という視点を踏まえつつ、学校における学習と家庭や社会における実践との結び付きに留意して内容の改善を図る。

注）下線は筆者

　表Ⅳ－2より，平成10年版及び20年版学習指導要領の改訂において共通に重視されている点は，◇生きる力（自ら学び，自ら考える力等）の育成，◇基礎・基本的な知識・技能の習得等であるが，平成20年版ではこれらに加え，

◇改正教育基本法をふまえる，◇思考力・判断力・表現力等の育成，◇学習意欲の向上や学習習慣の確立などがあげられている。

また，家庭科における改善の基本方針として，◇実践的・体験的な学習活動，◇生活に必要な基礎的な知識（理解）・技能の習得，◇生活を工夫し創造できる能力，実践的な態度の育成，◇自ら課題を見いだし解決を図る問題解決的な学習の充実，◇少子高齢化への対応，◇家庭・地域社会との連携，学校における学習と家庭や社会における実践との結び付きに留意することなどは平成10年版及び20年版学習指導要領で共通に示されている。これらのほか平成20年版においては，◇他教科等との連携を図り，社会において子どもたちが自立的に生きる基礎を培うことの重視，◇心身ともに健康で安全な食生活のための食育の推進，食事の役割や栄養・調理に関する内容の充実，◇社会において主体的に生きる消費者の育成，消費の在り方及び資源や環境に配慮したライフスタイルの確立を目指す指導の充実などの内容が新たに記載されている。

これらを今後の家庭科学習指導における教材や指導方法等の検討に際し，考慮する必要があろう。

§2　学習指導の形態及び方法

学習指導を考える上で，授業前・授業過程・授業後を含めた一連の検討が必要であることを前述したが，ここでは，授業を進める上での教師の学習指導及び児童の学習に関する形態や方法について取り上げ，それぞれの特徴を述べる。なお，実際の授業においては，各形態，方法を複数組み合わせて行っている。

学習指導及び学習の形態

（1）　一斉指導・学習

一斉指導・学習とは，学級の児童全員を対象に一斉に指導するあるいは一斉に学習する形態であり，指導する側にとって大変能率的で，短時間に多くの児童に学習指導を行うことができるという利点がある。しかし，児童にとっては受け身的な学習になりやすく，また一人ひとりの理解度には個人差が大きくなる。そのため，一斉指導・学習を取り入れる場合も教師の一方的な話で終わることのないよう，問答法などを用いて

児童の理解度等を確かめたり，興味・関心を高める工夫，例えば，視聴覚教材の導入などを考える必要がある。

（2） 分団指導・学習

分団指導・学習は，1クラスを6人前後のグループに分けて指導・学習する形態であり，家庭科ではよく取り入れられている。これは，児童同士で意見を交換し合ったり，協力して作業を行うことなどにより，児童が互いに学び合う機会にもなる。ただし，グループに応じた教師の指導・助言も必要である。また，分団指導・学習を行うに際し，グループ編成の仕方も考慮する必要があろう。能力程度の同質な者あるいは異質な者による編成，または出席簿順による編成など，学習指導の目的や学習内容等を考慮した上で検討する必要がある。

なお，グループ学習においては，グループごとに学習活動の内容が異なる場合がある。そのような場合は，各グループの活動内容や結果が把握でき，意見交換も行えるような場の設定が大切である。

（3） 個別指導・学習

一斉指導や分団指導ではいきわたらない個人の指導・支援を行う形態として個別指導がある。特に家庭科における技能習得の学習では個人差が出やすく，学習への意欲にも差が出てくるため，適切な個別指導が重要になる。その一方，積極的に個を引き出し生かす指導も大切である。そのためには，日ごろより児童個々人の状況をよく把握しておくことが必要であり，そのような個別指導の在り方も検討されなければならない。

さらに，児童が個々に目的をもって主体的に進める個別学習の指導・支援についても考える必要がある。これは高度な学習スタイルであるが，そのような自己学習力を育成することも重要である。

（4） T・T（Team Teaching）

平成元年の学習指導要領改訂以来，個に応じた指導・支援や児童の多様な活動の支援・保障，さらに学習指導の充実等のために，ティーム・ティーチング＝T・Tとよばれる方式がとられるようになった。これは，「協力教授（指導）組織」と訳されるとおり，1学級（授業）に対し2人あるいはそれ以上の複数

の教師が協力して学習指導にあたるものである。家庭科では，個人差の出やすい技能面の指導や，グループごとの課題解決学習，また，児童が学習への理解をより深めるために，栄養士（教諭）や養護教諭が加わって専門的な立場から話しをするなどの取り組みが行われている。このように，T・Tによる学習指導は，上述した(1)〜(3)の各指導形態において用いられている。

学習指導の方法　次に，主な学習指導の方法について述べていく。

(1) 講義法

講義法は，一斉指導において多く用いられる方法であるが，教師があらかじめ用意した内容を口述によって進める指導方法である。一度に多くの児童を対象に指導ができ能率的であるが，言語による教師の一方的な話しは児童の理解力や聞く態度にも個人差が大きくなる。そのため講義法を用いる場合でも，児童の状況を確認しながら進めるなど考慮する必要がある。

(2) 問答法

問答法は，講義法の欠点を補うために取り入れたい指導法の一つである。これは，主に教師の発問と，児童の応答を繰り返しながら学習指導を進めていく方法であるが，児童が質問し教師が答えるという場面も出てくる。なお，教師が発問する場合は，学級全体の児童に行う場合と特定の児童に行う場合とがある。いずれにしても，児童が発問の意味を理解できるような発問の仕方や内容を考えることが大切である。

問答法は，児童の理解力を確かめたり，児童の疑問を把握できたり，また児童自身の思考力を発展させることができるといった利点がある。そのため，単なる知識を問うだけの発問内容に終始することなく，思考力を高めるような問答の在り方を検討する必要があろう。さらに，特定の児童に発問が集中することのないように配慮することや，児童の状況をふまえた発問内容を考えることなども重要である。

(3) 討議法

討議法は，児童がある課題について話し合い，相互の意見交換，批判，補充，検討を行って結論を導き出す方法である。最近では，ディベートともいわれ，

いろいろな教科等で取り入れられているが，家庭科では家族の在り方や男女の在り方などについて考えを深める一つの方法として用いられている例がある。これは，集団で議論をしながら自己の見解を振り返ったり，改めたり，深めたりすることができるといった利点がある。なお，このような討議法を用いる場合には，だれもが話しやすい雰囲気作りが大切であり，机の配置なども工夫する必要があろう。また，なるべく多くの児童から意見や質問を出させ，リーダーがそれらを的確に整理し，まとめていくことも必要となる。

(4) 示範法

示範法は，実習等の技能習得にかかわる指導においてしばしば用いられる方法である。実習の方法について教師がことばで説明するのではなく，実際に実演して示す方法であり，目で見て理解する方法として用いられている。ただし，示範法は，児童全員に対し一度に行う場合が多く，見る位置によっては見えにくかったり，また技能程度や知識・理解力の異なる児童が混在する中で，すべての児童に理解させることは難しい。そのため，示範法を用いた場合もその後の個別指導を忘れてはならない。なお，ビデオの有効な活用法も考えるとよいであろう。例えば，全体的な内容をビデオで視聴させた後や実習過程で児童がつまずいた時などのために，児童が個々の課題に合わせて確認ができるように課題別ビデオを作成しておくことなどもその一例である。(p.131の実践例参照)

また，今後はプレゼンテーション用ソフトウェアの効果的な活用法も検討する必要があろう。

(5) 問題解決法

問題解決法は，家庭科の学習指導において重要視されている方法であるが，次のような流れで進められる。

家庭生活上の問題を見いだす—問題解決のための計画を立てる—計画に従って調べたり試したりして問題解決を図る—結果を反省する—生活に生かす

このように家庭生活に目を向けるところから出発し，最終的には家庭生活を改善する力を養うことをねらいとしているが，これら一連の学習を通して，家庭生活への関心度や主体的態度，思考力，創造力などの育成にも結び付くと考

える。しかし，時間の関係もあり，現場においては，教育上必要と考える事柄を教師が課題という形で問題提起して課題解決を図る方法—課題解決法（学習）がとられているケースが多い。

(6) 劇 化 法

劇化法は，ロールプレイング（role playing：役割演技）として行われている例が多く，家庭科においても家族関係の問題等を考えさせる方法として用いられている。具体的には，人間生活におけるさまざまな事柄を模擬体験することにより，人間関係や人間と物とのかかわりについて見つめ直し，今後の在り方や改善の方法を児童自身が見いだしていくことを重視する学習指導法である。

(7) Ｃ Ａ Ｉ（Computer-Assisted Instruction）

ＣＡＩは，コンピューターを利用する教授システムであり，コンピューターのもっている高速演算機能，記憶機能，情報処理機能を授業に取り入れて，一人ひとりの学習者がコンピューターで提示されるプログラム化された教材に応答しながら個人ペースで学習を進めていく方法である。家庭科においては，献立作成等の学習で使用されている例がみられる。

また，今日では電子黒板も利用され始めているが，これはコンピューターの画面上に表示できるものは何でも表示でき，Web上の有効な資料を児童に見せることができる。さらに，授業で教師が描いたことを記録しておき，児童に配布することや，教師の音声を録音し授業を再現することも可能となっている。

§3 学習指導の実際

前節で学習指導の形態や方法について述べてきたが，ここでは家庭科の学習指導の実際を紹介する。取り上げる実践例は，①家庭科で学習活動の大部分を占める実習に関する学習指導例，②今日重視されている環境に配慮した生活を考えさせる学習指導例，③食育の推進に伴う食生活の学習指導例，④男女の自立・自律的な生活や共生を目指す学習指導例である。いずれも小学校現場教員の実践例であるが，記載内容や記載の仕方はそれぞれ異なっている。各実践例において，どのような目的・目標を掲げ，どのように学習指導を工夫し進めて

いるか，また今後の課題は何かなど考察を深めていただきたい。

実習に関する学習指導例　本学習指導例は，石幡良子氏（福島県石川郡古殿町立大久田小学校教頭）の実践であるが，ミシンの使い方や直線縫いが確実なものになるよう，児童がつまずいた時に自分で解決できる方法や，学習意欲を高める方法などを考案した実践例である。
（一斉指導，示範法，課題解決法，個別指導・学習）

> ミシンの使い方を確実に身に付けさせるために，学習の進め方カードやヒントコーナーの工夫を図った例　―5年ミシンの運転免許を取ろう―

1　題材の分析

　小学校家庭科では，「ミシンの安全で正しい取扱いができ，直線縫いができること」が目的である。子どもたち一人一人が，ミシンの使い方を確実に理解し，自主的にミシン操作ができるようになることが大切である。

2　授業の実際

① 「学習の進め方カード」を活用することにより，見通しを持って学習が展開できるようにした（資料1）。子どもたちは，次に何を解決していけばよいのかがわかっているので，自分のペースで，主体的に課題を解決していくことができた。

② 自己課題を解決するための学習方法の選択の場を設定した。

　資料1のミシンの使い方にかかわる1～13の項目ごとにビデオを作成し，児童がつまずいた時に，該当する箇所のビデオを見ながら解決できるよう自作のビデオを準備した。（写真Ⅳ－1）また，ミシンの使い方にかかわるさまざまな資料を掲示し，ヒントコーナーを設けた。（写真Ⅳ－2）

写真Ⅳ－1　　　　　　　　　　写真Ⅳ－2

資料1　学習の進め方カード（コンピュータミシン用）ミシンの運転免許証をとろう

（コンピュータミシン用）　　　　　　　　　　　　＜学習の進め方カード＞
ミシンの運転免許証をとろう

5の（　）（　）番　名前（　　　　　　　　）

	めざすこと	内容	自分でチェック	ペアの人のチェック	最終チェック
1	出し方	金具が、しっかり止まっているかを確かめ両手で持ってくる。			
		カバーをはずし、カバーを決められた場所にしまう。			
2	動かし方	さしこみプラグをコンセントに入れる。			
		スタートスイッチをおす。（速さはスピードコントロールレバーで調節する。）			
3	からぶみ	針ぼうを体の中心にしてすわる。おさえの内側にぬう線を合わせそこを見る。手を八の字に置く。			
4	針のつけ方	針の平らな面を、針ぼうのみぞに深くさし、針あなに正しく入るようにつける。			
5	からぬい	ポイントはからぶみと同じ。針が上下しながら進んでいくので、速さはスピードコントロールレバーで調節する。			
6	しまい方	さしこみプラグをしっかり持ってコンセントからぬく。			
		カバーをきちんとかけ、両手で持ってもとの場所に片付ける。			
7	下糸のまき方	ヒントコーナーにある資料やビデオを活用して下糸をまいてみよう。			
8	ボビンの入れ方	教科書31ページやヒントコーナーにある資料やビデオを活用してボビンを入れてみよう。			
9	上糸のかけ方	ヒントコーナーにある資料やビデオを活用して、上糸を正しい順序でかけてみよう。			
10	下糸の出し方	教科書31ページやヒントコーナーにある資料やビデオを活用して下糸を引き上げてみよう。			
11	ぬい方　ぬい始めは？／方向をかえる時は？／ぬい終わりは？	ヒントコーナーにある資料やビデオを活用して、ぬい始めやぬい終わりに気をつけて練習布をぬってみよう。			
12	針目の調節の仕方	ぬい目の調節ダイヤルをまわし、ぬい目の大きさをかげんする。			
13	糸調子の調節	上糸調節装置で、糸調子を調節する。			

ここまでくれば、運転免許証ゲット！！

③ 資料1の13項目が達成できた時にはミシンの「運転免許証」(資料2)を配布し，ミシン実習への意欲を高めるよう工夫した。
④ 実践後の分析
　○子どもたちが主体的に問題解決的な学習に取り組むためには，「学習の進め方カード」は効果的である。

資料2　ミシンの運転免許証

氏名		5学年
住所	伊達市立梁川小学校	
交付	平成18年　11月　15日	

平成20年3月31日まで有効
免許の条件等
コンピューターミシン等
優良
ミシンの運転免許証
交付者　家庭科担当　石幡

　○ヒントコーナーが充実していると，自力解決の手助けになり，自主的にミシンの取り扱い方が定着する。
　○授業に入る前の，準備・資料作りが成功と失敗の分かれ目である。
　○「ミシンの運転免許証」は，ミシンを大切に扱おうとする心情を育てる。

　本学習指導においては，一人ひとりの児童がミシンの使い方を確実なものにするために，さまざまな工夫が考案されていた。一つには，ミシンの使い方に関する13項目について，"目指すこと"及び"内容"を記載した「学習の進め方カード」を児童に配布し，各項目について"自分"，"ペアの人"，"最終"のチェックを行わせ，すべて完了すると「ミシンの運転免許証」が交付されるという工夫を施した。また，上記13項目について教師は自作のビデオを製作したり，関連の資料を掲示し，児童がそれぞれの状況に応じて自分でビデオや資料を見て問題点を見つけたり，正しい使い方の確認ができるよう教材を整備した。

　被服等の実習にかかわる学習では個人差が生じやすい。本学習指導はそれらの対応のために，児童が自分でも問題解決できるような方法を考案したり，また，ミシンの運転免許証交付というアイディアを取り入れて，児童が目標をもって意欲的に取り組むことができる方法を試みた例である。

環境を考慮した学習指導例

　本学習指導例は，梅津真佐子氏（元福島大学附属小学校教員）の実践であるが，環境にやさしい調理をとらえさせるために，自分たちの身の回りの自然から材料を得たり，無意識に廃棄される物を再利用して作る方法を学んだり，洗剤，水，ガスエネ

ルギーの使い方などを実験により確かめる活動を取り入れるなど，作ることだけではなく，調理に使用する多様なものに目を向かせ，総合的な視点で環境にやさしい調理について考えさせようとしているところに特徴がみられる。（課題解決法，問答法，グループによる討議，実験等）

> 話し合いや比べる活動を通して，環境にやさしい調理をとらえることができる授業 ―料理の達人になろう（快適なエコライフをめざそう）―

1 題材名　料理の達人になろう（快適なエコライフをめざそう）（6学年）
2 本時の主張点
　大単元の導入として，子どもたちが「快適な生活とは」「エコライフとは」どんなイメージをもっているのか話し合う時間を設けたところ，家族や自分が気持ちよく生活できることであり，物を大切に使い，環境にやさしいことであるという共通理解が図られた。その中で，子どもたちは家族と一緒に食事をすることで，会話ができる楽しさを感じたり，安心感が生じたりすることから「家族がそろっている食事」を快適な生活の一つと感じているようである。このことから，家族の好みや健康を考えて，家族のために休日の食事を作って，一緒に食べたいという思いを抱いていることが伺えた。
　本題材では，家族のための食事作りを計画するに当たり，家庭生活と「エコ」とのつながりを意識させながら，調理を見つめさせたいと考え，まず校舎の周りに生えているヨモギを用いてよもぎ餅を作ったり，給食で出された果物の皮を用いてオレンジピールを作ったりした。子どもたちは，自然や廃棄していた物でもひと工夫することで，食べられることや，環境にやさしい取り組みにつながっていくことに気付き始めた。しかし，調理実習をしている時の様子を見ると，すぐに洗剤を使おうとしたり，水を勢いよく流しながら洗ったりする姿が見られる。
　そこで，本時では，意識しているようであまり意識されていない水の使い方やガスエネルギーの使い方に視点を当て，実際に使い方の比較をさせることで，無駄なく大切に使う方法に気付かせるとともに，次時の調理実習に生かすことができるようにする。また，心がけ一つで簡単に「エコ」に取り組むことができることから「家庭生活や学校生活の中で実践していこう」という思いも高めていきたい。
3 本時のねらい（本時3／9）
　調理に関する「エコ」についての話し合いや使用する水の量について比べる活動を通して，調理における環境にやさしい取り組みに気付き，「エコ」への意識を高める

ことができる。

4　本時の展開

学習内容・活動	教師へのかかわり
(1) 食材をできるだけ使うことのよさを考え，環境に配した調理について話し合う。 環境にやさしい調理の仕方は？ (2) 環境にやさしい調理法や片付け方について話し合い，確かめる。 　① 3つの視点について話し合う。 　・食材や食器の洗い方 　・火加減 　・洗剤の使い方 　② 話し合ったことを基に，実験に取り組む。 　・水の出し方の比較 　・食材洗いの水利用の有無による食器洗いの比較 　・強火の火加減調整の比較 　・鍋の蓋の有無による沸騰時間の比較	○ 野菜の皮を剥いて作った料理と皮ごと作った料理を提示し，見た目や味を比べたり，調理する際の食材の廃棄率を示したりすることで，食材をできるだけ丸ごと使うことのよさや生ごみを減らす利点に気付かせるとともに，本時の活動への意欲を高めることができるようにする。 ○ これまでの調理実習の写真を提示し，自分たちの調理の様子を想起させることにより，食材以外の水やガスエネルギーなどにかかわる「エコ」への気付きを引き出し，話し合わせる。 ○ 水とガスエネルギーの使い方を取り上げ，水の出し方や食器を洗う時の水の量，鍋で水を沸騰させるための火加減について比較させることにより，水やガスエネルギーを大切に使う方法に気付かせる。 ○ 器具栓を全開にすると，鍋底よりもはみ出している炎の分が無駄使いになっていると考えるであろうY男の意見を取り上げる。その際，事前に取材しておいたガス会社の人の話と一致していることを紹介し，Y男の気付きを賞賛するとともに，無駄にしないためのガスエネルギーの使い方について全体で確かめ合う。 ○ 実験の結果から考えを広げ，食材のゆで汁や米のとぎ汁などの利用も「エコ」につながっていくと考えるであろうN子の気付きを取り上げ，家庭生活とつなげて考えていることを賞賛する。そのことにより，少しの心がけでたくさんの「エコ」に取り組

(3) 本時を振り返り，次時への見通しをもつ。	むことができることをN子や周りの友だちに広めていく。 ○ 「エコ」を意識して調理してみたいという思いを取り上げ，次時の学習への意欲を高める。

　本学習指導が行われた福島大学附属小学校は2学期制がとられており，家庭科の年間指導計画は大題材により構成されている。すなわち，前期・後期それぞれ一つ，「快適なエコライフをめざそう」及び「もうすぐ中学生」の大題材から成り，前期29時間は，食・衣・住等との関連でエコライフを考えさせる五つの題材で構成されている。本学習指導例は，「料理の達人になろう」の題材3／9時間目であるが，導入部分において食材を丸ごと使うことのよさや生ごみを減らす利点に気付かせ，展開部分において環境にやさしい調理の仕方を，"食材や食器の洗い方"，"火加減"，"洗剤の使い方"など総合的な観点から見直させるとともに，水やガスエネルギーの使い方について実験で確かめる方法を取り入れたものである。水やガスエネルギーは，学習指導要領の内容からは発展的な内容であるが，調理と環境の関連を学習させるためにはそれらも含めた総合的な扱いが必要であるとの考えから，児童の実態を考慮して取り入れられたものである。実験については，教師の細かな指導及び注意が必要となるが，調理と環境について総合的にまた科学的に体得することを重視した学習指導例といえよう。

食生活を考えさせる学習指導例　本学習指導例は，勝田映子氏（筑波大学附属小学校教員）の実践であるが，児童の野菜に対する知識や関心をより高め，生活に活かせる力を育成するため，栄養教諭と協働して実施した例である。内容的に，一食分の量など発展的な内容が取り上げられているが，児童の食生活への意識の高まりが見られている。（個別学習，問答法，KJ法*など）〔*…栄養教諭への質問を書き出し，それらを類似の項目にグループ化した。〕

> 実感や日常生活とのかかわりを重視し，栄養教諭と協働した学習指導

1 題材名 「自まんの野菜いためを作ろう！」（5年生）＜6時間扱い＞
2 題材について
　レタスとキャベツを見分けられないなど，生活に対する児童の知識や関心の低下は，野菜についても著しくなっている。
　そこで，実感や日常生活とのかかわりを重視した活動や，栄養教諭との協働的な指導を行うことにより，家庭でも進んで野菜を食べたり調理したりする子を育てたいと考えた。
3 題材の目標
　○ 野菜に関心をもち，進んで野菜を食べようとする。
　○ 野菜の特徴や栄養，旬について知る。
　○ 手順を考えて，野菜炒めを作ることができる。
　○ 家族の好みや健康を考えて自慢の野菜炒めを工夫する。
4 指導計画　（　）内は時数
　第一次（1）　家で良く食べる野菜の種類や調理法を振り返り，野菜の種類（根菜，葉菜，果や緑黄色，淡色野菜）を知る。また，チラシ広告で旬の野菜を知る。
　第二次（1）　給食で食べている野菜の種類や特徴を振り返り野菜を食べる良さや摂ると良い量を知る。
　第三次（2）　手順を考えて野菜炒めを調理する。
　第四次（2）　家族の好みや健康を考えて，自慢の野菜炒めを工夫し調理する。
5 授業の実際
　① よく食べる野菜の種類や調理法をワークシートで振り返ることで自分の傾向や課題に気付かせることができた。（資料1）
　② チラシ広告で旬の野菜を調べたことで関心が高まった。（写真1）
　③ 野菜を自分の手で手計りさせることによって，一日の摂取量が実感できたのか，生活の中で意識化するようになった。（写真3）
　④ 栄養教諭と協働的な指導を行い，給食に多様な野菜を用いる理由や苦心を知らせることで，野菜の種類や栄養等，野菜を食べる良さを効果的に伝えることができた。（本時）
　⑤ 二段階の調理活動（基本の調理と自分が工夫した調理）で野菜炒めを作ることにより技能が高められた。（資料2）
　⑥ 自慢の野菜炒めを工夫することを通して，家族への思いが高まり，家庭生活で

の実践を楽しむ姿が見られた。

6 栄養教諭との授業の実際

(1) 本時の目標（2／6時）
　　○　野菜の特徴や栄養，一日の摂取量のめやすを知る。
　　○　野菜を食べる良さを実感し，進んで摂ろうとする。
(2) 本時の展開

主な学習活動	教師の指導・支援	
	家庭科教諭（T1）	栄養教諭（T2）
1　学習課題を知る。	・家と比較させる。	
給食では，私達は野菜をどう食べているのだろう		
2　献立表で今日の野菜を調べる。	・13～15種類あることを確める。	・実物を示す。 ・すべて手で切っていることを話し実演する。 　「すごく大変だが，食べて欲しいと願いながら切っている」 ・野菜の種類や栄養，良さについて野菜を見せながら話す。
3　栄養教諭への質問を付箋紙に書く。 ・どれくらいの量を切るのか。 ・なぜ13種類も使うのか等。	・野菜に絞って質問を書くように話す。 ・KJ法でまとめて，黒板に貼る。 ・分かりやすく板書する。 ・児童の質問を補う質問をする。	
4　野菜の種類や栄養，良さについて知る。	・栄養教諭の説明を補足する。	
一食や一日にどれくらい食べるとよいのだろう		
5　一食分，一回分の量を予想し，手計りする。	・各班にキャベツの千切りを配る。 ・一人ひとり手に取れているか机間巡視をする。	・一日分と今日の給食分を実物で示し，残りを家庭で摂るよう呼びかける。
6　一食分，一回分を手計りする。		
7　授業のまとめを書く。	・本時のまとめをする。	

(3) 評　価
　　○　野菜を食べる良さやどのくらい食べたらよいかを自分のことばで具体的に書くことができる。
(4) チームティーチングの前に話し合ったこと
　　①　授業のねらいをどこにおくか。

Ⅳ　学習指導　139

　　　・野菜をたくさん食べて欲しいと工夫していることや栄養面で野菜の良さを伝えたい。（栄養教諭）
　　　・栄養面，調理面の野菜の良さを実感的につかませたい。児童が生活で生かせる学習にしたい。（家庭科教諭）
　　② 授業の進め方
　　　・主指導は家庭科教師。給食での野菜の扱い方や児童からの質問には，主に栄養教諭が答える。
　　　・子どもの質問では足りない部分や，栄養教諭の説明の補足などは，家庭科教諭が行う。
　　　・一方が質問し他方が答える「掛け合い型」を主とする。
　　③ 学習活動の内容や分担
　　　・野菜や野菜の調理についての質問を書かせる。（家庭科教諭）
　　　・一食分や一日分の野菜の量を手計りさせる。（栄養教諭）
　　④ 確認した留意点
　　　・教え込みにならないようにすること。

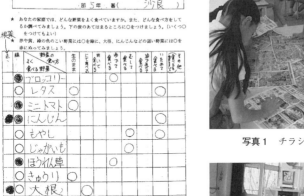

資料1　野菜の食べ方調べ

写真1　チラシで旬の野菜探し

写真2　説明する栄養教諭

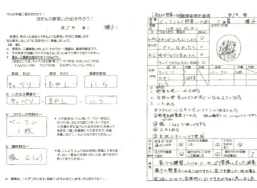

写真3　一日分の野菜量を手計りしてみる

資料2　野菜100gを使った「自まんの野菜いため」の調理実習計画表

　本実践は，児童の野菜に対する関心を高め，家庭でも進んで野菜を食べたり，調理できることを目指し，6時間の題材で取り組んだ例である。第一次ではチラシ広告を用いて旬の野菜を知るなど，家庭生活に身近な教材を取り入れて野菜への関心を高める工夫が施されている。第二次は本時の内容であるが，給食の野菜を振り返りながら，野菜の特徴や栄養，さらに一食や一日の必要量をとらえさせることにより，野菜の良さがわかり進んで摂取しようとする態度育成を目指しており，栄養教諭とともに進めた例である。栄養教諭と協働で授業を行うことにより，子どもたちは給食で使われている野菜への理解を深めるとともに，作り手の状況にも目を向け，野菜を大切に食べようとする態度も生まれたと推察する。また，野菜をどのくらい食べたらよいのかを手ばかりさせることで，野菜の必要性を実感的にとらえることができたようである。

　今日，食育の推進がうたわれている中で，家庭科の食物指導の充実が求められている。そのために，本実践例のように，栄養教諭などと協働して，児童の実態や学校，地域の状況等をふまえ，子どもたちの関心や認識をより高める学習内容や方法の検討が重要と考える。

男女共同参画を目指した学習指導例

　本学習指導例は，石幡良子氏（福島県石川郡古殿町立大久田小学校教頭）の実践であるが，男女共同参画社会作りに向け，小学生からそれらの意識を高めるこ

とを目指して取り組んだものである。高校の副読本[7]の資料やデータ，さらに授業者の夫婦の家庭生活例も紹介しながら，男女の在り方について考えさせるとともに，授業の中での児童の意識の変容を試みた。また，本授業を授業参観日に設定し，保護者への啓蒙の役割も果たした実践例である。(一斉指導，課題解決法，問答法等)

男女がともに助け合える社会（男女共同参画社会）について考えさせた実践例　―6年　家庭生活を振り返ろう―

1　授業を進めるにあたって
- 　○　小学校においては，男女共同参画社会の素地作り，及び家庭科で学習する基礎的・基本的内容の確実な定着が大切であり，それが「生きる力」につながってくると考える。
- 　○　男女共同参画への意識改革は，子どものみならず，保護者にとっても必要なことである。授業参観にこのような授業を行い，家庭や地域へも発信していく必要がある。

本時の授業構想

家庭生活を見つめる　　　データ資料から客観的事実を読み取る

- ○　昔から比べると，意識が変わり外で働く女性が増えてきている。
- ○　それでも，家事の負担はやはり妻が一番多い。
- ○　夫の家事参加も見られるようになってきたが，できることは限られている。

↓

なぜ　？

・女性の意識の問題　・男性の意識の問題　・男性の技能や経験不足

↓

自分たちが，将来大人になったときのために，今やるべきことは？

- ○　男女共同参画社会の意図を正しく理解する。（ジェンダー平等の意識改革）
- ○　家庭科の授業を大事に行い，<u>わかること，できること</u>を増やしていく。
  　　　→できることが自信につながり，やってみようという意欲が増す。
- ○　家庭生活においても，家族が協力し合い，自分ができることは進んで手伝う。
- ○　中学校，高校における技術・家庭科等の学習にも夢と意欲をもつ。

2 実践後の分析

○ 家庭生活が多様化している現在，自分の家庭生活だけでなく，客観的なデータをもとに，男女の協力について考えていくことが大切。

○ 家庭生活への協力は，家族への思いやりだけでなく，将来自分のためになることを考えさせることが大切。

○ 小学校の段階から，男女共同参画に視点をあてた授業を意図的に行っていく必要があり，家庭科の果たす役割は大きい。

＜使用した資料＞

資料1 授業の導入で使用したクイズ[8]

Aさんは，大型トラックの運転手として働いて，妹の大学進学を援助してきました。その妹が，結婚することになり，相手のご両親に挨拶に行ったところ，「あなたのお兄様はどんなお仕事をなさっているの」と聞かれました。妹は，「私には兄はいません。」と答えたそうです。Aさんの妹は，どうしてそんなことを言ったのでしょう。

資料2 授業の最後に使用したクイズ[9]（授業による児童の変容をみたクイズ）

Bさんが，夕飯の支度をしていると，玄関のチャイムが鳴りました。ちょうど手が放せなかったので，小学生の子どもに応対に出てもらいました。訪問者が「こんにちは，お母さんはいらっしゃいますか。」と尋ねると，子どもは「今，出かけていて，家にはいません。」と答えました。なぜ，子どもはこんなことをいったのでしょう。

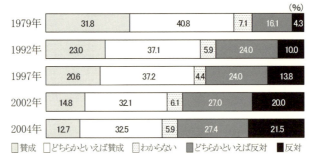

資料3 夫婦の役割分担意識[10]

「夫は外で働き，妻は家庭を守るべきである」という考え方について

資料:内閣府「男女共同参画に関する世論調査」(平成16年11月)

資料4 夫婦の生活時間[10]

資料5 育児期にある夫婦の育児，家事及び仕事時間の各国比較[11]

資料:内閣府「男女共同参画白書」(平成15年版)

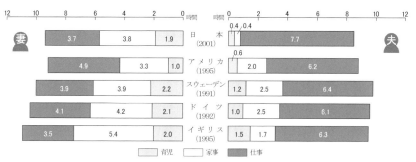

備考： 1. OECD「Employment Outlook」(2001年)，総務省「社会生活基本調査」(平成13年)より作成。
2. 5歳未満(日本は6歳未満)の子どものいる夫婦の育児，家事労働及び稼得労働時間。
3. 妻はフルタイム就業者(日本は有業者)の値，夫は全体の平均値。
4. 「家事」は日本以外については「Employment Outlook」(2001年)における「その他無償労働」。
5. 日本については「社会生活基本調査」における「家事」，「介護・看護」及び「買い物」の合計の値であり，日本以外の「仕事」は「Employment Outlook」(2001年)における「稼得労働」の値。

　本実践は，福島県における男女共同参画推進事業の一環として，小学校の家庭科の授業を通して取り組まれた例である。授業テーマは，「家庭生活を振り返ろう」（6年）であるが，さまざまな資料を活用し，家庭生活における男女のかかわり方や意識の実態をとらえ，どこに問題があるのか，どうしたらよいのかを子どもたちに考えさせ，男女の協力の大切さに気付かせていった実践例である。資料として提示したグラフ等は，県が作成した高校生用副読本の内容であるが，小学生でも理解できるグラフやクイズ内容を有効に取り入れ，男女共同参画への関心を高めることに効果的であったことが示唆されている。また，授業者は，男女共同参画に対する意識改革は保護者にとっても必要なことと考え，本授業を授業参観日に設定し，家族全体で振り返る機会を作ったとい

える。さらに，授業者の家庭における家族の協力の実態も紹介することにより，本テーマへの関心がより高められたと推察する。一つのテーマを考えさせるにあたり，さまざまな資料やクイズ等を用いることにより，子どもたちの新たな気付きや発見がもたらされ，自分や家族の在り方を大きく見直す機会になったと考える。

＜引用及び参考文献＞

(1) http://www.nicer.go.jp/guideline/old/s22ej/chap4.htm
(2) 文部省「小学校学習指導要領解説　家庭編」1999，p.2
(3) 前掲書(2)，p.3
(4) 文部科学省「小学校学習指導要領解説　家庭編」2008，pp.1-2
(5) 前掲書(4)，p.3
(6) 福島県学校給食研究会栄養士部会「平成17年度　研究集録第22号—よりよい学校給食をめざして—」2005，pp.12-15
(7) 福島県男女共同参画高校生副読本〈平成19年版〉「Be yourself　自分らしく生きよう」，2007
(8) 前掲書(7)，p.22
(9) 前掲書(7)，p.28
(10) 前掲書(7)，p.7
(11) 前掲書(7)，p.9

V 指導計画

§1 指導計画作成の必要性

　具体的な指導を行うためには，いつごろ，何を，どのように，あるいはどの順番でどれくらいの時間をかけて行うとよいのかといった，事前に十分な検討を行っておくべきプランニングの作業がある。

　小学校では学習指導要領を元にして，各学校の実態に即した教育課程を編成していく。その際に，児童や地域の実態も大いに考慮し，学校の裁量に任されている部分をどのように反映するのかで，指導計画の作成が必要になってくる。この場合には児童や保護者への情報提示というよりも，教育課程の具体的な予定を表すものとして，関係する法令や年間授業時数なども含めた指導計画を作成しなければならない。通常は各教科や道徳，外国語活動，総合的な学習の時間そして特別活動ごとに，あるいは各学年や期間ごとに一覧できる指導計画の作成を行っている。限られた時間を有効に活用できるような，指導計画の十分な検討が求められる。

　教師は児童と直接かかわる実際の授業だけでなく，そのための土台となっている，事前のプランニング段階も重要な指導のプロセスととらえる必要がある。この指導計画の作成を通して，例えば小学校教育における家庭科の果たす役割を見つめ直し，他の教科との重複あるいは連携の可能性などについても気づくことができる。指導計画の作成は学習指導に際しての，まず行うべき重要な作業といえる。ここでは指導計画作成上の留意点や具体例を述べていく。

§2 指導計画作成にあたっての留意点

学習指導要領に明記された留意事項

　指導計画を作成する際に，学習指導要領に明記されている「取り扱いに関する配慮事項」を確認しておくことが大切である。2008（平成20）年3月告示

の学習指導要領には，小学校家庭科について教科の目標や内容と併せて以下のような指導計画作成上の配慮事項が明記されている。

1 指導計画の作成に当たっては，次の事項に配慮するものとする。
  (1) 題材の構成に当たっては，児童の実態を的確にとらえるとともに，内容相互の関連を図り，指導の効果を高めるようにすること。
  (2) 「A家庭生活と家族の(1)のアについては，第4学年までの学習を踏まえ2学年間の学習の見通しを立てさせるために，第5学年の最初に履修させるとともに，「A家庭生活と家族」から「D身近な消費生活と環境」までの学習と関連させるようにすること。
  (3) 「B日常の食事と調理の基礎」の(3)及び「C快適な衣服と住まい」の(3)については，学習の効果を高めるため，2学年にわたって取り扱い，平易なものから段階的に学習できるよう計画すること。
  (4) 第1章総則の第1の2及び第3章道徳の第1に示す道徳教育の目標に基づき，道徳の時間などとの関連を考慮しながら，第3章道徳の第2に示す内容について，家庭科の特質に応じて適切な指導をすること。

学習目標の明確化　指導計画の作成において，学習を通して児童の人間教育にどのようにかかわろうとするのかを認識しておくことが大切である。学習目標の明確化は，家庭科の本質とは何かを考えることにもつながる。学校教育で得られる家庭科での学びとは何か，その学びを保障するための手立ては何か，家庭科で育成したい内容は何かなどについて明らかにするところから指導計画を検討するとよいだろう。

児童や児童を取り巻く環境についての実態把握　授業を構成するためには指導者と教材と学習者がうまくかみ合うことが大切であるが，特に学習の主体は児童である。児童の興味や関心，既に獲得している知識や技能，そして家庭や地域の環境についてもその実態を把握しておくことは，家庭科の指導を行う上で大いに役立ってくる。『学研版小学生白書2008年』は，この20年間で子どもの生活が徐々に変化してきたことを指摘している。たとえば表V－1の家の手伝いを「ほとんどしない」者の割合は，全体平均で見ると20年間で8.3ポイントから18.9ポイントへと2倍以上になったことが分かる。家庭での過ごし方の変化は，関連する生活経験の有無に

も影響している。

家庭科は，家庭生活の具体的な営みを学習対象としている。学校で学んだことを自分の家庭でも実践し，各自の家庭生活で生かせることで実践力が高まっていく。そのような実感が持てるためにも，学校での家庭科の学習が児童の実態とかけ離れたものになっては，創意工夫にもつながらなくなってしまう。小学校第5，6学年を中心とした小学生への理解とともに，目の前にいる児童各自への理解に努め，特に家庭科との関連が強い生活経験や生活実態の把握にも心がけておく必要がある。さらに地域の状況や季節の変化への意識等も1年間の指導計画作成においては重要になってくる。

表V－1　家の手伝いを「ほとんどしない」者の割合の推移（全体／学年別，％）

	1986年	1996年	2006年
全体	8.3	15.0	18.9
1年	8.8	13.0	16.9
2年	10.2	19.0	15.7
3年	9.5	15.0	21.4
4年	7.3	9.0	15.0
5年	9.2	13.0	20.4
6年	4.8	21.0	24.4

他の教科や特別活動等との関連

指導計画を作成する際に，他教科や特別活動にも注目しておきたい。家庭科は家庭生活が総合的であるために，その学習内容は他教科と重複ないしは関連する部分が多々見られる。4年生までの学習の蓄積と，5年生からの指導内容を把握しておくことで，家庭科として指導する際のタイミングが工夫でき，児童ら学習者には学びの理解と定着が効果的になる。

2008（平成20）年告示の学習指導要領において，家庭科に関連すると思われる記述の抜粋を教科別に表V－2に示した。たとえば小学校1，2年生で履修する生活科は，小学校低学年児童の特性を考慮した学習内容であるが，そこでの「(2)家庭生活を支えている家族のことや自分でできることなどについて考え，自分の役割を積極的に果たすとともに，規則正しく健康に気を付けて生活することができるようにする」は，まさに家庭科での「A家庭生活と家族」に重複する内容といえる。さらに「(9)自分自身の成長を振り返り，多くの人々の支えにより自分が大きくなったこと，自分でできるようになったこと，役割が増えたことなどが分かり，これまでの生活や成長を支えてくれた人々に

表V-2　他教科の各学年の学習目標及び学習内容

教科	学年	各学年の学習目標	各学年の学習内容
生活	第1及び第2学年	(1) 自分と身近な人々及び地域の様々な場所，公共物などとのかかわりに関心をもち，地域のよさに気付き，愛着をもつことができるようにするとともに，集団や社会の一員として自分の役割や行動の仕方について考え，安全で適切な行動ができるようにする。 (3) 身近な人々，社会及び自然とのかかわりを深めることを通して，自分のよさや可能性に気付き，意欲と自信をもって生活することができるようにする。	(2) 家庭生活を支えている家族のことや自分でできることなどについて考え，自分の役割を積極的に果たすとともに，規則正しく健康に気を付けて生活することができるようにする。 (3) 自分たちの生活は地域で生活したり働いたりしている人々や様々な場所とかかわっていることが分かり，それらに親しみや愛着をもち，人々と適切に接することや安全に生活することができるようにする。 (5) 身近な自然を観察したり，季節や地域の行事にかかわる活動を行ったりなどして，四季の変化や季節によって生活の様子が変わることに気付き，自分たちの生活を工夫したり楽しくしたりできるようにする。 (8) 自分たちの生活や地域の出来事を身近な人々と伝え合う活動を行い，身近な人々とかかわることの楽しさが分かり，進んで交流することができるようにする。 (9) 自分自身の成長を振り返り，多くの人々の支えにより自分が大きくなったこと，自分でできるようになったこと，役割が増えたことなどが分かり，これまでの生活や成長を支えてくれた人々に感謝の気持ちをもつとともに，これからの成長への願いをもって，意欲的に生活することができるようにする。
社会	第3及び第4学年	(1) 地域の産業や消費生活の様子，人々の健康な生活や良好な生活環境及び安全を守るための諸活動について理解できるようにし，地域社会の一員としての自覚をもつようにする。	(3) 地域の人々の生活にとって必要な飲料水，電気，ガスの確保や廃棄物の処理について，次のことを見学，調査したり資料を活用したりして調べ，これらの対策や事業は地域の人々の健康な生活や良好な生活環境の維持と向上に役立っていることを考えるようにする。 ア　飲料水，電気，ガスの確保や廃棄物の処理と自分たちの生活や産業とのかかわり
社会	第5学年	(2) 我が国の産業の様子，産業と国民生活との関連について理解できるようにし，我が国の産業の発展や社会の情報化の進展に関心をもつようにする。	(2) 我が国の農業や水産業について，次のことを調査したり地図や地球儀，資料などを活用したりして調べ，それらは国民の食料を確保する重要な役割を果たしていることや自然環境と深いかかわりをもって営まれていることを考えるようにする。 ア　様々な食料生産が国民の食生活を支えていること，食料の中には外国から輸入しているものがあること。
理科	第3学年	(2) 身近に見られる動物や植物，日なたと日陰の地面を比較しながら調べ，見いだした問題を興味・関心をもって追究する活動を通して，生物を愛護する態度を育てるとともに，生物の成長のきまりや体のつくり，生物と環境とのかかわり，太陽と地面の様子との関係についての見方や考え方を養う。	A　物質・エネルギー (3) 光の性質 　鏡などを使い，光の進み方や物に光が当たったときの明るさや暖かさを調べ，光の性質についての考えをもつことができるようにする。 ア　日光は集めたり反射させたりできること。 イ　物に日光を当てると，物の明るさや暖かさが変わること。 B　生命・地球 (3) 太陽と地面の様子 　日陰の位置の変化や，日なたと日陰の地面の様子を調べ，太陽と地面の様子との関係についての考えをもつことができるようにする。 ア　日陰は太陽の光を遮るとでき，日陰の位置は太陽の動きによって変わること。 イ　地面は太陽によって暖められ，日なたと日陰では地面の暖かさや湿り気に違いがあること。

理科	第4学年	(1) 空気や水，物の状態の変化,電気による現象を力，熱，電気の働きと関係付けながら調べ，見いだした問題を興味・関心をもって追究したりものづくりをしたりする活動を通して，それらの性質や働きについての見方や考え方を養う。 (2) 人の体のつくり，動物の活動や植物の成長，天気の様子，月や星の位置の変化を運動，季節，気温，時間などと関係付けながら調べ，見いだした問題を興味・関心をもって追究する活動を通して，生物を愛護する態度を育てるとともに，人の体のつくりと運動，動物の活動や植物の成長と環境とのかかわり，気象現象，月や星の動きについての見方や考え方を養う。	A　物質・エネルギー (2)　金属，水，空気と温度 　金属，水及び空気を温めたり冷やしたりして，それらの変化の様子を調べ，金属，水及び空気の性質についての考えをもつことができるようにする。 イ　金属は熱せられた部分から順に温まるが，水や空気は熱せられた部分が移動して全体が温まること。 B　生命・地球 (1)　人の体のつくりと運動 　人や他の動物の体の動きを観察したり資料を活用したりして，骨や筋肉の動きを調べ，人の体のつくりと運動とのかかわりについての考えをもつことができるようにする。 ア　人の体には骨と筋肉があること。 イ　人が体を動かすことができるのは，骨，筋肉の働きによること。 (3)　天気の様子 　1日の気温の変化や水が蒸発する様子などを観察し，天気や気温の変化，水と水蒸気との関係を調べ，天気の様子や自然界の水の変化についての考えをもつことができるようにする。 ア　天気によって1日の気温の変化の仕方に違いがあること。
	第6学年	(1) 燃焼，水溶液，てこ及び電気による現象についての要因や規則性を推論しながら調べ，見いだした問題を計画的に追究したりものづくりをしたりする活動を通して，物の性質や規則性についての見方や考え方を養う。	A　物質・エネルギー (1)　燃焼の仕組み 　物を燃やし，物や空気の変化を調べ，燃焼の仕組みについての考えをもつことができるようにする。 ア　植物体が燃えるときには，空気中の酸素が使われて二酸化炭素ができること。 (2)　水溶液の性質 　いろいろな水溶液を使い，その性質や金属を変化させる様子を調べ，水溶液の性質や働きについての考えをもつことができるようにする。 ア　水溶液には，酸性，アルカリ性及び中性のものがあること。
体育	第3及び第4学年	(3) 健康な生活及び体の発育・発達について理解できるようにし，身近な生活において健康で安全な生活を営む資質や能力を育てる。	G　保健 (1) 健康の大切さを認識するとともに，健康によい生活について理解できるようにする。 イ　毎日を健康に過ごすには，食事，運動，休養及び睡眠の調和のとれた生活を続けること，また，体の清潔を保つことなどが必要であること。 ウ　毎日を健康に過ごすには，明るさの調節，換気などの生活環境を整えることなどが必要であること。 (2) 体の発育・発達について理解できるようにする。 ウ　体をよりよく発育・発達させるには，調和のとれた食事，適切な運動，休養及び睡眠が必要であること。
	第5及び第6学年	(3) 心の健康，けがの防止及び病気の予防について理解できるようにし，健康で安全な生活を営む資質や能力を育てる。	G　保健 (3) 病気の予防について理解できるようにする。 ウ　生活習慣病など生活行動が主な要因となって起こる病気の予防には，栄養の偏りのない食事をとること，口腔の衛生を保つことなど，望ましい生活習慣を身に付ける必要があること。

感謝の気持ちをもつとともに，これからの成長への願いをもって，意欲的に生活することができるようにする」は，家庭科改訂の要点の一つである「自分の成長を自覚し家庭生活を大切にする心情を育むこと」に関連する記述といえる。生活科は，児童一人ひとりが五感を駆使して気づくところから学びを形成しており，そのために体験を重視している教科である。抽象的かつ論理的思考が未発達な低学年児童と，心身ともに成長著しい高学年児童とでは，発達段階に大きな違いがあるため，生活科と家庭科は全く同じ内容の学習が展開されるわけではないが，このような小学校低学年の学習が基礎となって，5年生から始まる家庭科の学習に生きてくるといえよう。

また6年間履修する体育にも，特に3年生から始まる保健の学習において，健康で安全な生活を営む資質についての，学習目標や内容が明記されている。快適な過ごし方や，食事を含めた健康管理の学習は，家庭科での学習と大いに関連するものである。

さらに3年生から履修する理科や社会科での学習内容は，そこでの学びが基礎となって，その実践編としての家庭科での学習内容に生かすことができる。

一方教科ではないが，総合的な学習の時間では，問題解決型の学習スタイルが家庭科と共通するといえるだろう。また道徳についても，学習指導要領での配慮項目に明記されていたように，家庭科との関連を考慮しながら，家庭科の特質に応じて適切な指導をすることが求められている。これら他教科や特別活

表V－3　食育基本法（平成17年　法律第63号　前文より）

二十一世紀における我が国の発展のためには，子どもたちが健全な心と身体を培い，未来や国際社会に向かって羽ばたくことができるようにするとともに，すべての国民が心身の健康を確保し，生涯にわたって生き生きと暮らすことができるようにすることが大切である。 　子どもたちが豊かな人間性をはぐくみ，生きる力を身に付けていくためには，何よりも「食」が重要である。今，改めて，食育を，生きる上での基本であって，知育，徳育及び体育の基礎となるべきものと位置付けるとともに，様々な経験を通じて「食」に関する知識と「食」を選択する力を習得し，健全な食生活を実践することができる人間を育てる食育を推進することが求められている。　（以下略）

動などの学習内容についても確認しておくことで，相互に効果的な指導ができる方策を，指導計画に盛り込むことができる。なお，2005（平成17）年に制定された食育基本法は，表Ⅴ-3の前文にもあるように，子どもたちの生きる力の基盤として重視され，学校でもさまざまな食育への取り組みが展開されている。各校に必ずしも配属されているとはいえないが，指導の専門家として栄養教諭による食育も推進されつつある。学校給食や総合的な学習の時間を活用するなどして，栄養に関する知識を中心に，食生活にかかわる学習内容を扱っている。これらは家庭科の学習内容と重なる部分である。今後は栄養教諭との連携も視野に入れた，指導計画が求められていくだろう。

中学校技術・家庭科との関連　1998（平成10）年告示の学習指導要領では，従来の家政学の領域をベースとする表記と異なり，①家庭生活と家族，②衣服への関心，③生活に役立つ物の製作，④食事への関心，⑤簡単な調理，⑥住まい方への関心，⑦物や金銭の使い方と買い物，⑧家庭生活の工夫の八つの要素的内容での明記となったために，中学校で学ぶ技術・家庭科の，特に家庭分野の学習内容との連携がとらえにくくなっていた。しかし，実際の家庭生活は衣食住などの領域ごとに単独で営まれるのではなく，さまざまに関連しあっていることから，むしろ生活全般を総合的にとらえた構成で指導計画も立てられた。

　ところが2008（平成20）年1月の中央教育審議会答申における家庭科についての改善事項には，改善の基本方針として「家庭科，技術・家庭科家庭分野については，自己と家庭，家庭と社会とのつながりを重視し，生涯の見通しをもって，よりよい生活を送るための能力と実践的な態度を育成する視点から，子どもたちの発達の段階を踏まえ，学校段階に応じた体系的な目標や内容に改善を図る」ことが示された。そして具体的事項として「中学校の内容との体系化を図り，生涯の家庭生活の基盤となる能力と実践的な態度を育成する視点から，①家庭生活と家族，②食事のとり方や調理の基礎，③快適な衣服と住まい方，④身近な生活と消費・環境に関する内容で構成する」と，四つの内容に構成を改善することが明記された。

1998（平成10）年告示の学習指導要領までは特記されていなかった，中学校技術・家庭科の内容との系統性や連続性が今回の改訂では重視され，生涯を見通した生活の基盤となる能力と実践的な態度を，義務教育段階で着実に育成する必要性が示された。

小学校段階では，その後に続く学びの基礎的・基本的な知識や技能が重視され，生活をよりよくしようと工夫する能力と，実践的な態度がはぐくまれることが目指されている。指導計画の作成においては，これらを反映した内容構成を検討する必要がある。

§3　指導計画の作成

指導計画の作成準備　　指導計画の作成とは，最終的には学習者である児童たちとの，45分間の劇のための脚本作りに他ならない。セリフや演じ方，また大道具や小道具についても詳述した，大切な脚本を練っていく作業といえる。脚本が良くできていなければ，劇の内容も役者の演技も上手くいかないものである。劇を支える大切な土台を担う作業として，指導計画の作成に取り組もう。

武藤[1]によると授業を構成する要素は図V-1のように示される。児童生徒と教師，そして教材が授業を構成する重要な要素であり，目標を目指して適合する教材や題材を策定し，単元の流れとして学習内容を設定し，学習に必要な時間を配当することにより，学習計画が設定されると説いている。

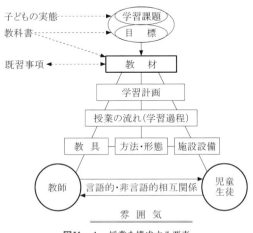

図V-1　授業を構成する要素
武藤八恵子「テキスト家庭科教育」（2000）による

指導計画の作成においてしばしば使用される以下の用語を，本稿では次のようにとらえて用いることにする。

・　教材とは教師（指導者）と児童（学習者）の間を媒介する教育テーマをもったもの。具体的なモノであることもあるが，抽象的な事柄やメッセージなど，内容を指す場合もある。

・　題材とは関連する学習内容を指導の単位としてまとめたもので，いくつかの教材が集まったひとかたまりである。児童が使用する教科書などでは，題材ごとにまとめた掲載が一般的である。その場合，目次のタイトルなどは小題材名となっていることが多い。

・　単元という表現も用いられることがある。奈須[2]によると単元の語源は英語のユニット（unit）で，ことばとしてはまとまりとか単位という意味をもつということであるが，何をもって教育活動のまとまりとするかによって，授業の質や教師の役割も大きく違ってくることを指摘している。さらに単元の定義づけは，時代によって本質的違いがあると井上[3]は述べている。教材のひとまとまりとか，教える内容の一区切り，あるいはプロジェクトそのものや発見学習の場合は，探求のひとまとまりを，単元と呼ぶなどいろいろである。「単元（題材）」と表現してある先行文献や実践報告もあるため，両者の明確な違いについては定義できないが，本稿では単元ではなく題材を主に使用することにする。

指導計画の種類　　指導計画には，年間指導計画案と題材指導計画案（題材案），また1単位時間の指導計画を示した時案の三つがある。時案は，一般的には学習指導案といわれるものであるが，なかには教案と表現しているものもある。時案は指導計画を詳細に記した密案または細案と，要点のみを示した略案とに分けられる。状況に応じて二者を使い分けている。

題材の構成と配列　　学習指導要領に明記されている学習内容は，教科の目標を受けて2学年分を領域ごとにまとめて示している。題材の構成にあたっては，この領域ごとのまとまりも気になるところではあるが，実際にかかわる児童たちの地域や家庭の実態を考慮した，独自の題材

構成を工夫してみよう。その上で内容相互の関連を図るならば，指導への効果も期待できる。子どもたちが生活を実感としてとらえられ，生きる力の育成につながるような題材でなければ，興味関心も学習の必要性も感じられないだろう。現実の児童の実態や生活課題を把握した上で，思考過程に沿った課題解決学習の育成を目指した題材構成が望ましい。

　題材の配列に関しては，一般的に①基礎的・基本的なものから応用・発展的なものへ，②単純なものから複雑なものへ，③身近で具体的なものから抽象的なものへ，④自分自身のことからさらに広い範囲のことへ，あるいは逆に⑤全体把握から部分的なものへ，といった流れなどが考えられる。これら題材相互の系統性や発展性を意識して配列することで，児童がスムーズに知識や技能を身に付けることができるだろう。また，他教科との関連性や学校行事，季節や年中行事などともかかわらせることで，より効果的な指導につながるため，これらも意識した配列を工夫し，設定された総授業時数の中から各々へ時間配当していくことになる。

　2008（平成20）年告示の学習指導要領では，A（1）「自分の成長と家族」を第5学年の最初に履修させることとしている。また生活における「自分の成長」が学習全体を貫く視点となるように設定することも明記されているため，題材構成や配列においては配慮する必要がある。

年間指導計画案　年間指導計画案は第5学年及び第6学年の2年間にわたる展開を示したものであり，小学校における家庭科教育の全体を網羅する最も基本的な指導計画である。学校教育法施行規則によると，年間の授業時数は，第5学年の家庭科は60単位時間，第6学年では55単位時間となっている。公立学校において，完全週5日制が実施され，総合的な学習の時間が導入された1998（平成10）年告示の学習指導要領から，家庭科も授業時間数が削減され現在のようになった。以前は毎週2時間続きの授業が実施されていたが，現在では変則的になっており，あくまでも学校独自の教育課程に任されている。

　年間指導計画の作成にあたっては，第5学年と第6学年を分け，学期ごとに

作成する。従来は3学期制が最も一般的で，夏休み前を1学期，夏休みがあけて年末の冬休み前までが二学期，年が明けて3月末までが3学期になっていた。しかし現在はこの3学期制だけでなく，夏休みを挟んで9月いっぱいを前期，10月以降を後期として2学期制で実施している学校もある。いずれも授業時間の確保のための工夫がとられているが，指導計画の作成においては，1題材はなるべくその学期内に終了するような時間配当をすると良いだろう。題材名（あるいは大題材名）とそれに対応した小題材名を明記し，配当時間も示しておき，年間の総合計が前述の第5学年60単位時間，第6学年55単位時間になるように調整する必要がある。実際には学校行事や，予測していなかった事由で授業が急に実施できない事態もあるが，計画段階ではあくまでも年間の授業時数を遵守し，バランスのとれた年間指導計画になるように作成する。表V-4には2学年の系統性を見通した指導計画案の例を示した。第5学年で基礎・基本を学び，それを発展・応用した内容を第6学年で学ぶようにしている。さらに，長期の休みの前には，家庭での実践課題や，自分自身のチャレンジ（めあて）を確認させ，休みが明けた最初の授業で，そのチャレンジの報告を取り入れている。このことにより，以前はできなかったりわからなかったことが，自分なりに家庭生活の中で取り組んでみて，できるようになったり解決できたりすれば，自分の成長が実感できるのではないかと考えた。なお，表V-5にも家庭生活の総合性を重視して作成した年間指導計画例を示しておく。本例は1998（平成10）年告示の学習指導要領を受けて，実際の教育現場の教師が作成し，実施したものである。作成者の濱崎教諭は題材構成に当たって，①地域の食材や郷土料理を取り入れる，②作品を他の題材の中で生かす，③季節を比較できるようにする，④年中行事や学年行事と関連させる，の4点を考慮したと述べている。また，開発した題材については，生活にストーリー性が生まれるような題材配列に心掛け，第5学年では「チャレンジシリーズ」第6学年では「まかせて達人シリーズ」と，児童の意欲がわくようなネーミングにも工夫を凝らしている。2008（平成20）年告示の学習指導要領を反映した年間指導計画ではないが，実例として大変参考になるものである。

表V-4　年間指導計画案例（2学年の系統性を見通した題材配列一覧）

学期	第5学年 (60時間)		第6学年 (55時間)	
	題材名（時数）	小題材名	題材名（時数）	小題材名
1学期	1，家庭科の授業開き（2）	1，家庭科ってどんな教科かな 2，家庭科室ウオッチング 3，家庭科で学びたいこと／決意	1，自分の成長と周囲の人々とのかかわり（9）	1，できるようになったこととこれからのめあて 2，家族とのふれあいを振り返ろう 3，地域の人々との交流を考えよう
	2，自分の成長と家庭の働き（5）	1，自分を見つめてみよう 2，家庭生活を見つめてみよう	2，バランスを考えた食事作り（14）	1，毎日何を食べているかな 2，献立作成に挑戦 3，一食分を作って食べよう
	3，食事の役割と調理の基礎（12）	1，なぜ食べるの 2，やってみよう初めての調理		
	4，衣服の働きと手入れ（5）	1，衣服を着るのは何のため 2，快適に衣服を着る工夫		
	（夏休みに向けて）		（夏休みに向けて）	
2学期	（チャレンジ報告）		（チャレンジ報告）	
	1，衣生活で生かしたい技能I（13）	1，手縫いの基礎 2，調理実習または生活の中で使うものを作ろう	1，衣生活で生かしたい技能II（14）	1，ミシン縫いと手縫いの違い・ミシンの操作方法 2，生活に役立つ物の製作：発見・思考／計画・準備／製作・活用（再検討）
	2，ご飯と味噌汁作り（10）	1，めざせお米の粒博士 2，めざせお味噌の豆博士 3，調理実習（手縫いの作品―布巾等も活用しよう） 4，日本の伝統的な食べ物を調べてみよう	2，環境を考えたやさしい住まい方（8）	1，環境に優しい住まい方とは（季節に合わせた過ごし方の工夫） 2，人に優しい住まい方とは（明るさ，換気，暖かさ／涼しさ，安全性） 3，年末大掃除大作戦
	（冬休みに向けて）		（冬休みに向けて）	
3学期	（チャレンジ報告）		（チャレンジ報告）	
	1，住まい方の工夫と身の回りの整理整頓（7）	1，いつも利用する場所の再点検 2，自分の身の回りは自分で快適に	1，生活の資源と活用の工夫（7）	1，生活の資源には何があるだろう 2，お金や時間を計画的に使うために 3，中学校生活に向けて
	2，ここまでの学びを生かそう（5）	1，6年生への卒業プレゼントを考えよう 2，6年生をお祝いしよう	2，家庭科での学びの振り返り（3）	卒業プロジェクト 家庭生活における課題解決実践の報告
	3，1年間の振り返り（1）	自分の成長を実感しよう		

題材案　年間指導計画案が，時間軸を通して全体を把握できる1枚の大きな地図だとするならば，題材案は一定の区域ごとにスポットを当て，そのエリアにおけるさまざまな情報を盛り込んで，しかもそのエリアの全体的な把握を可能にした広域地図といえる。

題材案は学習内容の一つのまとまりとして，その構造や系統を明らかにするものであり，本時の指導計画の前提ともいえる重要な部分を担っている。題材

表V-5　平成14年度　小学校家庭科年間指導計画
香川大学教育学部附属坂出小学校　濱崎良重教諭作成

学期	第5学年（60時間）		第6学年（55時間）	
	大題材名	小題材名（時数）	大題材名	小題材名（時数）
1学期	家族のふれあい大作戦にチャレンジ （合計14）	・家族の仕事を知ろう（2） ・ティータイムを開こう（2） ・日曜日の○○○タイムを開こう「サラダタイム」 ・ゆでる（卵・野菜）（5） ・○○○タイムグッズを作ろう「コースターとランチョンマット」（5）	家族ふれあい指数アップ 夏のハッピーライフさわやかに過ごそう （合計24）	・まかせて！私は時間やりくりの達人（4） ・まかせて！私は買い物の達人（8） ・まかせて！これが涼しく元気に夏を過ごすコツ（4） ・まかせて！私は夏のハッピーライフの達人（8）
2学期	ヘルシークッキングにチャレンジ エコクリーン大作戦にチャレンジ （合計30）	・ヘルシー油料理にチャレンジしよう。野菜パワー発見・いためる・チャーハンづくり（8） ・心も体もにこにこ！朝食気配り大作戦（6） ・住まいのクリーン大作戦にチャレンジしよう（4） ・不用品のリフォームにチャレンジしよう。ミシンに挑戦しよう（8） ・心も体もあったかなべ料理（4）	夏のハッピーライフさわやかに過ごそう 我が家や香川のよさを大切にしよう （合計15）	・まかせて！私は環境にやさしい洗濯の達人（5） ・この土地・この味partⅡ・マイブランドみそ ・まかせて！今日の夕食私は献立づくりの達人（8） ・まかせて！我が家の雑煮（2）
3学期	冬の健康生活にチャレンジ 修学旅行の準備をしよう （合計16）	・この土地・この味part I ・冬野菜まんばのけんちゃんのひみつ（2） ・衣服の着方を工夫しよう（4） ・換気・加湿について考えよう（2） ・修学旅行で使う袋を作ろう（8）	冬のハッピーライフあったかく過ごそう みんなありがとう （合計16）	・まかせて！私は住まい方の達人（6） ・ありがとうをとどけよう・打ち込みうどん（4） ・卒業の日に家族へプレゼント（1） ・2年間の家庭科学習から（1）

濱崎良重「家庭生活の総合性を重視した年間指導計画とその取り組み」
日本家庭科教育学会誌46巻第1号，pp.57-61による

についての学習のねらいや概要なども示すが，一般的な形式は次のようになっている。

（1）　題材名（大題材名と表現するケースもある）

題材の学習内容を表現した名称をつける。簡略かつ明確な題材名を工夫してつけるが，表Ⅴ-5の年間指導計画例にあるように，児童の願いや思いを表現した口語的な題材名もつけられている。

（2）　題材設定の理由

題材に対する教師の取り組みや考えを示す。なぜ本題材を設定し，取り組もうとしているのかについて理由を述べるものである。ここでは，本題材のもつ学習内容についての考えである「教材観」や，実際の子どもたちの興味や関心，資質や能力に加え，おかれている環境やクラスの状況等を述べた「児童観」，この題材についての学び方もしくは指導や支援の仕方などを述べた「指導観」などを盛り込んだ文章を作成するとよい。

（3）　目　標

本題材を通して児童が目指す学習目標であるが，教科の目標や学年の目標を反映し，ここでの学習から児童にどのような能力を身に付けてほしいのかを明らかにする。評価の観点を参考に，四つの側面から具体的に考案し，記述の場合は，組み合わせたりなどして示すこともある。なお「学習目標」であるので，学習者の立場での表現を用いて，例えば以下のような書き方が参考になろう。

① 　関心・意欲・態度面の目標—表現例として，「積極的に………しようとする」「自分から………取り組もうとする」「………に興味をもち，かかわろうとする」など

② 　創意工夫する能力面の目標—表現例として，「自分のアイデアを生かし………する」「自分なりに………について考え工夫して………する」など

③ 　技能面の目標—表現例として，「安全に留意し………することができる」「………の正しい使用法が分かり，………できる」「………を仕上げることができる」など

④ 　知識・理解面の目標—表現例として，「………について知る」「………が判

断できる」「………について理解できる」「………の学びから………を解決することができる」など

(4) 指導計画

ここでは題材全体の指導計画を示す。題材を構成する各まとまりを小題材として扱い，指導時間数も配当する。配当時間はその題材の構成及び内容によって異なるが，少ないもので4時間位から多いものはその学期のすべての時間を充てるものまでさまざまである。少ない時間の例として，表Ⅴ－4年間指導計画案例で示した5学年1学期の指導計画の中から，以下のような題材案を示すことにする。本題材案は「家庭科授業開き」後最初の題材であり，これからの家庭科の学びのガイダンス的な要素も内包した，全授業時間数が5時間の題材案である。

　（例）第5学年　1学期　題材名　自分の成長と家庭の働き
　　　　第1次　自分を見つめてみよう　　　2時間
　　　　第2次　家庭生活を見つめてみよう　3時間
　　　　　　　　　　　　　　　　　　計　5時間

(5) 指導過程

指導計画で立てた小題材が，どのようなプロセスで展開されていくのかを，いくつかの項目に従って示す。項目例として次のようなものがある。

① 指導内容―内容が伝わるような項目名を書く。小題材名がこれにあたる。
② 学習活動―「学習」活動なので，児童を主体にして，指導内容に対する児童の活動について書いていく。表現例としては，「………に取り組む」「………について発表する」などである。
③ 教師の支援・指導上の留意点―かつては，「教授活動」として教師主体で示したものもあったが，現在は学習の主体者である児童に対し教師はいかにサポートするのか，どのような働きかけをするのかなど，児童の学習支援について書いている。表現例としては「………気づくように………する」「机間巡視をしながら………する」などである。
④ 時間―指導計画（前述）で配当した時間数を順次明記していく。

⑤ 準備・資料—教材や教具など指導の中で活用する具体的なものを学習活動に沿って書いていく。

(6) 評　価

児童の学習への取り組み状況から，目標で示した事柄がそれぞれ達成できているかどうかを見るための視点を四つの観点別に示す。例えば取り組みへの意欲や態度はどうか，また独自の考え及び工夫をこらしているかどうか，さらに技能面での習得状況や活動状況，そして知識面での習得状況などについても，題材全体として達成していく目標に対し，具体的にどこをどのように見たらよいのかを示すとわかりやすい。

時　案　　時案とは，広域地図のような題材案に対し，その縮尺を上げ，掲載範囲を1箇所に絞り，より詳細な情報を掲載したポイント地図といえよう。すなわち題材案の指導計画に示した中の1時間もしくは2時間の授業にあたる「本時」についての詳細を示した指導計画案である。通常，教育実習も含め研究授業などの時は，前述の題材案も付した「家庭科学習指導案」が必ず作成され，授業参観者に提示・配布されている。形式は必ずしも統一されていないが，一般的なフォーマットとして表Ⅴ-6のようなパターンが多い。

ここでははじめにタイトルを書き，授業の日時や対象クラス及び児童数，教室や指導者の名前などを書く。指導者名の後に押印する場合もある。正式の学習指導案であることを示している。「1. 題材名」から「4. 指導計画」までは題材案で作成したものがそのまま活用できる。だが，本時の学習指導案であるので，題材全体の指導計画のどこに該当するのかを，配当時間の後に「(本時)」もしくは「(本時は○／▽時　○▽は数字)」で示しておくことが必要である。

「5. 本時の指導」からは以下のようになる。

(1) 小題材名

本時の指導内容を示すが，題材の指導計画で明記したものを再度示しておく。

表V-6 時案の形式例

家 庭 科 学 習 指 導 案

```
              日  時    ○○年 ○ 月 ○ 日（○曜日）第○校時
              学  級    ○年○組  男子○名，女子○名，計○名
              教  室    ○○室
              指導者    ○ ○ ○ ○ ㊞
```

1. **題 材 名**
2. **題材設定の理由**

3. **題材の目標**

4. **指導計画（内容の区分と時間計画）**

```
    第1次    ○○○○   …………   ○時間
    第2次    ○○○○   …………   ○時間（本時）
     ⋮        ⋮                    
                          計  ○○時間
```

5. **本時の指導**
   (1) 小 題 材 名
   (2) 本時の目標
   (3) 本時の展開

過程	学習内容	学 習 活 動	時間	指導上の留意点	準備・資料
導入					
展開					
整理					

   (4) 本時の評価

(2) 本時の目標

題材全体の中で示された学習目標の中で，本時の学習内容に対応する目標を書く。1ないし2時間のみの授業における目標であることを忘れずに，焦点を絞った，達成可能な目標を設定するとよい。この場合，四つの観点別による表記ではなく，全体を一つにまとめた書き方で，学習者を主体にした表現で，わかりやすく簡潔に示すことを心掛けて作成するとよいだろう。

(3) 本時の展開

一般的に縦軸に学習の過程や時間の流れを書き，横軸にそれと対応する学習内容や活動，学習支援や資料・準備などを書いていく。題材案で作成した指導過程を，本時バージョンに応用して作成したものと考えるとわかりやすいだろう。45分（1単位時間分）もしくは90分（2単位時間分）の中で，どのように授業が展開していくのかをマトリックスで示していくものである。学習過程である三つの段階は以下のような内容を書くことになる。

① 第1段階：導入（前半の数分間，全時間の10〜15％位の時間を配当）

児童を本時の授業にスムーズに導くためには，興味や関心をもたせることが大切である。この導入の段階では，児童の学習へのきっかけとなる動機付けが必要である。その場合，意欲的に取り組みたくなるような教材の準備が求められる。また本時の内容やめあてなども，明確にする大切な段階である。ただし，この段階はあくまでもこれからの学習へのはじめの一歩であるので，多くの時間を配当しないように気をつける。

② 第2段階：展開（導入後の重要部分，全時間の70〜80％位の時間を配当）

導入段階で学習課題が明確になったところで，本時のメインの時間帯であり，学習課題解決への取り組みが活発になる段階である。学習者である児童が主体であることはもちろんだが，教師がどのような働きかけをするのか，その支援や教材教具の活用も注目される部分である。

③ 第3段階：整理（本時の最後部分，全時間の10〜15％位の時間を配当）

本時の総括の段階である。学習の展開の中で得られた知識や理解，技能をふり返り，全体的なまとめから学習の定着を図ったり，課題を確認したりする部

分である。また，次回までの課題の確認も含めた「次時の確認」も最後に忘れないように示しておくことが大切である。

なお，本時の展開における横軸の枠組みには，例えば①子どもの意識と学習活動－教師のかかわり，②児童の活動―教師のかかわり・留意点，③学習活動―子どもの意識の流れ―教師の働きかけ・評価，④学習活動と学習内容―指導上の留意点―資料などいろいろある。また，縦軸の枠組みについても「導入―展開―整理」だけでなく，「めあてをもつ／つかむ―見通す／深める―まとめる／生かす」など，学習者である児童を主体に，児童の立場からの書き方をするものも見られるようになった。各枠組み名にのっとって，適切な表現を工夫するとよいだろう。

(4) 本時の評価

本時の学習目標に対し達成できたかどうかを，具体的な視点で示す。本時のみの評価であるので，目標と同様，焦点を絞り簡略でわかりやすい表現で示すとよいだろう。

以下に時案例を示しておく。

1　**題材名**　食事の役割と調理の基礎
2　**題材設定の理由**

　成長段階にある児童たちの生活の中で，食に関する営みは重要である。すでに「食育」として，低学年から学校全体としての取り組みは行われてきたが，それらは主体性をもって総合的に学んでいるとはいいがたい。5年生になって学び始めた家庭科に対し，特に児童たちの関心が高いのは調理実習である。ところが，家庭での生活経験は必ずしも豊かではない。ましてや刃物や火など，危険を伴う調理経験は不十分である。

　一方，食生活に関する学習課題の一つに，食品の体内での働きや栄養素に関する学習がある。これらの学習は重要であるが，同時にいつも食べている食べ物や，食べる行為と結び付けてとらえられることが大切であると考える。そこで，知識と技能，さらにそれらが実践力として生きて働くものになるために，本題材を設定した。

　まず食べることの大切さについて考え，それを自分の力で作り出せるように，調理についても取り組ませたいと思う。調理の学習は，特に安全面や衛生面への十分な配

慮が求められるが，同時に食品や道具類の扱い方，ごみや燃料など環境問題とのかかわり，さらに段取りよく行うための時間管理やグループでの協力など総合的に学ぶことができる題材である。本題材を通し，食生活に関しての基礎基本を身に付け，実践力につなげてほしい。

3 題材の目標

(1) 食べ物や食べることに関心をもち，それらが自分たちの成長や，毎日の生活にどのような意味をもつのか，積極的に学ぼうとする。
(2) 学んだことを生かし，工夫して食べ物を選んだり，調理の工夫ができる。また自分なりに考えたアイデアを生かすことができる。
(3) 調理に関する基本的な技能（洗う，ゆでる，切る，計量する，片付けるなど）がマスターでき，実際に安全で，適切な調理ができる。
(4) 栄養素について知り，それらが食事を通して食品から得られることを理解できる。また調理に関する基礎・基本及びさまざまな約束事について理解できる。

4 指導計画（全12時間扱い）

第1次　なぜ食べるのだろう　　　　　3時間　　（本時　1／3）
第2次　食べ物の不思議　　　　　　　3時間
第3次　やってみよう初めての調理　　6時間

5 本時の指導

(1) 小題材名　　なぜ食べるのだろう
(2) 本時の目標

　　食生活に関心をもち，食べることについて，どのような意味があるのかに気づくことができる。また，食事や食べるものについて，現在の自分の生活と結び付けて考えようとする。

(3) 本時の展開

過程	学習内容	学習活動	教師の支援・指導上の留意点など
導入	お腹がすくこと，食べる行為への気づき 本時のめあて	・絵本からの感想を発表する。 ・食べないとどうなるのか，いつも自分は何を食べているのか，など食事について考える ・本時のめあてを確認する	・絵本『はらぺこあおむし』を読む ・感想を自由に発表させる ・児童にとっての食べることへの思いとつなげる ・本時のめあてを確認させる
	毎日の食事／よく食べるもの	・毎日何を食べているのか，思いつくものを食べ物カード（小紙片）に書いていく。 ・何を書いたのか発表する。	・よく食べる好きなもの，あるいは今朝何を食べてきたのかなど，児童が思いつきやすいものを発問し，何を食べているのか関心を高める工夫をする

展開		黒板にカードを貼る	・発表で出た食べ物を黒板に貼ってもらう（ここでは分類を意識せず，順番に貼らせる）その他発表で，出てこなかったものがあれば，カードを黒板に貼るように指示する
	給食の献立チェック 食べ物確認	・今日の給食で食べるものを給食献立表から確認する ・食べ物カードの枚数やどんな食べ物なのかを確認する ・沢山の種類や量の食べ物を食べていることに気づく	・給食の献立表からも確認できた食べ物を加える ・黒板に貼られた食べ物カードの数を確認させる
	食べることの意味	・食べなかったり，食べられなくなったらどうなるのかをグループや，近くにいる人と相談したりして考える（意見を発表する）	・発表などから出てきた沢山の食べ物が無くなったり，食べられなくなったらどうなるのか，想像を促して考えさせる ・意見がまとまったグループなどに発表させる
整理	本時のまとめ	・毎日何を食べているのかに気づき，食べることはどういうことかを自分のこととして考える	・飢餓で苦しんでいる様子の資料を見せたり，話をしたりして，食べられないとどうなるのかの現実を伝える ・毎日何を食べているのか改めて食べ物カードを確認し，食事への興味を導く
	次時の確認	・次までの課題などを確認する	・次時までの課題と授業予定を伝える

6 本時の評価

・食事に関心をもち，自分が食べているものに気づくことができたか

・自分の生活と結びつけて，食べものにはいろいろあることに気づけたか

・食べないとどうなるのか，食べるとはどういうことかなど食べることの意味について考えようとしていたか

＜引用及び参考文献＞

(1) 武藤八恵子「テキスト家庭科教育」家政教育社，2000, p.152
(2) 奈須正裕「学力が身に付く授業の技①教師という仕事と授業技術」ぎょうせい，2006, p.103
(3) 井上照子「家庭科の授業設計」家政教育社，1990, p.27

Ⅵ　施設・設備

§1　家庭教室（家庭科室）

家庭教室（家庭科室）の必要性　家庭科教育は，家庭生活に関する知識・技能の習得を通して家庭生活への理解を深め，家庭生活に対する主体的，実践的な態度を育成することを目指している。そのため家庭科学習においては，実践的，体験的な活動が中心となり，それらの学習活動を支える家庭教室（家庭科室）の設置，またそれら施設・設備の充実，整備が必要である。

　小学校の家庭科は，家庭生活に関する家族・食・衣・住生活等を基本に内容が構成されているが，例えば，食生活の学習にかかわる調理実習の実施に際しては，調理台，給排水設備，熱源，電源，調理器具，食器及び食器戸棚などが，衣生活に関する日常着の手入れの学習では洗濯のための給排水設備，電源，作業場及び干し場などの施設・設備を整える必要がある。また，布を用いた製作学習を行う場合には，それが可能な広さと材質を備えた裁縫机やミシンの設置及び保管のための空間が必要となる。また，住生活に関する快適な住まい方の学習においては，通風，採光，照明などの実験が可能な設備が必要である。

　このような家庭科における施設・設備の有無や充実の度合いは，児童の家庭科に対する意識，また学習への意欲等に大きな影響を及ぼすものである。

家庭教室の現状　学校における教室には，普通教室，特別教室，多目的教室があり，家庭教室は特別教室に含まれる。（特別教室は他に，理科教室，生活教室，音楽教室，図画工作教室，視聴覚教室，コンピュータ教室，図書室，特別活動室，教育相談室がある[1]）。

　一般的に小学校の家庭教室は１教室で衣食住に関する活動が実施できるよう工夫されているが，そのタイプとしては次のようなものがあげられる。

　① 流しやガス台を伴った調理台兼作業机を教室に固定して設置し，この台

を多目的に使用するタイプ。調理台の流しとガス台の部分に蓋板(ふたいた)が付いているので，これの開閉により多目的に使用できる。

② 教室の片側に調理台のセットを固定し，中央の空間に学習・作業机を配置しているタイプ。

③ 教室の両側または片側に流し台を設置し，中央に移動可能なガス台と学習・作業机を配置しているタイプ。

④ 教室の片側に流し台を設置し，中央に学習・作業机を配置しているタイプ。調理実習時にはコンロ等を準備する。

　以上4タイプを示したが，それぞれには長所・短所がある。固定した調理台兼作業机を設置している場合には，調理実習以外の他の学習活動を行う上で児童の活動上支障の出ることがある。一方，中央部に空間があると多様な活動がしやすいという利点はあるが，調理実習時には設備が側面に設置されているため，児童の活動の様子が見えにくくなる。さらに，流しとコンロが離れて設置されている場合には，実習への能率化や安全性を欠くという欠点が出てくる。

　1教室の中で多様な学習活動を行わせようとすると上記にあげたさまざまな問題点が生じるが，家庭科教室の中でどのような活動や環境を重視するのか，そのためにぜひとも確保しなければならない施設・設備やそれらのスペース及び配置については各学校が主体的に検討する必要がある。また，現在多くの学校に設置されている多目的教室も家庭科の学習内容に応じて有効に活用していくことが望まれる。

　次に家庭教室の例を示す。図Ⅵ－1は福島市立御山小学校（学級数21，児童数599）の家庭科室である。図面に見るとおり，この学校では6台の固定された調理台兼作業机が設置されており，前述したタイプのうち①のタイプにあてはまる。また，家庭科室に隣接して家庭科準備室が設置されており，さまざまな設備品が準備室にも収納されている。

　図Ⅵ－1に示すように，視聴覚機器のテレビ及び映写用のスクリーンが天井からつり下げる形で設置され，またビデオデッキが備えられているため，家庭科室の中でビデオやOHP等を使った授業が容易に行えるよう設備されている。

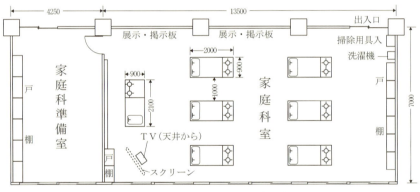

図Ⅵ-1 福島市立御山小学校の家庭科室
（写真　右上：前方部，左下：後方部）

　調理台兼作業机を見ると，従来は児童の足（ひざ）が入らない台が多く設置され，姿勢が悪くなるという問題が指摘されていたが，この学校ではその点が改良された台が設置されている。また台の上部の面積は90×200cmと比較的広く，作業がしやすい大きさを有している。元家庭科担当の中村由里子教諭による当教室を使用した感想では，長所としては，児童にとって台が使いやすいこと，ビデオ，OHP等が使用しやすいこと，戸棚や壁など白色を基調にしているので清潔感があること，天井に換気扇が設置されているので，閉めきった状態

でも換気がしやすいこと，準備室も含めて戸棚が多く設備品の収納がしやすいことなどがあげられている。また短所としては，家庭科室の側面が校庭に面しており，風の強い時は砂ぼこりが多くなることが問題点としてあげられている。

なお，文部科学省は2007（平成19）年7月に小学校施設整備指針を改正し，家庭教室（家庭科室）の整備について以下の点を示した[2]。

(1) 編成する集団の数，規模等に応じ，設備，機器等を必要な間隔で適切に配置することのできるような面積，形状等を計画することが重要である。
(2) 教材・教具の収納空間を児童の動作空間とともに配置することのできる空間を確保することが重要である。
(3) 2室計画する場合には，総合的な利用も考慮しつつ，実習内容に応じ，分化させることも有効である。
(4) 食物に係る実習のための空間については，会食用机を配置することのできる空間を設けることも有効である。
(5) 被服に係る実習のための空間については，作品を展示する空間を確保し，必要に応じ，住居に係る学習を行うことのできる空間を確保することが望ましい。
(6) 必要に応じ被服に係る実習における製作途中の作品等を一時的に保管することのできる空間を準備室内等に設けることが望ましい。

§2　施設・設備の管理

教材整備　教材とは，教育学上は教育の素材，すなわち教育内容そのものと考えられているが，文部科学省の「教材整備」で示されている教材とは，教育内容を具象化した物品あるいは教育効果を高めるための教材器具等の有体物を指すもの[3]ととらえられる。

学校における教材の現状を明らかにし，その整備についての具体的な計画を立てることは教育行政上重要である。1967（昭和42）年には，学校に基本的に必要とされる教材（国庫負担の対象とする教材）の品目及び数量を示すものとして，「教材基準」が定められた。この「教材基準」は，1978（昭和53）年

度に，学校において標準的に必要とされる教材として改訂され，品目及び数量が充実された。その後，1985（昭和60）年度には教材費の国庫負担が廃止され一般財源化されたことにより，1991（平成3）年に，「教材基準」から「標準教材品目」と修正された。これは，従来の「教材基準」が国庫負担により整備すべき教材を示したものであったのに対し，教材を整備する際の参考基準という位置づけに改められたものであった。これにより，1991（平成3）年度から2000（平成12）年度までの10年間で地方交付税により総額約8億円が措置され，学校や地域の実情に応じた教材の整備が進められた（文部省「国の補助金等の整理及び合理化並びに臨時特例等に関する法律等の施行について」及び「公立義務教育諸学校の教材費の地方一般財源化について（通知），昭和60年）。

　この後，1998（平成10）年度の学習指導要領改訂では，各学校が特色ある教育課程を編成するなどの自主的・自律的な学校運営の必要性が提起されるようになり，文部科学省は省内に「義務教育諸学校における標準教材品目の在り方等に関する調査研究協力者会議」を設置し，「これからの義務教育諸学校の教材整備の在り方について」検討を行った。その最終報告書は2001（平成13）年11月にまとめられ，各都道府県教育委員会に通知された。報告書中，「2．これからの教材整備の在り方について」の中には次のような考え方が示されている。

- ○ これからの教材整備においては，自主的・自律的な学校運営という観点に十分留意することが必要であり，例えば，市販教材を使用するだけでなく，教員自らの創意工夫により開発・製作した，いわゆる「手作り教材」を授業に取り入れることなどを考慮することも必要である。このため，各学校が地域の状況等に応じて教材を選択し，整備できるよう，各学校の自主的選択，裁量の拡大の促進を図ることが必要である。
- ○ 今後の教材整備が，「生きる力」を育成するため，児童生徒の学習理解を助けるという視点を重視して進められるよう，各教材の機能的な側面に着目して分類・整理することを促すとともに，児童生徒が自分たちの学習のために教材を使うという観点（発表する，実際に使う，体験するなど）に，各学校が十分に配慮していくことを促すようにすることが適当である。

以上を踏まえ,「今後,より一層,各学校の自主的選択,裁量の拡大を促進していくためには,現行の標準教材品目のように標準的な品目を列挙して数量標準を示すのでなく,各学校の教材整備が教職員の共通理解の下に,より弾力的かつ効果的に進められるよう,各教材の機能的な側面に着目して分類・整理し,各学校が教材を選択し整備する際の留意点を示した参考資料とすることが望まれる。」とし,「教材機能別分類表」(p.226参照) が新たに提示された。

机・いすの設備　家庭教室に備える設備のうち,机については学習机や調理台兼作業机がある。これらの寸法は,日本工業規格(JIS) によるが,普通教室用机・いすについては1952(昭和27)年に制定され,これまでに7回の改正が行われた。現在使用されている机・いすの寸法は1999(平成11)年に改正されたものであり,1966(昭和41)年以来一律40×60cmであった机の奥行きと幅が広げられ,奥行きは,45,50cm,幅は,60,65,70,75cmとなった。各学校では,児童の実態に合わせてこれらを組み合わせたサイズを選択できるようになっている。これは,パソコンの使用,教科書の大判化など教材の多様化を考慮して行われたものである。なお,2004(平成16)年には,ホルムアルデヒドの低減化を図るためのJISの改正が行われた。

現在多くの家庭科室に設置されている調理台兼作業机は,図Ⅵ-2のように調理台を主体とした実習台であるが,(A)及び(B)の部分のふたをとじることにより作業机として利用できる。寸法はJIS規格に基づき定められていたが,1999(平成11)年の規制緩和の流れから学校用家具・家庭科用調理実習台等のJIS規格は廃止された。それにより今後は学校ごとに特色ある設備が設置されるものと予想される。

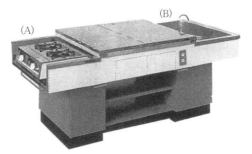

図Ⅵ-2　調理台兼作業机の例
(幅…1800㎜,奥行…900㎜,高さ…750㎜)

施設・設備の管理　家庭科担当者は，家庭科に関する施設・設備を最大限有効に活用するために，その管理を徹底する必要がある。教室の破損，漏電，漏水，ガス漏れなどを常に点検し，資料や教具にも目配りをして必要があれば修理，補充を行うようにする。また，種々の物品の収納については，各学校に応じた方法を工夫する必要があるが，収納場所をわかりやすくすること，数量などを常に確認しておくことなどが重要である。さらに，危険を伴う用具の管理には細心の注意をはらう必要がある。包丁や裁ちばさみは，管理の仕方によって使いやすさに影響が出るため，使用後の手入れには十分注意する。

　以上のことは，教師一人が行うものではなく，使用のたびに児童にも徹底させ，管理の重要性を自覚させることも大切である。なお，備品の管理に関しては，備品台帳を作り，品名，購入年月日，数量，価格，経費の種類，分類番号等を記載しておく。使用に耐えなくなったものは廃棄の手続をとるようにする。これらは，コンピューターを活用して行うとよいであろう。

問題点と今後の課題　家庭科は教科の性格上，実習，実験，製作などの実践的活動を伴うため，それらが円滑に行えるための施設・設備の整備及び管理が重要である。しかし，いまだに家庭科室すらない学校，また家庭科室はあっても老朽化していたり，設備が不備であったり，管理上に問題のある学校などが存在する。これらは，責任をもって家庭科を担当する者が不在であるために家庭科室に目を向ける者がいない場合や，学級担任の担当するケースが増えている中で，専科担当者のように家庭科室の管理等が徹底できていない場合などがある。家庭科室の管理等については，教師がすべてを行おうとするのではなく，児童とともにその在り方を考えていくことが必要である。その際，明るく清潔感のある家庭科室作りの観点も忘れてはならない。このような家庭科室の管理や整備に関して児童からアイディアを出させることで，児童自身が家庭科や家庭科室への関心を高め，また設備や備品を大切に扱う態度を養うことができるであろう。

　なお，家庭科室における家庭用電気機器の保有状況の調査（岩手県の場合）

によると，小学校において数が不足している機器としては電動ミシンが圧倒的に多く（60％），その不足数の内訳は，2～5台が16校，6～10台が13校，11台以上が5校でみられたことが報告されている[4]。布を使った製作学習は児童の興味の度合いや技能に差があり，学習指導状況の在り様がその後の学習意欲に影響を及ぼすものである。そのため，学習指導に欠かせないこれら設備等の点検を常に行い，充実に向けた対応策を講じる必要がある。

＜引用及び参考文献＞
(1) 義務教育諸学校施設費国庫負担法施行令，2007改正，第三条
(2) 文部科学省大臣官房文教政策企画部「小学校施設整備指針」，第4章 各室計画 家庭教室，2007
(3) 古村澄一「新しい教材基準―その解説と運用―」ぎょうせい，1979，p. 1，pp. 79-86
(4) 天木桂子「家庭科室における家庭用電気機器の保有状況とそれに対する 教師の意識―岩手県の小・中・高等学校の場合」日本家庭科教育学会誌 40-3，1997，pp. 64-65

Ⅶ 評　　価

§1　評価の意義

　指導と評価は表裏一体といわれているように，授業を行った場合必ず評価をすることが要求される。知識や技能の到達状況を細かく評価し，それに応じた指導を心がけなければならない。また，関心・意欲の状況，態度の形成，思考の深まり，問題の発見や解決の仕方など，さまざまな側面から評価し，児童にフィードバックしなければならない。

　評価の意義[1]について学習者，教師の側からまとめる。

学習者にとっては，

① 学習のペースメーカーとなる。外的な評価のスケジュールに合わせる形で学習の積み重ねが可能となる。

② 自己認識の機会となる。外側からテストされ成績をつけられることによって，自分というものの強みと弱みがいろいろな形で見えてくる。

③ 価値の方向に気づく。どのような問題が出され，どのような配点がなされているかで，その教科の学習に対して教師が何をどの程度に重視しているか伝わってくる。

教師にとっては，

① 指導の対象を理解する。評価することによって，学習者の実態を知り，理解する手がかりを得る。

② 教育目標の実現状況を確認し，その十分な実現に向け新たな手だてを考える。

　アトキンソン（Atkinson, J. W.）の達成動機の研究では，何かをやりたいという気持ちを持ったとき（欲求・動機）に，それを最後までやりぬこうとするか否かは，成功したい気持ちと失敗を恐れる気持ちとの相対的な強さによって決定される。所定の課題へのやる気を持っていたとしても，課題の成功失敗の見

通しの持ち方によって，やり抜こうとする動機づけの強さは異なってくる[2]ことが報告されている。したがって，指導する時は成功するだろうという見通しを児童にもたせる動機づけが必要であり，このことは教師の指導の評価結果に現れてくる。

§2 評価の種類

評価者による分類　だれが評価するかにより，教師による評価と学習者による評価に分類できる[3]。

(1) 教師による評価

① 絶対評価

学校の教育目標，学年や教科の到達目標など前もって評価基準が決まっており，それに準拠して評価がなされる。習熟度別の指導などは，ゴールが決められているため個々の児童の進捗状況に応じた指導がしやすい。また，他の児童と比較して相対的な位置づけではなく，その目標に自分がどこまで到達できているかが明らかになる。教師が指導の成果を確認し，指導法や指導計画を修正するのに役立ち，児童が自らの学習を点検・反省し，学習意欲を喚起するのに役立つという長所がある。

② 相対評価

学級，学年などの集団の中で児童がどのような位置を占めているか，平均を基準にして評価がされる。教師の主観に左右されずに客観的に評価できるという長所がある。しかし，集団全体の成績が向上した場合，個人の向上が評価に現れないという短所がある。そのため，集団が一定していないと評価の意味がなくなり，学校差，地域差などの問題が出てくる。

③ 個人内評価

児童一人ひとりについてどの点が優れ，どの点が劣っているとか，個人の過去の成績と比較してどのように変化したかという基準で評価する。個人の中に基準が見いだされる。一人ひとりを生かす指導の場合や個人の特徴を把握しようという診断的評価には適している。

このように，それぞれの評価には長所・短所があるので，目的に応じた評価法を選ばなければならない。

(2) 学習者による評価

① 自己評価

自己評価は自分自身の振り返りの機会となる。自分自身を把握・理解したうえで判断し，行動し，生活していくことは，人間としての特性である。また，自分を分析し，多面的な自己理解にもつながる。自己評価を上手に活用できれば，効力観や達成感，自信などの肯定的な自己感情を育てていくことができ，次のステップへの意欲が出てくる。

② 相互評価

学習者同士でお互いに気づいたことを言い合い，話し合って行くことは，学習活動でもあり評価活動にもなる。家庭科で実習した調理の，味付けや盛りつけ，協力状況などについて意見を出し合うことは，多様な物の見方や考え方を学んでいくことができる。一方，教師の側も新しい見方を見いだすことにつながる。これは，指導のプロセスの中での評価に取り入れていくとよい。

評価時期による分類 　指導の流れの中でどの時期に評価するかにより，診断的評価，形成的評価，総括的評価がある（図Ⅶ-1）。

(1) 診断的評価

児童が学習するのに必要な状況が準備されているかどうかを明らかにすることを目的としている。学年や学期始めに指導計画を立てるための情報を得るためと，単元の指導過程の中で単元の事前評価として行われる場合がある。

(2) 形成的評価

単元や授業の展開の中で児童の学習状況をチェックし，その結果をフィードバックして学習過程の改善に生かすことを目的とする。一つのまとまった内容を指導している途中で，何回か評価の場を設定し，その単元の目標（この単元が終わったら習得できる力や気づきなどの願い）が，指導の途中でどこまで実現したかを判断する。児童の学習が未習得の場合は，個別的な補充指導をする必要がある。

(3) 総括的評価

学習の成果をまとめて評価する目的で単元末，学期末，学年末に行われる。単元末に行われる総括的評価は，指導計画の反省・改善のためや補充指導をするための診断的評価の目的

総括的評価	診断的評価	形成的評価	総括的評価	総括的評価	総括的評価
学年・学期始めの評価	＜単元の指導過程＞			学期末の評価	学年末の評価
	事前の評価	途中の評価	事後の評価		
知能・適性・学力・性格の標準検査	前提条件テストなど			中間・期末テスト、通信簿など	学年末テスト、標準学力検査、指導要録など

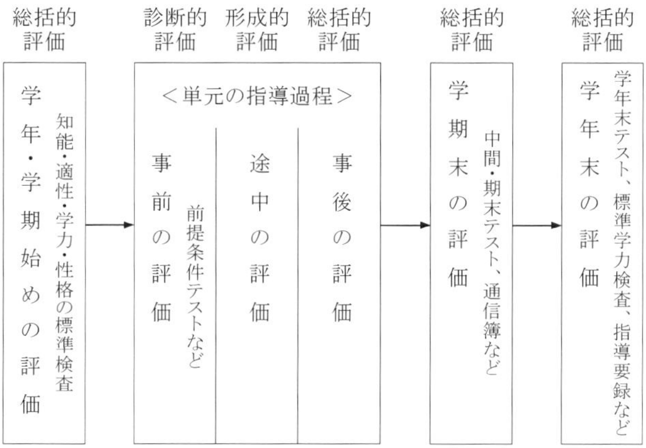

図Ⅶ－1　評価時期による分類
北尾倫彦，金子守「観点別評価ハンドブック　小学校編」
図書文化（2003），p.178による

もある。一方，学期末や学年末での総括的評価は指導法の改善やカリキュラムの改善という目的もあるが，通信簿や指導要録に記入するための資料収集の目的もある。

§3　評価の方法

規準と基準　　評価規準や評価基準という言葉があるが，その違いについてまとめる[4]。「何を評価するのか」という質的な判断のわくとしては，教育目標を評価目的により具体化した目標や行動を「規準

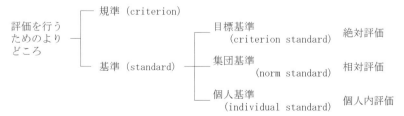

図Ⅶ－2　規準と基準
北尾倫彦，金子守「観点別評価ハンドブック　小学校編」図書文化（2003），p.176による

(criterion)」という。「どの程度であるか」という量的・尺度的な判定解釈の根拠を「基準（standard）」という。目標基準は，「目標をどの程度実現しているか（目標に対してどの程度まで学習が達しているか）」というレベルが，事前に設定される。これに対して，集団基準は，集団の代表値とそこからの距離で，集団における位置をみることになる。

評価の観点とその趣旨　2000（平成12）年に出された教育課程審議会の答申で，観点別学習状況を評価の基本にすることが明記された。観点別評価が重視された理由は，以下のとおりである[5]。第1には，学習の成果を全体的にとらえるには，複数の観点から評価する必要がある。第2には，自ら学び自ら考える力を育成しようという学校教育を実現するには，意欲や思考力などを重視した評価を行う必要がある。第3には，学習のプロセスを重視し，指導と評価の一体化を図るためには観点別評価が重視される必要がある。

評価の観点は1948（昭和23）年には小学校学籍簿に目標として示され，その後，1955（昭和30）年の指導要録に所見として技能，理解，実践的な態度が示された。1980（昭和55）年になると，

表Ⅶ-1　評価の観点の変遷

1948（昭和23）年
（小学校学籍簿について） （昭和23年11月学校教育局長より通達） 理解 態度 技能
1955（昭和30）年
技能 理解 実践的な態度
1961（昭和36）年
技能 知識・理解 実践的な態度
1971（昭和46）年
技能 知識・理解 実践的な態度
1980（昭和55）年
知識・理解 技能 家庭生活に対する関心・態度
1991（平成3）年
家庭生活への関心・欲・態度 生活を創意工夫する能力 生活の技能 家庭生活についての知識・理解
2001（平成13）年
家庭生活への関心・意欲・態度 生活を創意工夫する能力 生活の技能 家庭生活についての知識・理解

日本家庭科教育学会「家庭科教育50年—新たなる軌跡に向けて—」建帛社（2000）による

知識・理解が上位に設定されていたが，1991（平成3）年には家庭生活への関心・意欲・態度が上位に設定され，四つの観点が示された（表Ⅶ－1）。これは，学習指導要領の趣旨と関連しており，学校教育に求められる課題や考え方がその背景にある。

文部科学省は評価の観点を次のようにまとめている[6]。

(1)　「家庭生活への関心・意欲・態度」

家庭生活への関心を高めるとともに，その充実向上を図ろうとする実践的な態度の育成を目標としていることと関連したものである。その趣旨は，衣食住や家族の生活に関心をもち，家族の一員として，家庭生活をよりよくするために進んで実践しようとする態度を育成しようとするものである。家庭生活にどれだけ関心をもつことができたか，自分の生活とのかかわりから生活という視点で家庭生活を見ることができているか，衣食住などに関する仕事に進んで取り組もうとしているか，家族の一員として家庭生活に協力しようとしているかなどについて評価する。

(2)　「生活を創意工夫する能力」

家庭生活について見直し，身近な生活の課題を見つけ，家庭科で学習した知識や技能などをもとに考え工夫して，自分なりに解決を図る能力を育成しようとするものである。自分の生活とのかかわりから家庭生活を見直しているか，習得した知識や技能をもとに考えたり工夫したりしているかなどについて評価する。なお，製作や調理については，学習結果に見られる創意工夫とともに，その過程での子どもの思考や工夫についても評価していくようにする。

(3)　「生活の技能」

生活的な自立を目指し，家庭生活に必要な基礎的な技能の習得をねらいとしていることと関連したものである。その趣旨は，衣食住や家族の生活に必要な基礎的な技能を身に付け，自分の身の回りのことを処理して生活することができる能力を育成しようとするものである。衣食住などの生活に必要な基礎的な技能が身に付いているか，自分の生活に活用できるような力として身に付けることができたかなどについて評価する。

表Ⅶ-2 評価の観点・趣旨

(1) 評価の観点及びその趣旨

観　点	趣　　旨
家庭生活への関心・意欲・態度	衣食住や家族の生活について関心をもち，家庭生活をよりよくするために進んで実践しようとする。
生活を創意工夫する能力	家庭生活について見直し，身近な生活の課題を見付け，その解決を目指して考え自分なりに工夫する。
生活の技能	衣食住や家族の生活に必要な基礎的な技能を身に付けている。
家庭生活についての知識・理解	衣食住や家族の生活に関する基礎的な事項について理解している。

(2) 学年別評価の観点の趣旨

観点／学年	第5学年及び第6学年
家庭生活への関心・意欲・態度	衣食住や家族の生活について関心をもち，家族の一員として，家庭生活をよりよくするために進んで取り組み実践しようとする。
生活を創意工夫する能力	衣食住や家族の生活について見直し，課題を見付け，その解決を目指して，家庭生活をよりよくするために考えたり自分なりに工夫したりする。
生活の技能	生活的な自立の基礎として必要な衣食住や家族の生活に関する基礎的な技能を身に付けている。
家庭生活についての知識・理解	家庭生活を支えているものや大切さを理解し，衣食住や家族の生活に関する基礎的な知識を身に付けている。

(4) 「家庭生活についての知識・理解」

　家庭生活を中心とした生活に必要な基礎的な知識の習得と家族や家庭生活についての理解をねらいとしていることと関連したものである。その趣旨は，衣食住や家族の生活に関する基礎的な事項についての理解を図ろうとするものである。家庭生活を構成している要素を知りその成り立ちや意味についての理解ができているか，衣食住や家族の生活に関して望ましい生活の仕方が理解されているかなどについて評価する。

評価方法と用具　　(1) 関心・意欲・態度の評価

　家庭科における関心・意欲・態度には，家庭生活に積極的にかかわろうとする意識，実践的態度，仕事を創意工夫する態度，仕事を計画的・能率的に行おうとする態度などがある。科学性，思考性，創造性などの知的な面や積極性，実践性，習慣づけなどの行動的な面を評価する。具体的方法として，観察法，面接法，質問紙法，ゲス・フー・テスト，問題場面テスト，

Ⅶ 評　価　181

逸話記録法，日記，感想文などがある。また，児童の自己評価や相互評価を併用して評価することにより，教師のみの評価だけより信頼性に富む。

①ゲス・フー・テストは，児童の行動や能力を評価するのに，その児童を知っている仲間同士で事柄について該当する者の名前を挙げ，数量化し，集団内の個人の位置を知る方法である。

(例) 次のことにあてはまると思う人をクラスの中から選んで書きなさい。
　　・調理実習の時，最後まで後かたづけをした人はだれですか。

②ＳＤ法は，相反する概念語を提示して価値観，態度，興味などを表現させる方法である。

(例) 家庭科の授業

③問題場面テストは，ある一場面のできごとを設定して，その問題を解決する能力を判断する方法である。

(例) 祖母が入院したので，母がお見舞に出かけることになった。母が２日間留守にするので心配である。わたしたちにできることはどんなことがあるだろうか。

(2)　生活を創意工夫する能力の評価

生活を創意工夫する能力は，問題解決能力，課題解決能力，意思決定能力，思考力，判断力，創造的能力とかかわりをもつ概念である。これらの能力概念は，互いにかかわりをもちながらそれぞれ独自性をもつ概念である。問題解決能力の育成には，ブレーンストーミングやディベートを行うことにより，さまざまな価値観にふれることができ，問題解決の視点を広げることができる。

①　観察記録法　　机間指導をしながら作業中の児童の工夫や試行錯誤の様子をメモし，評価の資料とする。

②　チェック・リスト法　　観点を決め，行動特質があるかないか，できているかいないかなど２方向の基準をもとに，チェックする方法である。短時間に処理ができ記録も容易であるが，断片的であるため個人がもつ特性

の因果関係を見落としやすい。
(3) 技能の評価

　実践的な活動を通して，衣食住などに関する技能を身につけさせることが家庭科の特質でもある。技能習得の過程は，模倣を出発点とし反復練習により正確さが加わり，習慣化とともに熟練度が増してくる。家庭科では単に技能を身につけるだけでなく，仕事に対する理解を深めたり，仕事の仕方を工夫したりして，生活の場に活用できるような能力を習得させる必要がある。したがって，完成した作品や仕事の結果の評価のみでなく，指導過程における評価も重要である。そこで，技能を評価するには技術・技能に関する，①知識・理解の側面からの評価，②技能行動の熟練度・正確さ・迅速さなどの側面からの評価，③技術や技能を使用して製作した作品からの評価，など総合的に判断することが必要である。

　①知識・理解の評価は，論文体テストや客観テストなどを使用して評価できる。

　②技能行動の評価は，チェック・リスト法，評定尺度法，逸話記録法，観察法などを使用して評価できる。技能を評価するということは，現実に作業や製作をしている場面や製作した作品を観察することによって，熟練度や正確さを評価する。また，包丁の使い方や切り方，手縫いの基礎的技能など簡単な実技テストを実施することにより，習熟度や定着度を測定することもできる。

　③作品の評価は，チェック・リスト法，評定尺度法，一対比較法，等現間隔法，序列法などを用いるとよい。また，児童の自己評価や相互評価も参考にするとよい。

(a) 評定法は，観察に基づいて個人の特質を相対的・数量的に表そうとする方法で記述評定尺度法，図式評定尺度法，点数式評定尺度法の3種類がある。
　・点数式評定尺度法は，5,4,3,2,1,やA,B,C,D,Eのように示す方法である。
　　(例) 生活に役立つもののデザインの決め方
　　　　A（とても工夫している）　B（工夫している）　C（ふつう）

D（工夫が足りない）　　E（工夫していない）
(b)　一対比較法は，一つ一つの作品を他の作品と比較して序列を決める方法である。〔n(n－1)/2〕回比較しなければならないので，対象が多すぎると面倒である。これを簡略化したのが序列法や等現間隔法である。
(c)　等現間隔法は，全作品の中から上・中・下という等間隔に位置する作品を5枚あるいは7枚を見本として抽出し，残りの作品をそれらと比較しながら順位をつける方法である。
　評価に際しては個人や作品のもつ全体的印象や先入観によって判断をゆがめる光背効果（ハロー効果）や熟知しているものに対して有利な評定を与えてしまう寛大効果などが介入しやすい。技能や作品を評価する場合は表面的・形式的な評価にならないように方法を十分研究することが望ましい。

(4)　知識・理解の評価
　ブルームの教育目標の分類学によると，認知的領域の中には知識，理解，思考などがある。これらは，学力の中核をなすものであり，評価方法として口述試験と筆記試験の2方法に大別できる。いわゆるペーパーテストにはさまざまな形式がある。
　①論文体テストは，「……について述べなさい」「……について説明しなさい」などのように，文章で論述する方法である。問題作成は比較的容易であるが，客観性に欠けるので，採点の基準を明確にしておく必要がある。
　②客観テストは，問題作成には配慮が必要であるが，採点は容易であり客観的に評価できる。例えば単純再生法，完成法，訂正法，真偽法，多肢選択法，選択完成法，組み合わせ法，序列法などがある。
(a)　完成法は，文章の中の空所を文脈から考えて正しい語句や数字などでうめさせる方法である。
　(例)　次の文の（　）の中に適当なことばを入れなさい。
　　　　米を炊くときの水の分量は米の体積の（　　）倍で，浸漬時間は（　　）分以上おくとよい。
(b)　訂正法は，文章中に誤った部分を設け，訂正させる方法である。

(例) 次の文章で誤っている箇所に下線を引き，正しい言葉を（　）中に書きなさい。
　　緑黄色野菜は油を使って調理すると，ビタミンB_1の吸収がよくなる。
　　　（　　　　　）

(c)　真偽法は，諾否法ともいい，多数の問題をテストすることができ，広い範囲の学習内容の理解度を評価することができる。しかし，正解の偶然性や不まじめな回答をすることもあるので，留意する必要がある。

(例) 次の文章で，正しいものに○，正しくないものに×をつけなさい。
・毛糸のセーターを洗濯するには，アルカリ性洗剤を使う。（　　）
・洗剤をたくさん使用すると汚れがよく落ちる。（　　）

評価結果の記録と通知　教育評価の管理的機能として，記録や選抜などがある。我が国の学校における公的な記録は学籍簿と呼ばれていたが，戦後，1949（昭和24）年に指導要録と呼ばれるようになった。また，学校と家庭との連絡をするために通知表（通信簿）が用いられている。

2001（平成13）年4月に小学校児童指導要録が改訂された（p.224参照）。「学籍に関する記録」と「指導に関する記録」に分けられ，「各教科の学習記録」は，「Ⅰ観点別学習記録」と「Ⅱ評定」を記載する。その他，総合的な学習の時間の記録，特別活動の記録，行動の記録，総合所見及び指導上参考となる諸事項，出欠の記録などの記載事項がある。

家庭科の「観点別学習状況」の評価は，学習指導要領の目標に照らして，「十分満足できると判断されるもの」をA，「おおむね満足できると判断されるもの」をB，「努力を要すると判断されるもの」をCとする。「評定」は，低学年では廃止し，3学年以上では「十分満足できると判断されるもの」を3とし，「おおむね満足できると判断されるもの」を2とし，「努力を要すると判断されるもの」を1とする3段階で評価する。

評価は教育活動において責任の思い教師の仕事であり，子どもや保護者に伝えられ，その結果が一喜一憂される。そのためにも，評価がどのような考えの下で行われ，どのような方法で行われたかを明らかにしておかなければならない。評価のための評価に終わらせることなく，指導の改善に生かす評価でなけ

ればならない。

＜引用及び参考文献＞
(1) 梶田叡一「教育評価―学びと育ちの確かめ―」放送大学教育振興会，2003，pp. 12-20
(2) 下山剛編「児童期の発達と学習」，学芸図書，1991，pp. 48-50
(3) 多々納道子，福田公子「教育実践力をつける家庭科教育法」大学教育出版，2005，pp. 37-38
(4) 北尾倫彦，金子守「観点別評価ハンドブック―目標準拠評価の手順　小学校編」図書文化，2003，p. 176
(5) 前掲(4)，pp. 8-9
(6) 文部科学省「初等教育資料」東洋館出版社，平成14年11月号，No. 761，pp. 49-50

Ⅷ 家庭科担当教師

§1 教師の資質

教師の資質とは 　家庭科担当教師を含め，教師として必要な資質とは何か。教育の中心的目的は，人間形成である。子ども一人ひとりが目指す人間像に向かって成長を続け，人として成熟できるよう，教師はその責任を担う必要がある。

ドイツの教育哲学者ヘルバルトは，「活力に欠けた精神の持ち主は有徳の人になりえない」とし，そこから高久は「活力にあふれた精神の持ち主」が教師にふさわしいと定義している[1]。

ユネスコ・ILOの「教師の地位に関する勧告（1966）」では，教職をプロフェッションとしてとらえ，教員の責任として，「すべての教員は，専門職としての地位が教員自身に大きくかかわっていることを認識し，そのすべての専門職活動の中で最高の水準を達成するよう努力しなければならない」（第70項）と述べている[2]。

米国では，カーネギー財団・教職の専門性に関する委員会レポート『備えある国家（1986）』（A Nation Prepared）において，目標とされている教師像は，高度な技能をもったプロフェッションであり，その中核的な特質として，教育実践における決定権と自律性（discretion and autonomy）があげられた。その後，カーネギーレポートから発展して，「専門的教授基準のための全米委員会」の基準大綱がつくられ，教師に求められる力量と倫理が提言として示された。稲垣他は，5項目からなる提言を以下のように紹介している[3]。

提言1．子どもと子どもの学習への責任

「教師は子どもたちと彼らの学習について責任をおって」おり，「子どもの一人一人のちがい，個性を理解し，自らの実践と対応させること」，「子どもの発達と学習について理解すること」が必要であり，教師は，知的能力を発展さ

せることだけにとどまらず，より広い役割をもっていることとされる。

提言2．教材の把握

　教師は，教える内容とその内容をどのように教えるのかを知っていることはもちろんのこと，「教科の知識がどのように創造され，組織され，他の学問分野とどのようにつながっているか理解していること」が必要とされている。また，教師はどのように「教科を子ども達に伝えるかについての専門的な知識を駆使できること，知識に到達するための複数の道筋をつくりだすこと」が重要とされている。

提言3．学習の指導方法

　教師は，子どもの学習の運営，指導について責任をおっている。「子どもたちの目的に適合した複数の方法をもとめること」，「集団的な学習の場で，個別的な学習に配慮すること」，子ども自身の学習への取り組みを優先すること，定期的に子どもの進歩を評価すること，そして教師は，主要な目的を把握し，こまかな点にとらわれないことが必要であるとされている。

提言4．教師自身の研鑽(けんさん)

　教師自身が，自らの実践について，系統的に考察を加え経験から学ぶこと，常に困難な選択を行い，その判断を検討すること，自己の実践の改善のために他者の助言を求め，教育研究と学問の成果を活用することが必要である。

提言5．協同的実践の促進

　教師は，学習共同体のメンバーであり，他の専門家と協同することによって，学習の効果を高めることに貢献することが求められ，さらに親との協同，地域の物的，人的資源の活用をすることが必要である。

　以上，人間形成に大きく寄与する教師として，専門性を向上させる努力をする必要性が述べられている。現代の日本においても求められる資質といえよう。

これからの教師に求められる資質とは　1990年代後半から日本においても，科学技術の進歩，情報化，国際化，少子高齢化，核家族化，価値観の多様化等，社会の変化が学校教育にも大きな影響を及ぼすようになってきた。子どもの基本的生活習慣の乱れや学ぶ意欲，体

力，社会性の低下等がみられ，いじめ・校内暴力等の問題行動が課題として持ち上がってきたのである。そこで，質の高い教員の確保が急務とされ，求められる教師の資質が明確化されることになった。

(1) 教育職員養成審議会答申

1997（平成9）年7月，教育職員養成審議会「新たな時代に向けた教員養成の改善方策について（第1次答申）」[4]では，『いつの時代も教師に求められる資質能力』として，教育者としての使命感，人間の成長・発達についての深い理解，幼児・児童・生徒に対する教育的愛情，教科等に関する専門的知識，広く豊かな教養，そしてこれらに基づく実践的指導力が必要であると述べられている。加えて，『今後特に求められる資質能力』として①国際社会で必要とされる豊かな人間性をもった，地球的視野に立って行動するための資質能力，②課題解決能力等，変化の時代を生きる社会人に求められる資質能力，③教職への愛情等，教員の職務から必然的に求められる資質能力が必要であるとされた。教育には「不易と流行」があるとされているが，急激に変化する社会に即したこれからの教師に必要とされる資質能力であり，また必要とされる教育内容ともいえよう。

(2) 教育基本法・学校教育法の改訂，教員免許更新制の導入

21世紀に入り，21世紀を生きる子どもたちの教育の充実を図るため，2006（平成18）年12月，教育基本法が約60年ぶりに改訂された。知・徳・体の調和がとれ，生涯にわたって自己実現を目指す自立した人間の育成をうたっている。第9条では，教員の使命や職責，待遇の適正等に加え，教員の養成の研修の充実等について新たに規定している[5]。

次いで，2007（平成19）年学校教育法が改訂され，義務教育の目標の新設等がなされた。

また，教育職員免許法及び教育公務員特例法の一部が改訂され，その時々で教師として必要な資質能力が保持されるよう，定期的に最新の知識技能の習得を図り，教師が自信と誇りをもって教壇に立ち，社会の尊敬と信頼を得ることを目指して，2009（平成21）年4月より教員免許更新制が導入されること

になった。教員免許状には10年の有効期間が定められ，有効期間の更新のためには，30時間以上の免許状更新講習の受講と修了認定が必要となった。講習内容は，教育の最新事情に関する事項を12時間以上，教科指導，生徒指導その他教育内容の充実に関する事項を18時間以上となっており，2008（平成20）年度から予備講習が開始されている。

（3）中央教育審議会答申，学習指導要領の改訂

2008（平成20）年1月，中央教育審議会より「幼稚園，小学校，中学校，高等学校及び特別支援学校の学習指導要領等の改善について」答申が出され，3月には，答申を踏まえ，小学校・中学校学習指導要領が改訂された。答申では，1998（平成10）年公示の学習指導要領に引き続き，確かな学力，豊かな心，健やかな体の調和を重視する「生きる力」をはぐくむことをめざし，知・徳・体のバランスとともに，基礎的・基本的な知識・技能，思考力・判断力・表現力等及び学習意欲を重視し，これらを調和的にはぐくむことが必要であるとしている[6]。また，教師が子どもたちと向き合う時間の確保などの教育条件の整備等をあげ，教師の資質の向上として，教育センターや教職大学院等における研修の機会の充実が示されてた。

以上，教育関連法案，学習指導要領の改訂，各種審議会の答申は，21世紀に社会が求めている教育を示しているとともに，それを担う教師に求められている資質能力を表しているといえる。しかし，これからの教師に求められる資質を考える上で，一人ひとりの子どもの実態に即した指導が求められる現在，画一的な教師像が求められているとはいえない。もちろん，教師として基礎的・基本的な資質能力の獲得を目指すことは，全教師に恒常的に求められている命題である。その命題を踏まえて，教師一人ひとりが積極的に自らの個性や得意分野を伸長するよう努力することが大切なのである。その上で，学校の教師集団がお互いの個性を尊重しながら，協同的に補い合うことで，より層の厚い教育実践を行うことができ，学校としての教育力そのものが向上するのである[7]。子どもの「生きる力」の育成を担う教師は，教師としての「生きる力」の育成を自らにも課さなくてはいけないと思われる。

§2　家庭科担当教師に求められる資質

　以上の教師としての資質に加え，家庭科担当教師として求められる資質とは何であろうか。大別すると人間的な資質と授業実践を行うための専門的指導力量の二つの観点からとらえられることができる。

① 　人間として望ましい条件をもっていること

　すべての教師に求められる資質であるが，特に人間が生きる目的を追求する基盤となる生活や家族の在り方が教育内容である家庭科担当教師にとって重要な点である。人として豊かな人間性をもち，幅広い教養をもつ必要があろう。

② 　児童の心身の発達や生活体験，生活環境等の実態把握に努めていること

　家庭科教育は，児童の生活実態を踏まえ，実態に即して行われる。よって個々の児童の実態を的確に把握することが家庭科教育の第一歩である。

③ 　時代に対応した知識と広い視野を有していること

　現代生活は地域や社会，地球環境等と深く関連して成立している。よって時代の変化を見極め，広い視野をもって家庭科の教育内容を指導する必要がある。

④ 　生活者として自らの生活を充実させるよう努力していること

　魅力ある家庭科担当教師として児童の目標となれるような生き方，生活を志向することは重要であり，豊かな生活経験が求められる。

⑤ 　家庭科担当教師として信念や情熱をもっていること

⑥ 　反省的実践家として研鑽を積むこと

　家庭科教師としての専門性の向上を追求し，自らの授業実践を評価，分析する等，授業研究を行っている反省的実践家として成長することが必要である。

⑦ 　家庭科の背景となる学問に関する知識をもち，生かすよう努力していること

　家庭科の学問的背景として家政学や家庭科教育学，教育学，教育心理学等の教育科学に関する知識をもち，それを活用することが求められている。

⑧ 　他教科や中学校・高等学校家庭科との連携を図ること

　児童の人間形成に深く寄与するには，他教科等や中・高等学校との連携を図

り，社会において子どもたちが自立的に生きる基礎を培うことが重要である。
⑨　学校における学習を家庭や社会における実践と結びつけること
　そのために，多くの指導方法を取り入れ，実践を促す工夫が必要である。

　小学校において家庭科の指導は学級担任，家庭科専科教員，教師間で得意な教科を教えあうといった出張授業，T.T.などの形式で行われている。教科の専門性を重視するという観点では，専科教員が担当することが望ましいが，児童の実態に即した授業実践が求められる家庭科においては，学級担任の方が児童の実態等を把握しやすい点で望ましいともいえる。男女共同参画社会の創造は，小学校家庭科でその確固たる基盤を創ることができるといっても過言ではない。その点からも家庭科を担当する学級担任教師の性差は全く関係がない[8]。男女ともに，生活者として生活をしており，小学校教育の一環として家庭科を担当するからである。昨今は中学校，高等学校において男性の家庭科教師が増加し，活躍をしている。小学校においても積極的に男性教師が家庭科を担当し，男女が共に協力してつくる家庭生活の有り様を示す必要があろう。

　家庭科担当教師に求められる資質は，日々の自己研鑽により向上するものである。さまざまな研修や研究会，学会等を活用し，家庭科担当教師としての資質の向上に努めたいものである。

＜引用及び参考文献＞

(1)　高久清吉「教育実践学」教育出版，1990
(2)　稲垣忠彦・佐藤学「授業研究入門」岩波書店，1996，pp.145-146
(3)　前掲，pp.234-237
(4)　教育職員養成審議会「新たな時代に向けた教員養成の改善方策について（第一次答申）」1997
(5)　中央教育審議会「幼稚園，小学校，中学校，高等学校及び特別支援学校の学習指導要領等の改善について（答申）」2008，p.141
(6)　文部科学省「小学校学習指導要領解説　家庭編」東洋館出版社　2008，p.1
(7)　田部井恵美子他「家庭科教育」学文社，2002，pp.182-183
(8)　佐藤文子・川上雅子「家庭科教育法」高陵社書店，2001，p.77

Ⅸ 諸外国の家庭科

§1 世界の学校教育

　世界の学校教育制度を「教育課程」や「生徒指導体制」という二つの軸で大きく概観すると,三類型に分類できる[1]。
　① ヨーロッパ大陸の学校類型—勉強中心の学校
　ヨーロッパ大陸(ドイツ,デンマーク,フランス等)やラテンアメリカの国々は,教科中心の教育課程で課外活動(特別活動)が行われていない。基本的に学校は教科を教える勉強の場であってクラブ活動などを楽しむ場所ではなく,しつけや生徒指導的ケアリングは家庭や教会の責任であり,就学するに十分成熟している子どもの入学を許可し,教授する場であると考えられている。
　② 英米諸国の学校類型—楽しい想い出の残る学校
　イギリス,アメリカ,そして日本等アジア諸国もこの類型に属する。イギリス,アメリカ等は基本的に全国的に定められた教育課程がなく,州や学校単位で選択をすることができる。選択科目が多く取り入れられており,一定の単位を取得することにより,卒業できる制度となっている。また,教科以外の教育活動が正規の教育課程に組み込まれ,生徒指導体制も確立されて整備されている。生徒の人格教育に学校が責任をもち,ガイダンスやカウンセリング等が充実されている。
　③ 旧社会主義諸国の学校類型—思想と労働重視の学校
　旧ソ連,東ドイツ等の旧社会主義諸国や,中国やキューバ等,教育課程に社会主義思想・イデオロギー教育を組み込み,同時に労働を重視する教育課程である。中国の高等学校においては,日本の「総合的な学習の時間」に相当する「総合実践活動」において「社会実践」や「地域奉仕」が必修化されている。

§2　世界の家庭科の概観

　それでは，世界各国の家庭科教育はどのようになされているのであろうか。小学校・中学校・高等学校を通した家庭科教育を概観した場合，教科名，学校段階，学習内容等は異なるが，世界各国において家庭科教育にかかわる内容が学校教育においてなされている。家族，家庭生活，消費生活，食生活，衣生活，住生活，環境，人間の発達，保育など，身近な生活に視点をあて，生活や暮らしをよりよくしていこうとする内容が世界各国で学習されているのである。

　学習形態は，日本においても高等学校家庭科において1994（平成6）年度より男女が必修科目として履修するようになったように，女子のみが学習する形態から，現在では多くの国において男女が共に学習する状況になってきている。男女が協力して家庭生活を築いていくこと等を目指す家庭科教育においては，男女に等しく教育の機会が与えられ，男女が共に学ぶことは重要なことであろう。

　世界の家庭科教育の現状を概観すると，アメリカ合衆国，北欧諸国等が比較的積極的に家庭科教育に取り組んでいる。アメリカ合衆国は，家庭科の単位数が比較的多く，先進的にカリキュラム研究等もなされている。北欧諸国は現在，フィンランドをはじめ，その学校教育制度が世界的に注目されている。家庭科教育においても，福祉や男女平等など，共生思想の先進国として家庭科教育を重視している。アジア諸国では，日本，韓国，シンガポール，タイ，台湾，香港等が家庭科を重視しているといえよう。アジア諸国の多くは，欧米各国の影響を受け，学校制度が確立されているが，各国の文化，歴史，及び慣習を踏まえた独自の家庭科教育が構築されている[2]。

　初等教育段階での家庭科教育を概観してみると，家庭科という教科名で必修教科として課している国はあまり多くない。しかし，家庭生活や自らの成長を総合的にとらえ，健康教育，環境教育，性教育，安全教育などとして，学習している場合が多い。日本における総合的学習の時間のように，総合的な教科に学習内容として含まれており，他教科との連携を図りながら学習されている。

§3　アメリカ合衆国の家庭科

アメリカ合衆国[3]の教育制度は，地方分権制がとられ，州によって就学年齢や義務教育年限等，違いがみられる。また，州においても学区（school district）に多くの権限がゆだねられている。就学義務開始年齢は7歳とする州が最も多いが，実際にはほとんどの州で6歳からの修学をしている。義務教育年限は，9年とする州が多い。初等・中等教育は12年でその形態は日本と同じ6－3－3－（4）制の他，8－4制，6－6制に大きく分かれるが，他にも5－3－4制，4－4－4制等，多様化している。

アメリカでは，国レベルの法的拘束力をもついわゆる学習指導要領に相当するカリキュラムはないが，1980年代以降若者の学力低下や高度工業技術社会に対応できる職業技術の必要などが指摘され，教育改革が進められてきた。

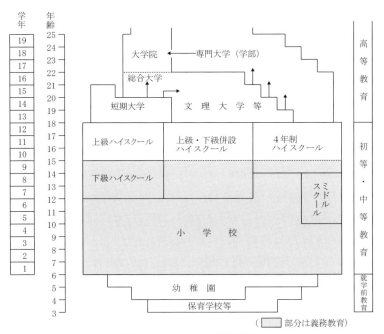

図Ⅸ－1　アメリカの学校系統図
文部科学省編「諸外国の教育の動き　2004」（2005）による

1990年代に入り，各州で学校教育で達成すべき目標となるアカデミック・スタンダードを教科ごとに制定する動きが活発化し，家庭科においても「ナショナルスタンダード（National Standard for Family and Consumer Sciences Education）」が家庭科教育関係者や関係団体が中心となり1998年に作成された。法的拘束力はもたないが，全国的な標準カリキュラムが作成されたことは画期的なことである。

アメリカの家庭科カリキュラムは，60年代「概念アプローチ」，70年代「能力形成アプローチ」を経て，現在はマジョリー・ブラウンが提唱した「実践問題アプローチ」による開発が採用されている。「実践問題アプローチ」とは，民主的社会における能動的な学習を通して自立的・批判的かつ創造的な思考力をもつ学習者を育成し，実践問題の解決を探究することを意図したカリキュラム開発であり，ナショナルスタンダードは，この「実践問題アプローチ」を中核に据えている[4]。

具体的にナショナルスタンダードでは，「家族と職業生活の両面に焦点を当て，多様化する社会においての個人と家族の生涯にわたる生活管理の力を高める」ことを目標に据え，以下の16領域を学習内容とし，領域ごとに内容の標準，能力目標，他教科との関連，問題解決学習の手順を示している。

①職業，地域，家族の関連　②家族資源の消費　③消費者サービス
④乳幼児の教育とサービス　⑤施設・設備と管理　⑥家族
⑦家族と地域サービス　⑧食品の製造と供給　⑨食品化学と食餌，栄養
⑩観光，レクリエーション産業ともてなし　⑪住居，インテリア，家具
⑫人間の発達　⑬人間関係　⑭栄養と健康　⑮親の役割　⑯繊維と衣服

各州はこのナショナルスタンダードを枠組みとしカリキュラムを構築している。州によって職業教育，健康教育，個人・家族に重点を置いている三つのタイプに大きく分けられているが，総合的に概観すると，自分への理解を高める内容，職業教育に関する内容が多く取り上げられ，現実の生活課題を問題解決していく授業形態が取られていることがアメリカ家庭科教育の特徴といえよう。

アメリカ合衆国の初等教育段階（小学校）では，国語（英語の読み書き），算数，社会，理科，美術，音楽，健康に重点がおかれている。「家庭科」にあたる教科はほとんどの場合おかれていないが，上記の幼稚園から高等学校まで設置しているところが多い「Health　健康」において，栄養，食品，消費生活，家庭生活など日本の家庭科の内容が取り扱われている。

中等教育段階（中学校，高等学校）では，大半の学校で「家庭科」が必修教科もしくは選択教科として設置されている。しかし，家庭科の名称は1980年代までは"Home Economics"で統一されていたが，アメリカ家政学会の学会名称の変更に伴い，現在は州によってさまざまな名称となっているが，学会名と同じ"Family and Consumer Sciences Education"に変更する州が多い。

§4　イギリスの家庭科

イギリス[5]は，イングランド，ウェールズ，スコットランド，北アイルランドの四つの地域から構成され，教育制度はイングランドとウェールズがほぼ共通であるが，各々独自の教育制度をとっている。ここでは，イングランドについて述べる。初等・中等教育を行う学校は，公立学校と独立学校（公費による財政補助を受けず，ナショナル・カリキュラムの拘束を受けない）に区分される。5～16歳の11年間が義務教育である。公費によって運営される初等教育の学校は，6年間の初等学校（プライマリー・スクール）（5～10歳）が最も一般的である。他に3～4年間のファースト・スクールの後に4年間のミドル・スクールに通う地域もある。次いで2年間のシックスフォーム（カレッジ）を併設した7年生の中等学校に通うのが一般的である。

イギリスでは，国で教育課程を定めず，学校の裁量に任せられていたが，1976年の教育大討議（Great Debate）等を経て，1988年に成立した教育改革法により，全国共通のナショナル・カリキュラムが導入され，1996年，1999年に改訂されている。ナショナル・カリキュラムにおいて，数学，国語，理科の中核教科（core subjects）とデザイン＆テクノロジー，歴史，地理，音楽，美術，体育，外国語（中等学校のみ）の基礎教科（foundation subject）とを

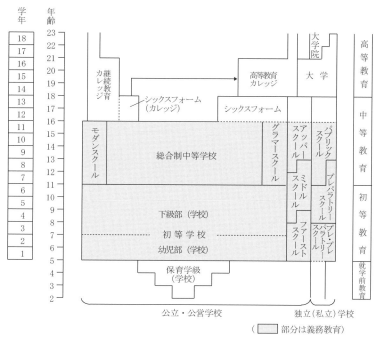

図Ⅸ-2　イギリスの学校系統図
文部科学省編「諸外国の教育の動き　2004」（2005）による

義務教育における必修教科と定めている。

　家庭科の内容は，必修教科のデザイン＆テクノロジー（初等・中等学校）と選択領域のPSHE（人格と社会性の形成，及び健康に関する教育）＆Citizenship（市民性教育）（初等学校），PSHE（中等学校）の中で扱われており，男女共修となっている。家庭科という教科名は無いが，デザイン＆テクノロジーにおいては，「フード・テクノロジー」と「テクスタイル・テクノロジー」が扱われており，持続可能な発展に配慮し環境に対する理解を深める視点も学習されている。特に中等学校の7～9学年では，「フード・テクノロジー」と「テクスタイル・テクノロジー」が中心課題となっており，製作のプロセスにおける知識と創造活動を重視している。また，選択領域のPSHE＆市民性教育，PSHEでは，消費者問題と環境，家族，家庭経営，高齢者問題，健

康等の内容が扱われている。なお，1999年に改訂されたナショナル・カリキュラムにおいては，中等学校にて「Citizenship」が必修科目として新設された。

ナショナル・カリキュラム全体において持続可能な開発のための教育（環境教育）が一つの重点目標となっており，体験的な学習内容として教科の教育やクロスカリキュラムにおいて積極的に展開されている。

§5 スウェーデンの家庭科

スウェーデン，フィンランド等の北欧諸国は高福祉国家であり，平等の原理が強く，男女平等が進み，環境問題や消費者問題への国民の関心の高い国々である。スウェーデンの教育制度は全国的に統一されており，すべての児童・生徒に社会的・経済的状況や居住地域，性別，民族にかかわらず，平等に公教育を受ける権利を保障することを基本理念としている[6]。また，教科ごとに基本的な知識を確実に獲得させることと，個人を良い市民，良い人間を育てることの2点を重視している。

男女平等の教育理念は，日本の学習指導要領にあたる1980年の教育課程基準[7]において，家庭科の教科目標として，男女が性別にかかわりなく協力して家庭生活，労働生活を営む計画力，実践力の育成があげられており，その後の1994年の教育課程基準においても，教育の総目標に明示され，その目標を達成する上での学校の責任が語られている。

義務教育は7歳から16歳まで初等教育と前期中等教育をあわせた9年制の基礎学校でなされている。ただ，就学年度については6歳からの就学を希望する児童はすべて受け入れることが義務づけられている。

基礎学校においては造形，家庭科，スポーツ健康，音楽，工芸，国語，英語，数学，社会，理科，選択外国語，自由選択科目の授業が行われている。家庭科関連科目として，基礎学校9年間で家庭科118時間，工芸282時間が必修として実施されている。工芸は，日本における家庭科領域の被服分野（被服製作，織物，編み物）の学習と技術科領域の木工，金工分野の学習から構成されており，生活文化に根ざした「ものづくり」の学習が大切にされている。1994年

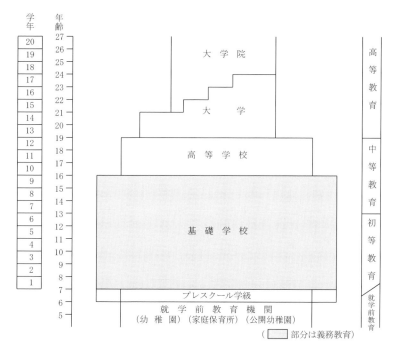

図Ⅸ-3 スウェーデンの学校系統図
文部科学省編「諸外国の教育の動き」による

の教育課程基準において家庭科教育の目標は，次のように示されている。
・食事と健康の関係を理解する。　・自国と他国の食文化に精通する。
・栄養，品質，味，価格を考慮した食料品の選択・計画・準備ができる。
・自分自身の生活プランをたてるための知識を獲得する。
・住まいの手入れや地球環境に対する責任について学ぶ。
・資源の有効活用を重視し，消費者としての行動や地域的・世界的規模からの環境問題について関心を高める。
・環境に対する認識とさまざまな家事の経済的な見込みを認識する。
・住まいに対する国際的かつ歴史的な見方を獲得する。
・資源や家族の要求に基づいた家計を学ぶ。
・生活者情報を調べたり，価値づけたり，活用できるのと同様に，消費者と

しての権利や義務を認識する。
・家庭における女性と男性の伝統的役割意識をなくす。

学習領域は「食と生活」「住まいと衛生（被服衛生を含む）」「消費者教育・家庭経営」から成り立っている。特に食生活の学習に時間がかけられており，自ら作ることの楽しさを味わい，健康を保つための栄養と献立の知識の獲得と実践力が重視されている。高等学校では，家庭科に関する科目は実施されていない。

§6 アジアの家庭科

アジア諸国のうち，韓国では，小学校（5～6学年）では必修科目「実科」，中学校と高等学校（7～10学年）では必修科目「技術・家政」，高等学校（11～12学年）では選択科目「家政科学」科目として教育課程に位置づけられている[8]。

すべて男女共学で行われている。小学校においては，5・6年生で週2時間ずつ行われている。教育内容は，「家族と仕事の理解」，「生活技術」，「生活資源と環境の管理」などの3領域で構成されている。自分の日常生活と家庭内の仕事に必要な基本的内容について興味をもち，日常生活の課題を実践的に解決することをねらいとしている。

台湾[9]では，現在，家庭科は単独で設けられ履修する教科ではない。2002年の「国民中小九年一貫教育課程要綱」において国民中小学校（小学校6年，中学校3年義務教育）では，7の学習領域と関連させて主に「総合活動（小学1年～中学9年）週1時間」領域，また六つの重要教育課題の中の一つである「家政教育」で学習することになった。家庭科の学習は特に社会，健康と体育，自然と生活科技など三つの学習領域と関連させて行われている。主な内容は食生活，衣生活，生活管理，及び家政の4部分に分かれている。また，「自然と生活技能」においても小学校3年から中学9年までにおいて家庭科関連内容が学習されている。高等学校では，「家政」（必修）と「生活技術」（必修）が10～11学年において週2時間交互に履修されている。その他，選択科目も

設置されている。男女共学で行われている。

　タイ[10]では，初等教育は教科別の分類をせず，「基礎的技能（言語，算数）」「生活経験（社会，理科，保健などの統合内容）」「人格教育（倫理，芸術）」「労働経験（家庭，農業，工作などの統合内容）」「日常英語または職業（5・6年生）」といったグループ別に実施されている。「生活経験」「人格教育」「労働経験」のグループには家庭科に関連する内容が多く含まれている。「生活経験」では，日常生活の問題解決能力を育成し，家庭の一員としての義務や責任感を培い，「人格教育」では，地域社会を平和的に開発していく人間を育成，「労働経験」では，作業を通して将来の職業の基礎能力の育成を目指している。中等教育においては，必修科目として「芸術・家庭科」の3単位が履修されている。概して，タイの家庭科教育は家族の精神的なつながりの基盤に立ったよりよい生活を志向して，必要な知識・技能を身に付けることと，将来の職業教育という二つのねらいをもって推進されている。

　シンガポール[11]では，小学校において家庭科という教科は設置されていない。小学1年から6年まで家庭科内容を包括する総合教科である「健康教育」が置かれている。内容は「発達と成長」「健康的な栄養」「健康的な習慣」「健康的な環境」「安全教育」「病気の予防」「医療品の使用」「精神的な健康」の9題材で構成されており，これらの内容を中学校の家庭科に発展させるよう意図されている。中学校では，必修科目として男女共修で行われている。

＜引用及び参考文献＞

(1) 二宮皓「世界の学校」学事出版，2006，pp.8-15
(2) 荒井紀子他「生活主体を育む　未来を拓く家庭科」ドメス出版，2005，p.29
(3) 「家庭科のカリキュラムの改善に関する研究―諸外国の動向―」国立教育政策研究所，2005，pp.1-11
(4) 林未知子「現代アメリカ家庭科カリキュラムに関する研究」風間書房，2002，pp.328-347
(5) 前掲(3)，pp.33-45
(6) 家庭科教育実践講座刊行会編「Asset　ビジュアル家庭科教育実践講座　第1

巻」ニチブン，1998，pp. 150-158
(7)　荒井紀子「スウェーデン基礎学校における家族と性平等に関わる教育—教育課程基準にみる教育理念と家庭科—」日本教科教育学会誌　第19巻第3号，1996，p. 16
(8)　前掲(3)，pp. 75-87
(9)　前掲(3)，pp. 89-99
(10)　前掲(6)，pp. 170-172
(11)　前掲(6)，pp. 168-171

X　家庭科の課題

§1　家庭科と「生きる力」

　第15期中央教育審議会が「21世紀の我が国の教育の在り方」として，子どもたちが「生きる力」を育むことを提言した。それにのっとって，1998（平成10）年告示の小学校学習指導要領では「生きる力」を育むという理念にたって改訂が行われた。2008（平成20）年告示の小学校学習指導要領も「生きる力」という理念を共有することを引き継いで改訂された。文部科学省は「生きる力」を次のように定義している。

- 基礎・基本を確実に身に付け，いかに社会が変化しようと，自ら課題を見つけ，自ら学び，自ら考え，主体的に判断し，行動し，よりよく問題を解決する資質や能力
- 自ら律しつつ，他人とともに協調し，他人を思いやる心や感動する心などの人間性
- たくましく生きるための健康な体力など

　家庭科は児童が食べる，着る，住まうことを自立して営むことができる力を学ぶ教科である。よりよく生きるために，問題解決のための知識や技術を学び，生活に対する関心を深め，創意工夫する能力を育成している。そして，受け継がれた文化を次世代に継承しながら，新しい時代の生活を切りひらいている。家庭科は，まさに生きることを学ぶ教科といえる。家庭科で生きてはたらく力を習得させ，児童の生活の自立に貢献できるように支援をしていく効果的な指導のしかたを追求していかなければならない。

§2　家庭科と食育

　朝食の欠食や偏った栄養摂取など食生活の乱れや肥満・ダイエット志向など，子どもの健康を取り巻く問題が深刻化している。こうした現状を踏まえ，2005（平成17）年に食育基本法が制定された。子どもたちが食に関する正しい知識と望ましい食習慣を身に付けることができるよう，学校教育で積極的に

食育に取り組んでいくことが要請された。

　2008（平成20）年1月，中央教育審議会答申で示された「幼稚園，小学校，中学校，高等学校及び特別支援学校の学習指導要領等の改善について」では，社会の変化への対応の観点から教科等を横断して改善すべき事項として次に記す内容が示された。食育指導は，食事の重要性，望ましい栄養や食事の摂り方，食品の品質及び安全性等について自ら判断できる能力，食物の生産等にかかわる人々へ感謝する心，望ましい食習慣の形成，各地域の産物，食文化等を理解することなどを総合的に育むという観点から進められた。文部科学省では，栄養教諭制度の実施をはじめ，食育とからめた学校給食の充実，食育交流シンポジウムの開催など，食に関する指導の充実に取り組んでいる。食育とは食材や調理などの食べることから始まり，食事マナーや伝統などの文化，さらには自給率や食糧問題などの時事問題など多岐にわたった教育といえる。家庭科では以前から食生活の指導は重要な学習内容であったが，食の乱れの現状をふりかえると，指導の重点化を図らねばならない事態に陥っているといえる。食育の推進には，家庭，地域と連携を図ることが重要である。食を大切にする心，栄養バランスのとれた食事，食の安全性，食を通した人間関係などについて栄養教諭と協力しながら，指導を工夫していかなければならない。

§3　家庭科と消費者教育

　児童は，モノにあふれ，好きなモノを好きな時に自由に手に入れることができる環境の中で毎日生活している。また，高度情報化時代においてさまざまな情報を簡単に入手し，情報の真価を吟味することなくそれに振り回されてしまうことも多い。このような現代社会において，家庭生活を学習対象とする家庭科では，消費生活に関する学習や消費者としての行動は，今日の学習課題としては大きなウエイトを占めている。また，最近では賢い消費者の育成，自分で意思決定できる能力を育成することを目的として，金銭教育（金融教育）が行われている。消費者教育も金銭教育（金融教育）も意思決定ができ，自己責任がとれる人間の育成を目指している。

家庭科において生活の主体者として自ら意思決定できる子どもを育成することが，将来を見すえた家庭科のあり方として要求されるであろう。家庭科の学習が，消費者としての主体性を育成する機会となるためには，どのような内容や指導方法を工夫したらよいか検討しなければならない。

§4　家庭科と環境教育

前述の第58回中央教育審議会答申で，地球規模の環境問題や公害問題は，深刻な問題となっていることから，社会経済のしくみを整え，持続可能な社会を築くことが求められた。環境や自然と人間とのかかわり，社会問題と社会経済システムの在り方や生活様式とのかかわりなどについて理解を深めさせ，主体的に行動する態度や資質を育成することが必要であることを強調している。このことは人類がかかえる大問題で，早急に改善していかなければならないことである。便利で快適な生活を求めるあまり引き起こされたのであり，環境に負荷を与えない社会生活や家庭生活のしくみを構築していかなければならない。それを追求するのが家庭科の役割ともいえる。グリーンコンシューマーとして，環境に配慮した行動を教師が示し，児童がそれを実行するのではなく，児童自身がどうしたらよいのか主体的に決定していくのが，本来の環境教育といえる。

要するに環境教育は消費者教育とも関連し，双方を関連させながら展開していくことは，より重要性を増してくると思われる。家庭科で日常の生活現象に目を向け，資源や環境に配慮したライフスタイルを形成していく指導をより具体的に進めていかなければならない。

§5　家庭科と総合的な学習の時間

総合的な学習の時間は，教科をこえて横断的・総合的な教育活動を進めていくことになっている。自ら課題を見つけ，自ら学び，考え，主体的に判断し，問題解決する能力を育成し自己の生き方を考えるようにすることがねらいである。このねらいは，これまで家庭科が目指してきた目標と共通している。国際

理解，情報，環境，福祉・健康などのテーマについて横断的・総合的に扱うことになっているが，これらは家庭科がすでに学習活動の中で取り扱っているテーマである。家庭科は，応用的な内容を取り上げ，目標やねらいが達成できるように総合的な学習の時間に積極的にかかわりながら指導を心がけていくことが要求されている。

先に述べた食育指導においては，家庭科が毎日の給食指導とともに中核的な立場にたって，保健体育科の保健領域，社会科などの教科，総合的な学習の時間や学級活動との連携を図りながら，より一層，重要な役割を担うことになる。

家庭科が総合的な学習の時間に参画し，家庭科の教育的な独自性を果たすことにより，充実したものになる。しかし，家庭科がその中に取り込まれてしまうのではなく，総合的な学習の時間に貢献する教科であり続けるためには，家庭科の独自の役割を明確にしなければならない。今日の教育の目的や子どもたちの生活の現状，社会的な要請等を斟酌して，家庭科の教育ビジョンを明示していくことが必要である。

§6 家庭科と生活科

生活科は第1・2学年に設定され，児童が生活者としての立場にたち，家庭生活や学校生活，社会生活において必要とされる習慣や技能を習得し，生活の中で生かすことができるようにすることをねらいとしている。V章で述べたが，家庭科と生活科は目標や学習内容，学習方法について類似している点が多い。生活科では家族や家庭生活に関する内容が取り上げられ，子どもの身の回りや家庭生活を見つめる体験的な学習が行われている。しかし，小学校低学年で学習した家庭生活に関する内容は，中学年の2年間は学習する機会がなく，第5・6学年で再度取り扱われることになり，系統性がなく学習の定着にも問題がある。小学校から高等学校までを通して，家庭生活にかかわる学習をすることは生活者として必要なことであり，総合的な学習の時間を活用して，低学年の生活科から高学年の家庭科へ効果的にリンクすることを検討すべきである。

§7　家庭科と生活の技術

　小学校家庭科の目標に「……日常生活に必要な基礎的・基本的な知識及び技能を身に付け……」と記されているように，技能の習得をあげていることは，日常生活を主体的に送っていくためには必要なことである。実践的・体験的学習を進めていく家庭科にとって，技術・技能の習得は大きな課題である。しかし，科学技術が発達し，生活の合理化が図られると，必要とされる生活上の技術や技能は変化してきている。今日，生活に必要な技術とは，単に製作するだけでなく，調理，被服製作などのような加工技術のほか，メンテナンス技術，情報収集・選択などの情報管理技術が必要となってきた。このように現在の社会生活や家庭生活で求めている技術とは何かを見極めていかなければならない。

　その他，家庭科と地域の生活文化の継承，国際化，情報化，福祉問題など，小学校の家庭科を取り巻く内容にはさまざまな教育課題が内在している。また，指導者の資質・能力の問題や，カリキュラムにおける教科の位置づけなど，抱えている諸問題は枚挙にいとまがない。家庭科の指導を展開していく中で，積極的にこれらの諸問題にかかわって，優れた家庭科の指導ができるよう研鑽(けんさん)が必要である。

付　　　録

1　**関係法規（抄）**
　　教育基本法
　　学校教育法
2　**学習指導要領（抄）**
　　小学校「家庭」（平成20年3月28日）
　　中学校「技術・家庭」（平成20年3月28日）
　　小学校「家庭」（平成10年12月14日）
　　中学校「技術・家庭」（平成10年12月14日）
3　**小学校児童指導要録**（平成13年・抜粋）
4　**教材機能別分類表（小学校）**（平成13年・抜粋）

1 関 係 法 規 (抄)

教育基本法
(平成18年12月22日，法律第120号)

　我々日本国民は，たゆまぬ努力によって築いてきた民主的で文化的な国家を更に発展させるとともに，世界の平和と人類の福祉の向上に貢献することを願うものである。

　我々は，この理想を実現するため，個人の尊厳を重んじ，真理と正義を希求し，公共の精神を尊び，豊かな人間性と創造性を備えた人間の育成を期するとともに，伝統を継承し，新しい文化の創造を目指す教育を推進する。

　ここに，我々は，日本国憲法の精神にのっとり，我が国の未来を切り拓く教育の基本を確立し，その振興を図るため，この法律を制定する。

第1章　教育の目的及び理念
(教育の目的)

第1条　教育は，人格の完成を目指し，平和で民主的な国家及び社会の形成者として必要な資質を備えた心身ともに健康な国民の育成を期して行われなければならない。

(教育の目標)

第2条　教育は，その目的を実現するため，学問の自由を尊重しつつ，次に掲げる目標を達成するよう行われるものとする。
　一　幅広い知識と教養を身に付け，真理を求める態度を養い，豊かな情操と道徳心を培うとともに，健やかな身体を養うこと。
　二　個人の価値を尊重して，その能力を伸ばし，創造性を培い，自主及び自律の精神を養うとともに，職業及び生活との関連を重視し，勤労を重んずる態度を養うこと。
　三　正義と責任，男女の平等，自他の敬愛と協力を重んずるとともに，公共の精神に基づき，主体的に社会の形成に参画し，その発展に寄与する態度を養うこと。
　四　生命を尊び，自然を大切にし，環境の保全に寄与する態度を養うこと。
　五　伝統と文化を尊重し，それらをはぐくんできた我が国と郷土を愛するとともに，他国を尊重し，国際社会の平和と発展に寄与する態度を養うこと。

(生涯学習の理念)

第3条　国民一人一人が，自己の人格を磨き，豊かな人生を送ることができるよう，その生涯にわたって，あらゆる機会に，あらゆる場所において学習することができ，その成果を適切に生かすことのできる社会の実現が図られなければならない。

(教育の機会均等)

第4条　すべて国民は，ひとしく，その能力に応じた教育を受ける機会を与えられなければならず，人種，信条，性別，社会的身分，経済的地位又は門地によって，教育上差別されない。

2　国及び地方公共団体は，障害のある者が，その障害の状態に応じ，十分な教育を受けられるよう，教育上必要な支援を講じなければならない。

3　国及び地方公共団体は，能力があるにもかかわらず，経済的理由によって修学が困難な者に対して，奨学の措置を講じなければならない。

第2章　教育の実施に関する基本
(義務教育)

第5条　国民は，その保護する子に，別に法律で定めるところにより，普通教育を受けさせる義務を負う。

2　義務教育として行われる普通教育は，各個人の有する能力を伸ばしつつ社会において自立的に生きる基礎を培い，また，国家及び社会の形成者として必要とされる基本的な資質を養うことを目的として行われるものとする。

3　国及び地方公共団体は，義務教育の機会を保障し，その水準を確保するため，適切な役割分担及び相互の協力の下，その実施に責任を負う。

4　国又は地方公共団体の設置する学校における義務教育については，授業料を徴収しない。

(学校教育)

第6条　法律に定める学校は，公の性質を有するものであって，国，地方公共団体及び法律に定める法人のみが，これを設置することができる。

2　前項の学校においては，教育の目標が達成されるよう，教育を受ける者の心身の発達に応じて，体系的な教育が組織的に行われなければならない。この場合において，教育を受ける者が，学校生活を営む上で必要な規律を重んずるとともに，自ら進んで学習に取り組む意欲を高めることを重視して行われなければならない。

（大学）
第7条　大学は，学術の中心として，高い教養と専門的能力を培うとともに，深く真理を探究して新たな知見を創造し，これらの成果を広く社会に提供することにより，社会の発展に寄与するものとする。

2　大学については，自主性，自律性その他の大学における教育及び研究の特性が尊重されなければならない。

（私立学校）
第8条　私立学校の有する公の性質及び学校教育において果たす重要な役割にかんがみ，国及び地方公共団体は，その自主性を尊重しつつ，助成その他の適当な方法によって私立学校教育の振興に努めなければならない。

（教員）
第9条　法律に定める学校の教員は，自己の崇高な使命を深く自覚し，絶えず研究と修養に励み，その職責の遂行に努めなければならない。

2　前項の教員については，その使命と職責の重要性にかんがみ，その身分は尊重され，待遇の適正が期せられるとともに，養成と研修の充実が図られなければならない。

（家庭教育）
第10条　父母その他の保護者は，子の教育について第一義的責任を有するものであって，生活のために必要な習慣を身に付けさせるとともに，自立心を育成し，心身の調和のとれた発達を図るよう努めるものとする。

2　国及び地方公共団体は，家庭教育の自主性を尊重しつつ，保護者に対する学習の機会及び情報の提供その他の家庭教育を支援するために必要な施策を講ずるよう努めなければならない。

（幼児期の教育）
第11条　幼児期の教育は，生涯にわたる人格形成の基礎を培う重要なものであることにかんがみ，国及び地方公共団体は，幼児の健やかな成長に資する良好な環境の整備その他適当な方法によって，その振興に努めなければならない。

（社会教育）
第12条　個人の要望や社会の要請にこたえ，社会において行われる教育は，国及び地方公共団体によって奨励されなければならない。

2　国及び地方公共団体は，図書館，博物館，公民館その他の社会教育施設の設置，学校の施設の利用，学習の機会及び情報の提供その他の適当な方法によって社会教育の振興に努めなければならない。

（学校，家庭及び地域住民等の相互の連携協力）
第13条　学校，家庭及び地域住民その他の関係者は，教育におけるそれぞれの役割と責任を自覚するとともに，相互の連携及び協力に努めるものとする。

（政治教育）
第14条　良識ある公民として必要な政治的教養は，教育上尊重されなければならない。

2　法律に定める学校は，特定の政党を支持し，又はこれに反対するための政治教育その他政治的活動をしてはならない。

（宗教教育）
第15条　宗教に関する寛容の態度，宗教に関する一般的な教養及び宗教の社会生活における地位は，教育上尊重されなければならない。

2　国及び地方公共団体が設置する学校は，特定の宗教のための宗教教育その他宗教的活動をしてはならない。

第3章　教育行政

（教育行政）
第16条　教育は，不当な支配に服することなく，この法律及び他の法律の定めるところにより行われるべきものであり，教育行政は，国と地方公共団体との適切な役割分担及び相互の協力の下，公正かつ適正に行われなければならない。

2　国は，全国的な教育の機会均等と教育水準の維持向上を図るため，教育に関する施策を総合的に策定し，実施しなければならない。

3　地方公共団体は，その地域における教育の振興を図るため，その実情に応じた教育に関する施策を策定し，実施しなければならない。

4　国及び地方公共団体は，教育が円滑かつ継続的に実施されるよう，必要な財政上の措置を講じなければならない。

（教育振興基本計画）
第17条　政府は，教育の振興に関する施策の総合的かつ計画的な推進を図るため，教育の振興に関する施策についての基本的な方針及び講ずべき施策その他必要な事項について，基本的な計画を定め，これを国会に報告するとともに，公表しなければならない。

2　地方公共団体は，前項の計画を参酌し，その地域の実情に応じ，当該地方公共団体における教育の振興のための施策に関する基本的な計画を定めるよう努めなければならない。

第4章　法令の制定
第18条　この法律に規定する諸条項を実施するため，必要な法令が制定されなければならない。

学校教育法
（昭和22年3月31日，法律第26号）
（最終改正　平成19年6月27日，法律第96号）

第2章　義務教育
第21条　義務教育として行われる普通教育は，教育基本法（平成18年法律第120号）第5条第2項に規定する目的を実現するため，次に掲げる目標を達成するよう行われるものとする。
一　学校内外における社会的活動を促進し，自主，自律及び協同の精神，規範意識，公正な判断力並びに公共の精神に基づき主体的に社会の形成に参画し，その発展に寄与する態度を養うこと。
二　学校内外における自然体験活動を促進し，生命及び自然を尊重する精神並びに環境の保全に寄与する態度を養うこと。
三　我が国と郷土の現状と歴史について，正しい理解に導き，伝統と文化を尊重し，それらをはぐくんできた我が国と郷土を愛する態度を養うとともに，進んで外国の文化の理解を通じて，他国を尊重し，国際社会の平和と発展に寄与する態度を養うこと。
四　家族と家庭の役割，生活に必要な衣，食，住，情報，産業その他の事項について基礎的な理解と技能を養うこと。
五　読書に親しませ，生活に必要な国語を正しく理解し，使用する基礎的な能力を養うこと。
六　生活に必要な数量的な関係を正しく理解し，処理する基礎的な能力を養うこと。
七　生活にかかわる自然現象について，観察及び実験を通じて，科学的に理解し，処理する基礎的な能力を養うこと。
八　健康，安全で幸福な生活のために必要な習慣を養うとともに，運動を通じて体力を養い，心身の調和的発達を図ること。
九　生活を明るく豊かにする音楽，美術，文芸その他の芸術について基礎的な理解と技能を養うこと。
十　職業についての基礎的な知識と技能，勤労を重んずる態度及び個性に応じて将来の進路を選択する能力を養うこと。

第4章　小学校
第29条　小学校は，心身の発達に応じて，義務教育として行われる普通教育のうち基礎的なものを施すことを目的とする。
第30条　小学校における教育は，前条に規定する目的を実現するために必要な程度において第21条各号に掲げる目標を達成するよう行われるものとする。
②　前項の場合においては，生涯にわたり学習する基盤が培われるよう，基礎的な知識及び技能を習得させるとともに，これらを活用して課題を解決するために必要な思考力，判断力，表現力その他の能力をはぐくみ，主体的に学習に取り組む態度を養うことに，特に意を用いなければならない。
第31条　小学校においては，前条第1項の規定による目標の達成に資するよう，教育指導を行うに当たり，児童の体験的な学習活動，特にボランティア活動など社会奉仕体験活動，自然体験活動その他の体験活動の充実に努めるものとする。この場合において，社会教育関係団体その他の関係団体及び関係機関との連携に十分配慮しなければならない。
第32条　小学校の修業年限は，6年とする。
第33条　小学校の教育課程に関する事項は，第29条及び第30条の規定に従い，文部科学大臣が定める。

第8章　特別支援教育
第81条　幼稚園，小学校，中学校，高等学校及び中等教育学校においては，次項各号のいずれかに該当する幼児，児童及び生徒その他教育上特別の支援を必要とする幼児，児童及び生徒に対し，文部科学大臣の定めるところにより，障害による学習上又は生活上の困難を克服するための教育を行うものとする。
②　小学校，中学校，高等学校及び中等教育学校には，次の各号のいずれかに該当する児童及び生徒のために，特別支援学級を置くことができる。
一　知的障害者
二　肢体不自由者
三　身体虚弱者
四　弱視者
五　難聴者
六　その他障害のある者で，特別支援学級において教育を行うことが適当なもの
③　前項に規定する学校においては，疾病により療養中の児童及び生徒に対して，特別支援学級を設け，又は教員を派遣して，教育を行うことができる。

2　学習指導要領（抄）

小学校「家　庭」
（平成20年3月28日）

第1　目標
　衣食住などに関する実践的・体験的な活動を通して，日常生活に必要な基礎的・基本的な知識及び技能を身に付けるとともに，家庭生活を大切にする心情をはぐくみ，家族の一員として生活をよりよくしようとする実践的な態度を育てる。

第2　各学年の目標及び内容
〔第5学年及び第6学年〕
1　目標
(1)　衣食住や家族の生活などに関する実践的・体験的な活動を通して，自分の成長を自覚するとともに，家庭生活への関心を高め，その大切さに気付くようにする。
(2)　日常生活に必要な基礎的・基本的な知識及び技能を身に付け，身近な生活に活用できるようにする。
(3)　自分と家族などとのかかわりを考えて実践する喜びを味わい，家庭生活をよりよくしようとする実践的な態度を育てる。

2　内容
A　家庭生活と家族
(1)　自分の成長と家族について，次の事項を指導する。
　ア　自分の成長を自覚することを通して，家庭生活と家族の大切さに気付くこと。
(2)　家庭生活と仕事について，次の事項を指導する。
　ア　家庭には自分や家族の生活を支える仕事があることが分かり，自分の分担する仕事ができること。
　イ　生活時間の有効な使い方を工夫し，家族に協力すること。
(3)　家族や近隣の人々とのかかわりについて，次の事項を指導する。
　ア　家族との触れ合いや団らんを楽しくする工夫をすること。
　イ　近隣の人々とのかかわりを考え，自分の家庭生活を工夫すること。

B　日常の食事と調理の基礎
(1)　食事の役割について，次の事項を指導する。
　ア　食事の役割を知り，日常の食事の大切さに気付くこと。
　イ　楽しく食事をするための工夫をすること。
(2)　栄養を考えた食事について，次の事項を指導する。
　ア　体に必要な栄養素の種類と働きについて知ること。
　イ　食品の栄養的な特徴を知り，食品を組み合わせてとる必要があることが分かること。
　ウ　1食分の献立を考えること。
(3)　調理の基礎について，次の事項を指導する。
　ア　調理に関心をもち，必要な材料の分量や手順を考えて，調理計画を立てること。
　イ　材料の洗い方，切り方，味の付け方，盛り付け，配膳及び後片付けが適切にできること。
　ウ　ゆでたり，いためたりして調理ができること。
　エ　米飯及びみそ汁の調理ができること。
　オ　調理に必要な用具や食器の安全で衛生的な取扱い及びこんろの安全な取扱いができること。

C　快適な衣服と住まい
(1)　衣服の着用と手入れについて，次の事項を指導する。
　ア　衣服の働きが分かり，衣服に関心をもって日常着の快適な着方を工夫できること。
　イ　日常着の手入れが必要であることが分かり，ボタン付けや洗濯ができること。
(2)　快適な住まい方について，次の事項を指導する。
　ア　住まい方に関心をもって，整理・整頓や清掃の仕方が分かり工夫できること。
　イ　季節の変化に合わせた生活の大切

さが分かり，快適な住まい方を工夫できること。
(3) 生活に役立つ物の製作について，次の事項を指導する。
　ア　布を用いて製作する物を考え，形などを工夫し，製作計画を立てること。
　イ　手縫いや，ミシンを用いた直線縫いにより目的に応じた縫い方を考えて製作し，活用できること。
　ウ　製作に必要な用具の安全な取扱いができること。
D　身近な消費生活と環境
(1) 物や金銭の使い方と買物について，次の事項を指導する。
　ア　物や金銭の大切さに気付き，計画的な使い方を考えること。
　イ　身近な物の選び方，買い方を考え，適切に購入できること。
(2) 環境に配慮した生活の工夫について，次の事項を指導する。
　ア　自分の生活と身近な環境とのかかわりに気付き，物の使い方などを工夫できること。

第3　指導計画の作成と内容の取扱い
1　指導計画の作成に当たっては，次の事項に配慮するものとする。
(1) 題材の構成に当たっては，児童の実態を的確にとらえるとともに，内容相互の関連を図り，指導の効果を高めるようにすること。
(2) 「A家庭生活と家族」の(1)のアについては，第4学年までの学習を踏まえ2学年間の学習の見通しを立てさせるために，第5学年の最初に履修させるとともに，「A家庭生活と家族」から「D身近な消費生活と環境」までの学習と関連させるようにすること。
(3) 「B日常の食事と調理の基礎」の(3)及び「C快適な衣服と住まい」の(3)については，学習の効果を高めるため，2学年にわたって取り扱い，平易なものから段階的に学習できるよう計画すること。
(4) 第1章総則の第1の2及び第3章道徳の第1に示す道徳教育の目標に基づき，道徳の時間などとの関連を考慮しながら，第3章道徳の第2に示す内容について，家庭科の特質に応じて適切な指導をすること。

2　第2の内容の取扱いについては，次の事項に配慮するものとする。
(1) 「B日常の食事と調理の基礎」については，次のとおり取り扱うこと。
　ア　(2)のア及びイについては，五大栄養素と食品の体内での主な働きを中心に扱うこと。
　イ　(3)のエについては，米飯やみそ汁が我が国の伝統的な日常食であることにも触れること。
　ウ　食に関する指導については，家庭科の特質に応じて，食育の充実に資するよう配慮すること。
(2) 「C快適な衣服と住まい」の(2)のイについては，主として暑さ・寒さ，通風・換気及び採光を取り上げること。
(3) 「D身近な消費生活と環境」については，次のとおり取り扱うこと。
　ア　(1)のイについては，「A家庭生活と家族」の(3)，「B日常の食事と調理の基礎」の(3)並びに「C快適な衣服と住まい」の(2)及び(3)で扱う用具や実習材料などの身近な物を取り上げること。
　イ　(2)については，「B日常の食事と調理の基礎」又は「C快適な衣服と住まい」との関連を図り，実践的に学習できるようにすること。

3　実習の指導については，次の事項に配慮するものとする。
(1) 服装を整え，用具の手入れや保管を適切に行うこと。
(2) 事故の防止に留意して，熱源や用具，機械などを取り扱うこと。
(3) 調理に用いる食品については，生の魚や肉は扱わないなど，安全・衛生に留意すること。

4　家庭との連携を図り，児童が身に付けた知識及び技能などを日常生活に活用するよう配慮するものとする。

5　各内容の指導に当たっては，衣食住など生活の中の様々な言葉を実感を伴って理解する学習活動や，自分の生活における課題を解決するために言葉や図表などを用いて生活をよりよくする方法を考えたり，説明したりするなどの学習活動が充実するよう配慮するものとする。

中学校「技術・家庭」

(平成20年3月28日)

第1 目標
生活に必要な基礎的・基本的な知識及び技術の習得を通して，生活と技術とのかかわりについて理解を深め，進んで生活を工夫し創造する能力と実践的な態度を育てる。

第2 各分野の目標及び内容
〔技術分野〕
1 目標
ものづくりなどの実践的・体験的な学習活動を通して，材料と加工，エネルギー変換，生物育成及び情報に関する基礎的・基本的な知識及び技術を習得するとともに，技術と社会や環境とのかかわりについて理解を深め，技術を適切に評価し活用する能力と態度を育てる。

2 内容
A 材料と加工に関する技術
 (1) 生活や産業の中で利用されている技術について，次の事項を指導する。
   ア 技術が生活の向上や産業の継承と発展に果たしている役割について考えること。
   イ 技術の進展と環境との関係について考えること。
 (2) 材料と加工法について，次の事項を指導する。
   ア 材料の特徴と利用方法を知ること。
   イ 材料に適した加工法を知り，工具や機器を安全に使用できること。
   ウ 材料と加工に関する技術の適切な評価・活用について考えること。
 (3) 材料と加工に関する技術を利用した製作品の設計・製作について，次の事項を指導する。
   ア 使用目的や使用条件に即した機能と構造について考えること。
   イ 構想の表示方法を知り，製作図をかくことができること。
   ウ 部品加工，組立て及び仕上げができること。

B エネルギー変換に関する技術
 (1) エネルギー変換機器の仕組みと保守点検について，次の事項を指導する。
   ア エネルギーの変換方法や力の伝達の仕組みを知ること。
   イ 機器の基本的な仕組みを知り，保守点検と事故防止ができること。
   ウ エネルギー変換に関する技術の適切な評価・活用について考えること。
 (2) エネルギー変換に関する技術を利用した製作品の設計・製作について，次の事項を指導する。
   ア 製作品に必要な機能と構造を選択し，設計ができること。
   イ 製作品の組立て・調整や電気回路の配線・点検ができること。

C 生物育成に関する技術
 (1) 生物の生育環境と育成技術について，次の事項を指導する。
   ア 生物の育成に適する条件と生物の育成環境を管理する方法を知ること。
   イ 生物育成に関する技術の適切な評価・活用について考えること。
 (2) 生物育成に関する技術を利用した栽培又は飼育について，次の事項を指導する。
   ア 目的とする生物の育成計画を立て，生物の栽培又は飼育ができること。

D 情報に関する技術
 (1) 情報通信ネットワークと情報モラルについて，次の事項を指導する。
   ア コンピュータの構成と基本的な情報処理の仕組みを知ること。
   イ 情報通信ネットワークにおける基本的な情報利用の仕組みを知ること。
   ウ 著作権や発信した情報に対する責任を知り，情報モラルについて考えること。
   エ 情報に関する技術の適切な評価・活用について考えること。
 (2) ディジタル作品の設計・制作について，次の事項を指導する。
   ア メディアの特徴と利用方法を知り，制作作品の設計ができること。
   イ 多様なメディアを複合し，表現や発信ができること。
 (3) プログラムによる計測・制御について，次の事項を指導する。
   ア コンピュータを利用した計測・制御の基本的な仕組みを知ること。
   イ 情報処理の手順を考え，簡単なプログラムが作成できること。

3 内容の取扱い

(1) 内容の「A材料と加工に関する技術」の(1)については，技術の進展が資源やエネルギーの有効利用，自然環境の保全に貢献していることや，ものづくりの技術が我が国の伝統や文化を支えてきたことについても扱うものとする。
(2) 内容の「Bエネルギー変換に関する技術」の(1)のイについては，漏電・感電等についても扱うものとする。
(3) 内容の「C生物育成に関する技術」の(2)については，地域固有の生態系に影響を及ぼすことのないよう留意するものとする。
(4) 内容の「D情報に関する技術」については，次のとおり取り扱うものとする。
　ア　(1)のアについては，情報のディジタル化の方法と情報の量についても扱うこと。(1)のウについては，情報通信ネットワークにおける知的財産の保護の必要性についても扱うこと。
　イ　(2)については，使用するメディアに応じて，個人情報の保護の必要性についても扱うこと。
(5) すべての内容において，技術にかかわる倫理観や新しい発想を生み出し活用しようとする態度が育成されるようにするものとする。

〔家庭分野〕
1　目　標
　衣食住などに関する実践的・体験的な学習活動を通して，生活の自立に必要な基礎的・基本的な知識及び技術を習得するとともに，家庭の機能について理解を深め，これからの生活を展望して，課題をもって生活をよりよくしようとする能力と態度を育てる。

2　内　容
　A　家族・家庭と子どもの成長
　(1) 自分の成長と家族について，次の事項を指導する。
　　ア　自分の成長と家族や家庭生活とのかかわりについて考えること。
　(2) 家庭と家族関係について，次の事項を指導する。
　　ア　家庭や家族の基本的な機能と，家庭生活と地域とのかかわりについて理解すること。
　　イ　これからの自分と家族とのかかわりに関心をもち，家族関係をよりよくする方法を考えること。
　(3) 幼児の生活と家族について，次の事項を指導する。
　　ア　幼児の発達と生活の特徴を知り，子どもが育つ環境としての家族の役割について理解すること。
　　イ　幼児の観察や遊び道具の製作などの活動を通して，幼児の遊びの意義について理解すること。
　　ウ　幼児と触れ合うなどの活動を通して，幼児への関心を深め，かかわり方を工夫できること。
　　エ　家族又は幼児の生活に関心をもち，課題をもって家族関係又は幼児の生活について工夫し，計画を立てて実践できること。
　B　食生活と自立
　(1) 中学生の食生活と栄養について，次の事項を指導する。
　　ア　自分の食生活に関心をもち，生活の中で食事が果たす役割を理解し，健康によい食習慣について考えること。
　　イ　栄養素の種類と働きを知り，中学生に必要な栄養の特徴について考えること。
　(2) 日常食の献立と食品の選び方について，次の事項を指導する。
　　ア　食品の栄養的特質や中学生の1日に必要な食品の種類と概量について知ること。
　　イ　中学生の1日分の献立を考えること。
　　ウ　食品の品質を見分け，用途に応じて選択できること。
　(3) 日常食の調理と地域の食文化について，次の事項を指導する。
　　ア　基礎的な日常食の調理ができること。また，安全と衛生に留意し，食品や調理用具等の適切な管理ができること。
　　イ　地域の食材を生かすなどの調理を通して，地域の食文化について理解すること。
　　ウ　食生活に関心をもち，課題をもって日常食又は地域の食材を生かした調理などの活動について工夫し，計画を立てて実践できること。
　C　衣生活・住生活と自立

(1) 衣服の選択と手入れについて，次の事項を指導する。
  ア 衣服と社会生活とのかかわりを理解し，目的に応じた着用や個性を生かす着用を工夫できること。
  イ 衣服の計画的な活用の必要性を理解し，適切な選択ができること。
  ウ 衣服の材料や状態に応じた日常着の手入れができること。
(2) 住居の機能と住まい方について，次の事項を指導する。
  ア 家族の住空間について考え，住居の基本的な機能について知ること。
  イ 家族の安全を考えた室内環境の整え方を知り，快適な住まい方を工夫できること。
(3) 衣生活，住生活などの生活の工夫について，次の事項を指導する。
  ア 布を用いた物の製作を通して，生活を豊かにするための工夫ができること。
  イ 衣服又は住まいに関心をもち，課題をもって衣生活又は住生活について工夫し，計画を立てて実践できること。
D 身近な消費生活と環境
(1) 家庭生活と消費について，次の事項を指導する。
  ア 自分や家族の消費生活に関心をもち，消費者の基本的な権利と責任について理解すること。
  イ 販売方法の特徴について知り，生活に必要な物資・サービスの適切な選択，購入及び活用ができること。
(2) 家庭生活と環境について，次の事項を指導する。
  ア 自分や家族の消費生活が環境に与える影響について考え，環境に配慮した消費生活について工夫し，実践できること。

3 内容の取扱い
(1) 内容の「A家族・家庭と子どもの成長」については，次のとおり取り扱うものとする。
  ア (1)，(2)及び(3)については，相互に関連を図り，実習や観察，ロールプレイングなどの学習活動を中心とするよう留意すること。
  イ (2)のアについては，高齢者などの地域の人々とのかかわりについても触れるよう留意すること。
  ウ (3)のアについては，幼児期における周囲との基本的な信頼関係や生活習慣の形成の重要性についても扱うこと。(3)のウについては，幼稚園や保育所等の幼児との触れ合いができるよう留意すること。
(2) 内容の「B食生活と自立」については，次のとおり取り扱うものとする。
  ア (1)のイについては，水の働きや食物繊維についても触れること。
  イ (2)のウについては，主として調理実習で用いる生鮮食品と加工食品の良否や表示を扱うこと。
  ウ (3)のアについては，魚，肉，野菜を中心として扱い，基礎的な題材を取り上げること。(3)のイについては，調理実習を中心とし，主として地域又は季節の食材を利用することの意義について扱うこと。また，地域の伝統的な行事食や郷土料理を扱うこともできること。
  エ 食に関する指導については，技術・家庭科の特質に応じて，食育の充実に資するよう配慮すること。
(3) 内容の「C衣生活・住生活と自立」については，次のとおり取り扱うものとする。
  ア (1)のアについては，和服の基本的な着装を扱うこともできること。(1)のイについては，既製服の表示と選択に当たっての留意事項を扱うこと。(1)のウについては，日常着の手入れは主として洗濯と補修を扱うこと。
  イ (2)のアについては，簡単な図などによる住空間の構想を扱うこと。
  ウ (3)のアについては，(1)のウとの関連を図り，主として補修の技術を生かしてできる製作品を扱うこと。
(4) 内容の「D身近な消費生活と環境」については，次のとおり取り扱うものとする。
  ア 内容の「A家族・家庭と子どもの成長」，「B食生活と自立」又は「C衣生活・住生活と自立」の学習との関連を図り，実践的に学習できるようにすること。
  イ (1)については，中学生の身近な消

費行動と関連させて扱うこと。

第3 指導計画の作成と内容の取扱い
1 指導計画の作成に当たっては，次の事項に配慮するものとする。
(1) 技術分野及び家庭分野の授業時数については，3学年間を見通した全体的な指導計画に基づき，いずれかの分野に偏ることなく配当して履修させること。その際，家庭分野の内容の「A家族・家庭と子どもの成長」の(3)のエ，「B食生活と自立」の(3)のウ及び「C衣生活・住生活と自立」の(3)のイについては，これら3事項のうち1又は2事項を選択して履修させること。
(2) 技術分野の内容の「A材料と加工に関する技術」から「D情報に関する技術」並びに家庭分野の内容の「A家族・家庭と子どもの成長」から「D身近な消費生活と環境」の各項目に配当する授業時数及び履修学年については，地域，学校及び生徒の実態等に応じて，各学校において適切に定めること。その際，技術分野の内容の「A材料と加工に関する技術」の(1)及び家庭分野の内容の「A家族・家庭と子どもの成長」の(1)については，それぞれ小学校図画工作科，家庭科などの学習を踏まえ，中学校における学習の見通しを立てさせるために，第1学年の最初に履修させること。
(3) 各項目及び各項目に示す事項については，相互に有機的な関連を図り，総合的に展開されるよう適切な題材を設定して計画を作成すること。その際，小学校における学習を踏まえ，他教科等との関連を明確にして，系統的・発展的に指導ができるよう配慮すること。
(4) 第1章総則の第1の2及び第3章道徳の第1に示す道徳教育の目標に基づき，道徳の時間などとの関連を考慮しながら，第3章道徳の第2に示す内容について，技術・家庭科の特質に応じて適切な指導をすること。
2 各分野の内容の取扱いについては，次の事項に配慮するものとする。
(1) 基礎的・基本的な知識及び技術を習得し，基本的な概念などの理解を深めるとともに，仕事の楽しさや完成の喜びを体得させるよう，実践的・体験的な学習活動を充実すること。
(2) 生徒が学習した知識及び技術を生活に活用できるよう，問題解決的な学習を充実するとともに，家庭や地域社会との連携を図るようにすること。
3 実習の指導に当たっては，施設・設備の安全管理に配慮し，学習環境を整備するとともに，火気，用具，材料などの取扱いに注意して事故防止の指導を徹底し，安全と衛生に十分留意するものとする。
4 各分野の指導については，衣食住やものづくりなどに関する実習等の結果を整理し考察する学習活動や，生活における課題を解決するために言葉や図表，概念などを用いて考えたり，説明したりするなどの学習活動が充実するよう配慮するものとする。

小学校「家　庭」

(平成10年12月14日)

第1 目標
　衣食住などに関する実践的・体験的な活動を通して，家庭生活への関心を高めるとともに日常生活に必要な基礎的な知識と技能を身に付け，家族の一員として生活を工夫しようとする実践的な態度を育てる。

第2 各学年の目標及び内容
〔第5学年及び第6学年〕
1 目標
(1) 衣食住や家族の生活などに関する実践的・体験的な活動を通して，家庭生活を支えているものが分かり，家庭生活の大切さに気付くようにする。
(2) 製作や調理など日常生活に必要な基礎的な技能を身に付け，自分の身の回りの生活に活用できるようにする。
(3) 自分と家族などとのかかわりを考えて実践する喜びを味わい，家庭生活をよりよくしようとする態度を育てる。
2 内容
(1) 家庭生活に関心をもって，家庭の仕事や家族との触れ合いができるようにする。
　ア 家庭には自分や家族の生活を支える仕事があることが分かること。
　イ 自分の分担する仕事を工夫すること。
　ウ 生活時間の有効な使い方を考え，家族に協力すること。
　エ 家族との触れ合いや団らんを楽しく

する工夫をすること。
(2) 衣服に関心をもって，日常着を着たり手入れしたりすることができるようにする。
　ア　衣服の働きが分かり，日常着の着方を考えること。
　イ　日常着の手入れが必要であることが分かり，ボタン付けや洗たくができること。
(3) 生活に役立つ物を製作して活用できるようにする。
　ア　布を用いて製作する物を考え，製作計画を立てること。
　イ　形などを工夫し，手縫いにより目的に応じた簡単な縫い方を考えて製作ができること。また，ミシンを用いて直線縫いをすること。
　ウ　製作に必要な用具の安全な取扱いができること。
(4) 日常の食事に関心をもって，調和のよい食事のとり方が分かるようにする。
　ア　食品の栄養的な特徴を知り，食品を組み合わせてとる必要があることが分かること。
　イ　1食分の食事を考えること。
(5) 日常よく使用される食品を用いて簡単な調理ができるようにする。
　ア　調理に必要な材料の分量が分かり，手順を考えて調理計画を立てること。
　イ　材料の洗い方，切り方，味の付け方及び後片付けの仕方が分かること。
　ウ　ゆでたり，いためたりして調理ができること。
　エ　米飯及びみそ汁の調理ができること。
　オ　盛り付けや配膳を考え，楽しく食事ができること。
　カ　調理に必要な用具や食器の安全で衛生的な取扱い及びこんろの安全な取扱いができること。
(6) 住まい方に関心をもって，身の回りを快適に整えることができるようにする。
　ア　整理・整とんや清掃を工夫すること。
　イ　身の回りを快適に整えるための手立てや工夫を調べ，気持ちよい住まい方を考えること。
(7) 身の回りの物や金銭の計画的な使い方を考え，適切に買物ができるようにする。
　ア　物や金銭の使い方を自分の生活とのかかわりで考えること。
　イ　身の回りの物の選び方や買い方を考え，購入することができること。
(8) 近隣の人々との生活を考え，自分の家庭生活について環境に配慮した工夫ができるようにする。

第3　指導計画の作成と各学年にわたる内容の取扱い
1　指導計画の作成に当たっては，次の事項に配慮するものとする。
　(1) 題材の構成に当たっては，児童の実態を的確にとらえるとともに，内容相互の関連を図り，指導の効果を高めるようにすること。
　(2) 第2の内容の(3)及び(5)については，学習の効果を高めるため，2学年にわたって平易なものから段階的に扱うこと。
2　第2の内容の取扱いについては，次の事項に配慮するものとする。
　(1) 内容の範囲と程度については，次の事項に配慮すること。
　　ア　(2)のアについては，保健衛生上，生活活動上の着方を中心に取り上げること。イについては，洗剤の働きに深入りしないこと。
　　イ　(4)のアについては，食品の体内での主な働きを中心にし，細かな栄養素や食品成分表の数値は扱わないこと。
　　ウ　(6)のイについては，暖かさ，風通し，明るさなどから選択して取り上げること。
　　エ　(7)のアについては，使っていない物を家庭内で再利用するなど物の活用についても扱うこと。イについては，内容の(1)，(3)，(5)及び(6)で扱う用具や実習材料など身近な物を取り上げること。
　　オ　(8)については，(1)から(7)までの各項目での学習を生かして総合的に扱うこと。また，自分の家庭生活上の課題について実践的な活動を中心に扱うこと。
　(2) 実習の指導については，次の事項に配慮すること。
　　ア　服装を整え，用具の手入れや保管を適切に行うこと。
　　イ　事故の防止に留意して，熱源や用具，機械などを取り扱うこと。
　　ウ　調理に用いる食品については，生の

魚や肉は扱わないなど,安全・衛生に留意すること。
(3) 内容の範囲や程度等を示す事項は,すべての児童に対して指導するものとする内容の範囲や程度等を示したものであり,学校において特に必要がある場合には,この事項にかかわらず指導することができること。
3 家庭との連携を図り,児童が身に付けた知識と技能などを日常生活に活用するよう配慮するものとする。

中学校「技術・家庭」

(平成10年12月14日)

第1 目 標
 生活に必要な基礎的な知識と技術の習得を通して,生活と技術とのかかわりについて理解を深め,進んで生活を工夫し創造する能力と実践的な態度を育てる。

第2 各分野の目標及び内容
 〔技術分野〕
 1 目 標
  実践的・体験的な学習活動を通して,ものづくりやエネルギー利用及びコンピュータ活用等に関する基礎的な知識と技術を習得するとともに,技術が果たす役割について理解を深め,それらを適切に活用する能力と態度を育てる。
 2 内 容
  A 技術とものづくり
  (1) 生活や産業の中で技術の果たしている役割について,次の事項を指導する。
   ア 技術が生活の向上や産業の発展に果たしている役割について考えること。
   イ 技術と環境・エネルギー・資源との関係について知ること。
  (2) 製作品の設計について,次の事項を指導する。
   ア 使用目的や使用条件に即した製作品の機能と構造について考えること。
   イ 製作品に用いる材料の特徴と利用方法を知ること。
   ウ 製作品の構想の表示方法を知り,製作に必要な図をかくことができること。
  (3) 製作に使用する工具や機器の使用方法及びそれらによる加工技術について,次の事項を指導する。
   ア 材料に適した加工法を知ること。
   イ 工具や機器を適切に使い,製作品の部品加工,組立て及び仕上げができること。
  (4) 製作に使用する機器の仕組み及び保守について,次の事項を指導する。
   ア 機器の基本的な仕組みを知ること。
   イ 機器の保守と事故防止ができること。
  (5) エネルギーの変換を利用した製作品の設計・製作について,次の事項を指導する。
   ア エネルギーの変換方法や力の伝達の仕組みを知り,それらを利用した製作品の設計ができること。
   イ 製作品の組立て・調整や,電気回路の配線・点検ができること。
  (6) 作物の栽培について,次の事項を指導する。
   ア 作物の種類とその生育過程及び栽培に適する環境条件を知ること。
   イ 栽培する作物に即した計画を立て,作物の栽培ができること。
  B 情報とコンピュータ
  (1) 生活や産業の中で情報手段の果たしている役割について,次の事項を指導する。
   ア 情報手段の特徴や生活とコンピュータとのかかわりについて知ること。
   イ 情報化が社会や生活に及ぼす影響を知り,情報モラルの必要性について考えること。
  (2) コンピュータの基本的な構成と機能及び操作について,次の事項を指導する。
   ア コンピュータの基本的な構成と機能を知り,操作ができること。
   イ ソフトウェアの機能を知ること。
  (3) コンピュータの利用について,次の事項を指導する。
   ア コンピュータの利用形態を知ること。
   イ ソフトウェアを用いて,基本的な

情報の処理ができること。
(4) 情報通信ネットワークについて，次の事項を指導する。
　ア　情報の伝達方法の特徴と利用方法を知ること。
　イ　情報を収集，判断，処理し，発信ができること。
(5) コンピュータを利用したマルチメディアの活用について，次の事項を指導する。
　ア　マルチメディアの特徴と利用方法を知ること。
　イ　ソフトウェアを選択して，表現や発信ができること。
(6) プログラムと計測・制御について，次の事項を指導する。
　ア　プログラムの機能を知り，簡単なプログラムの作成ができること。
　イ　コンピュータを用いて，簡単な計測・制御ができること。

3　内容の取扱い
(1) 内容の「A技術とものづくり」については，次のとおり取り扱うものとする。
　ア　(1)のイについては，技術の進展がエネルギーや資源の有効利用，自然環境の保全に貢献していることについて扱うこと。
　イ　(2)，(3)及び(4)については，主として木材・金属などを使用した製作品を取り上げること。(2)のウについては，等角図，キャビネット図のいずれかを扱うこと。
　ウ　(4)については，製作に使用する電気機器の基本的な電気回路や，漏電・感電等についても扱うこと。
　エ　(6)については，草花や野菜等の普通栽培を原則とするが，地域や学校の実情等に応じて施設栽培等を扱うこともできること。
(2) 内容の「B情報とコンピュータ」については，次のとおり取り扱うものとする。
　ア　(1)のアについては，身近な事例を通して情報手段の発展についても簡単に扱うこと。(1)のイについては，インターネット等の例を通して，個人情報や著作権の保護及び発信した情報に対する責任について扱うこと。
　イ　(3)のイについては，生徒の実態を考慮し文書処理，データベース処理，表計算処理，図形処理の中から選択して取り上げること。
　ウ　(4)については，コンピュータを利用したネットワークについて扱うこと。
　エ　(6)のイについては，インタフェースの仕組み等に深入りしないこと。

〔家庭分野〕
1　目　標
　実践的・体験的な学習活動を通して，生活の自立に必要な衣食住に関する基礎的な知識と技術を習得するとともに，家庭の機能について理解を深め，課題をもって生活をよりよくしようとする能力と態度を育てる。

2　内　容
A　生活の自立と衣食住
(1) 中学生の栄養と食事について，次の事項を指導する。
　ア　生活の中で食事が果たす役割や，健康と食事とのかかわりについて知ること。
　イ　栄養素の種類と働きを知り，中学生の時期の栄養の特徴について考えること。
　ウ　食品の栄養的特質を知り，中学生に必要な栄養を満たす1日分の献立を考えること。
(2) 食品の選択と日常食の調理の基礎について，次の事項を指導する。
　ア　食品の品質を見分け，用途に応じて適切に選択することができること。
　イ　簡単な日常食の調理ができること。
　ウ　食生活の安全と衛生に留意し，食品や調理器具等の適切な管理ができること。
(3) 衣服の選択と手入れについて，次の事項を指導する。
　ア　衣服と社会生活とのかかわりを考え，目的に応じた着用や個性を生かす着用を工夫できること。
　イ　日常着の計画的な活用を考え，適切な選択ができること。
　ウ　衣服材料に応じた日常着の適切な手入れと補修ができること。
(4) 室内環境の整備と住まい方について，次の事項を指導する。
　ア　家族が住まう空間としての住居の機能を知ること。

イ　安全で快適な室内環境の整え方を知り，よりよい住まい方の工夫ができること。
　(5)　食生活の課題と調理の応用について，次の事項を指導する。
　　　ア　自分の食生活に関心をもち，日常食や地域の食材を生かした調理の工夫ができること。
　　　イ　会食について課題をもち，計画を立てて実践できること。
　(6)　簡単な衣服の製作について，次の事項を指導する。
　　　ア　日常の衣服に関心をもち，身体を覆う衣服の基本的な構成を知ること。
　　　イ　簡単な衣服の製作について課題をもち，計画を立てて製作できること。
　B　家族と家庭生活
　(1)　自分の成長と家族や家庭生活とのかかわりについて考えさせる。
　(2)　幼児の発達と家族について，次の事項を指導する。
　　　ア　幼児の観察や遊び道具の製作を通して，幼児の遊びの意義について考えること。
　　　イ　幼児の心身の発達の特徴を知り，子どもが育つ環境としての家族の役割について考えること。
　(3)　家庭と家族関係について，次の事項を指導する。
　　　ア　家庭や家族の基本的な機能を知り，家族関係をよりよくする方法を考えること。
　　　イ　家庭生活は地域の人々に支えられていることを知ること。
　(4)　家庭生活と消費について，次の事項を指導する。
　　　ア　販売方法の特徴や消費者保護について知り，生活に必要な物資・サービスの適切な選択，購入及び活用ができること。
　　　イ　自分の生活が環境に与える影響について考え，環境に配慮した消費生活を工夫すること。
　(5)　幼児の生活と幼児との触れ合いについて，次の事項を指導する。
　　　ア　幼児の生活に関心をもち，課題をもって幼児の生活に役立つものをつくることができること。
　　　イ　幼児の心身の発達を考え，幼児との触れ合いやかかわり方の工夫ができること。
　(6)　家庭生活と地域とのかかわりについて，次の事項を指導する。
　　　ア　地域の人々の生活に関心をもち，高齢者など地域の人々とかかわることができること。
　　　イ　環境や資源に配慮した生活の工夫について，課題をもって実践できること。
3　内容の取扱い
　(1)　内容の「A生活の自立と衣食住」については，次のとおり取り扱うものとする。
　　　ア　(1)のイについては，五大栄養素に関する基礎的な事項を扱うこと。また，水の働きについても触れること。(1)のウについては，食品群と食品群別摂取量の目安を扱う程度とすること。
　　　イ　(2)のアについては，調理実習で用いる生鮮食品の良否と加工食品の表示を扱うこと。(2)のイについては，魚，肉，野菜を中心として扱い，基礎的な題材を取り上げること。
　　　ウ　(3)のイについては，既製服の表示と選択に当たっての留意事項を扱うこと。
　　　エ　(4)のアについては，住空間の計画，平面図は扱わないこと。
　　　オ　(6)のイについては，生徒が活用できる日常着を扱うこと。なお，地域，学校及び生徒の実態等により，和服等の平面構成の基礎について扱うこともできること。
　(2)　内容の「B家族と家庭生活」については，次のとおり取り扱うものとする。
　　　ア　(1)，(2)及び(3)については相互に関連を図り，実習や観察，ロールプレイングなどの学習活動を中心とするよう留意すること。
　　　イ　(2)のイについては，幼児期における基本的な生活習慣の形成の重要性についても扱うこと。
　　　ウ　(4)のアについては，中学生にかかわりの深い販売方法を取り上げること。

エ (5)のイについては，幼稚園や保育所等で幼児との触れ合いができるよう留意すること。

第3 指導計画の作成と内容の取扱い
1 指導計画の作成に当たっては，次の事項に配慮するものとする。
(1) 技術分野及び家庭分野の授業時数については，3学年間を見通した全体的な指導計画に基づき，いずれかの分野に偏ることなく配当して履修させること。その際，技術分野の内容の「A技術とものづくり」及び「B情報とコンピュータ」並びに家庭分野の内容の「A生活の自立と衣食住」及び「B家族と家庭生活」それぞれの(1)から(4)の項目については，すべての生徒に履修させること。また，技術分野の内容の「A技術とものづくり」及び「B情報とコンピュータ」並びに家庭分野の内容の「A生活の自立と衣食住」及び「B家族と家庭生活」それぞれの(5)及び(6)の項目については，各分野ごとに4項目のうち1又は2項目を選択して履修させること。
(2) 技術分野の内容の「A技術とものづくり」及び「B情報とコンピュータ」並びに家庭分野の内容の「A生活の自立と衣食住」及び「B家族と家庭生活」の各項目に配当する授業時数及び履修学年については，地域，学校及び生徒の実態等に応じて，各学校において適切に定めるものとすること。
(3) 各項目及び各項目に示す事項については，相互に有機的な関連を図り，総合的に展開されるよう適切な題材を設定して計画を作成すること。
2 各分野の内容の指導については，次の事項に配慮するものとする。
(1) 実践的・体験的な学習活動を中心とし，仕事の楽しさや完成の喜びを体得させるようにすること。
(2) 生徒が自分の生活に結び付けて学習できるよう，問題解決的な学習を充実すること。
3 実習の指導に当たっては，施設・設備の安全管理に配慮し，学習環境を整備するとともに，火気，用具，材料などの取扱いに注意して事故防止の指導を徹底し，安全と衛生に十分留意するものとする。
4 第2の内容の取扱いのうち内容の範囲や程度等を示す事項は，すべての生徒に対して指導するものとする内容の範囲や程度等を示したものであり，学校において特に必要がある場合には，この事項にかかわらず指導することができること。
5 選択教科としての「技術・家庭」においては，生徒の特性等に応じ多様な学習活動が展開できるよう，第2の内容その他の内容で各学校が定めるものについて，課題学習，基礎的・基本的な知識と技術の定着を図るための補充的な学習，地域の実態に即したり各分野の内容を統合したりする発展的な学習などの学習活動を各学校において適切に工夫して取り扱うものとする。

3　小学校児童指導要録（抜粋）

（文部科学省　平成13年4月）

児童氏名	学校名	区分\学年	1	2	3	4	5	6
		学級						
		整理番号						

各教科の学習の記録

I　観点別学習状況

教科	観点	学年	1	2	3	4	5	6
国語	国語への関心・意欲・態度							
	話す・聞く能力							
	書く能力							
	読む能力							
	言語についての知識・理解・技能							
社会	社会的事象への関心・意欲・態度							
	社会的な思考・判断							
	観察・資料活用の技能・表現							
	社会的事象についての知識・理解							
算数	算数への関心・意欲・態度							
	数学的な考え方							
	数量や図形についての表現・処理							
	数量や図形についての知識・理解							
理科	自然事象への関心・意欲・態度							
	科学的な思考							
	観察・実験の技能・表現							
	自然事象についての知識・理解							
生活	生活への関心・意欲・態度							
	活動や体験についての思考・表現							
	身近な環境や自分についての気付き							
音楽	音楽への関心・意欲・態度							
	音楽的な感受や表現の工夫							
	表現の技能							
	鑑賞の能力							
図画工作	造形への関心・意欲・態度							
	発想や構想の能力							
	創造的な技能							
	鑑賞の能力							
家庭	家庭生活への関心・意欲・態度							
	生活を創意工夫する能力							
	生活の技能							
	家庭生活についての知識・理解							
体育	運動や健康・安全への関心・意欲・態度							
	運動や健康・安全についての思考・判断							
	運動の技能							
	健康・安全についての知識・理解							

II　評定

学年\教科	国語	社会	算数	理科	音楽	図画工作	家庭	体育
3								
4								
5								
6								

出欠の記録

区分\学年	授業日数	出席停止・忌引の日数	出席しなければならない日数	欠席日数	出席日数	備考
1						
2						
3						
4						
5						
6						

総合的な学習の時間の記録

学年	学習活動	観点	評価
3			
4			
5			
6			

特別活動の記録

内容\学年	1	2	3	4	5	6
学級活動						
児童会活動						
クラブ活動						
学校行事						

行動の記録

項目\学年	1	2	3	4	5	6
基本的な生活習慣						
健康・体力の向上						
自主・自律						
責任感						
創意工夫						
思いやり・協力						
生命尊重・自然愛護						
勤労・奉仕						
公正・公平						
公共心・公徳心						

児童氏名 [　　　　　　]

総合所見及び指導上参考となる諸事項	
第1学年	第4学年
第2学年	第5学年
第3学年	第6学年

(注)「総合所見及び指導上参考となる諸事項」の欄には，以下のような事項などを記録する。
　①各教科や総合的な学習の時間の学習に関する所見
　②特別活動に関する事実及び所見
　③行動に関する所見
　④児童の特徴・特技，学校内外における奉仕活動，表彰を受けた行為や活動，知能，学力等について
　　標準化された検査の結果など指導上参考となる諸事項
　⑤児童の成長の状況にかかわる総合的な所見

4　教材機能別分類表（小学校）(抜粋)

（文部科学省　平成13年11月）

1. 教材機能別分類表は，教材の機能を重視した教材選択・教材整備が図られるよう，教材の機能的な側面に着目して分類整理し，教材を選択し整備する際の留意点を示した参考資料である。
 （平成13年11月5日付け　文科初第718号　初等中等教育局長通知）
2. 新学習指導要領の趣旨を踏まえ，児童生徒の「生きる力」を育成する観点等を重視しつつ教材整備が図られるよう，教材の機能を大きく次の4つに分類した。
 ① 発表・表示用教材
  児童生徒が表現活動や発表に用いる，又は児童生徒が見て理解するための図示・表示の機能を有する教材
 ② 道具・実習用具教材
  児童生徒が実際に使って学習・実習の理解を深める機能を有する教材
 ③ 実験観察・体験用教材
  児童生徒の実験観察や体験を効果的に進める機能を有する教材
 ④ 情報記録用教材
  情報を記録する機能を有する教材
3. 教材の効率的整備・活用の観点から，「学校全体で共用可能な教材」，「特定の教科等で必要な教材」とに区別し，その上で，使途・目的が類似している教材を「品目類別」としてまとめ，各品目類別について，参考のため，いくつかの教材を例示した。
4. 中等教育学校の前期課程については，中学校教材機能別分類表を準用する。

小学校教材機能別分類表

1．発表・表示用教材

教科等	品目類別	例示品名
①学校全体で共用可能な教材	発表用教材	オーバーヘッドプロジェクター，拡大機，レーザーポインター（PSCマーク付）など
	表示用教材	テレビ，DVDプレーヤー，教材提示装置（ビデオプロジェクターなど），スライド映写機，映写幕，紙芝居舞台，行事告知板など
	放送用教材	放送設備一式など

（留意点）
　教育の情報化に伴って整備される大型ディスプレイ，液晶プロジェクター等の有効活用を検討することが望まれる。
　また，学校全体で共用可能な教材が，各教科ごとに重複して購入されることなどが生じないよう，教材の整備・活用に当たっては，校長のリーダーシップの下，全校的な調整を行うなど，工夫し効率化を図る必要がある。

教科等	品目類別	例示品名
②特定の教科等で必要な教材		
家庭	黒板の類	黒板（栄養，献立表など）など
	掛図の類	教授用掛図（家庭など）など
	標本・模型	標本（基礎縫い，布地など），模型（食品，献立など）など
	教師用教具	裁縫用具一式，栄養指導用具一式など
	ソフト教材	DVD，スライド，ビデオテープなど
	指導用PCソフト	家庭科指導用など

2．道具・実習用具教材

教科等	品目類別	例示品名
①学校全体で共用可能な教材	資料作成教材	裁断機，紙折機，製本機，ラミネート作成機など
	測定用教材	巻き尺，ストップウォッチなど
	保管戸棚の類	ソフト収納戸棚，AV機器保管戸棚など
②特定の教科等で必要な教材		
家庭	衣服関係教材	
	①衣服手入れ教材	電気アイロン，アイロン台，噴霧器，電気洗濯機一式など
	②衣服製作教材	ミシン及び付属品，裁縫板，裁縫用具一式，大鏡など
	調理関係教材	
	①調理用具	コンロ，炊事用具一式，鍋類一式，容器一式，食器一式など
	②電化製品	電子オーブンレンジ，ホットプレート，電気冷凍冷蔵庫，エアタオルなど
	③計量・検査器	上皿自動秤，計量器，食品成分検査用具（塩分計，糖度計など）など
	整理用教材	電気掃除機，清掃用具一式，まな板包丁滅菌庫など

3．実験観察・体験用教材

教科等	品目類別	例示品名
①学校全体で共用可能な教材	野外活動用教材	携帯用拡声機，トランシーバーなど
	安全学習体験用教材	交通安全用具一式など
②特定の教科等で必要な教材		
家庭	家庭関係測定器	家庭関係測定器一式など

4．情報記録用教材

教科等	品目類別	例示品名
①学校全体で共用可能な教材	音声記録教材	テープレコーダー，マイクロカセットレコーダー，デジタルボイスレコーダーなど
	映像記録教材	ビデオテープレコーダー，デジタルカメラ，デジタルビデオカメラ，ビデオテープ編集装置，カラーコピー機など

（留意点）

　これらは，教科等にかかわらず学校で共通的に使うことができるものが多いが，特定の教科等においては，地域の状況等を踏まえ，特色ある授業等に応じて備えるべき教材が必要な場合も考えられる。なお，情報記録に関してはMO（光磁気ディスク）等を有効に活用することが望まれる。

　また，高価な教材が多いことから，使用頻度が年に数回程度しか見込まれない教材については，効率的使用の観点から，地域の実情に応じて，例えば地域の数校で共通利用することなども有効な方法と考えられる。

索　引

― あ 行 ―

アジアの家庭科　200
アトキンソン　174
アフターバブル・キッズ　22
編組織　58
アミノ酸　92
編物　56, 58
アメリカの学校系統図　194
アメリカの家庭科　195
家の手伝い　25, 147
イギリスの学校系統図　197
イギリスの家庭科　196
生きる力　32, 203
意思決定　116, 181, 204
衣生活　53
衣生活と環境　76
衣生活の課題　75
一斉指導・学習　126
一対比較法　183
糸　55
衣服　53, 58
衣服の着方　53, 58, 60
衣服の手入れ　53, 68, 73
衣服の働き　59
衣服の表示　72
衣服気候　59, 60
衣服材料　61
インターネット　29
受け身化　23
栄養を考えた食事　78
栄養素　91
エコメートマーク　75, 76
ＳＤ法　181
エリクソン　27
おこづかい　108, 109, 110
おやつ会　88
織組織　57
織物　56, 58
温暖化　104, 105

― か 行 ―

快適な住まい方　99
外発的動機　28

界面活性剤　69
核家族化　21
学習指導　122
学習指導の形態　126
学習指導の実際　130
学習指導の方法　128
学習指導案　153
学習指導要領に示される内容　41
学習指導要領の変遷　10
学習指導要領家庭科編（試案）　9
学習指導例　131, 133, 136, 140
学習目標　146
学年の目標　37
家事科　8
家事関連時間　49
家事教育　8
家事経済科　7
家事分担　49
家族　44, 45, 47
家族・家庭生活　43
家族関係　20
課題解決能力　181
学校給食　151
学校教育　12
学校教育法　14, 188
学校教育法施行規則　14, 154
家庭科　9, 11, 12
家庭科の授業時数　16
家庭科の内容の変遷　40
家庭科教育　12
家庭科教育の内容　39
家庭科教育の目標　31
家庭科教育の歴史　7
家庭科準備室　167
家庭科担当教師の資質　190
家庭教育　13
家庭教室（家庭科室）　166, 167, 168
家庭教室の現状　166
家庭教室の整備　169
環境教育　90, 117, 205
環境共生住宅　104
韓国の家庭科　200
観察記録法　181
関心・意欲・態度　179, 180

完成法　183
観点別学習記録　184
観点別学習状況　178, 184
観点別評価　178
着方　58
技術・家庭科　11, 151
規準と基準　177
技能の評価　182
客観テスト　182, 183
キャッシュレス社会　107
QOL（Quality of Life）　111
吸湿性　61, 62
給食　90
吸水性　61, 62
教育基本法　13, 14, 126, 188
教育職員養成審議会　188
教育令　8
教員免許更新制　188
教科の目標　36
教科目標の変遷　33, 34, 35
教材　169
教材基準　169, 170
教材機能別分類表　171
教師の資質　186
教師の地位に関する勧告　186
教室の明るさ　101, 102
教授法　122
具体的操作期　28
グッドナウ　26
グリーンコンシューマー　120, 205
グループ　127
携帯電話　29
携帯電話の所有率　110
芸能科　8
劇化法　130
ゲス・フー・テスト　181
建造物の構造と材料　97
講義法　128
高等学校の教育課程　16, 17
光背効果（ハロー効果）　183
高齢化　126
国際家族年　45
国民学校令　7, 8
国民生活センター　113
個人内評価　175, 177
五大栄養素　81
孤独化　23
子どもの消費生活の実態　107
個別指導・学習　127

献立　87
コンピューター　130

— さ 行 —

採光　100
最低居住水準　103, 104
裁縫教育　7
裁縫用具　64
作品の評価　182
算数　18
時案　153, 160
時案の形式例　161
時案例　163
CAI（Computer-Assisted Instruction）　130
ジェンダー→性差
自己評価　176
指導と評価　178
指導過程　159
指導計画　159
指導計画の作成　145, 152
指導計画作成上の配慮事項　146
児童のいる世帯　46
児童の体格の推移　44
児童期の発達課題　27
児童虐待　44
示範法　129
自分の成長　43, 44
脂肪　92
社会科　17, 150
社会性の発達　28
社会生活基本調査　49
住環境　103
住居の機能・役割　96
住居の成り立ち　97
住居の汚れ落とし　102
住生活　96
住宅の構造　97
授業を構成する要素　152
循環型社会　118, 119
循環資源　118
消化吸収の模式図　80
小学生の生活習慣　23
小学校の教育課程　14, 15, 16
小学校学習指導要領家庭科編　9
小学校家庭生活指導の手引き　9
小学校教則大綱　7
小学校児童指導要録　184
小学校令　7, 8
少子化　21, 126

脂溶性ビタミン　93
小題材名　155, 160
消費行動と意思決定　116
消費者の権利と責任　114
消費者運動　115
消費者基本法　115
消費者教育　87, 110, 111, 115, 116, 118, 204
消費者契約法　116
消費者保護基本法　115
消費者庁　113
消費者問題　111, 113, 115
消費生活・環境　106
消費生活センター　113, 114
消費生活相談　111, 113
消費的生活　25
照明　100, 101
食の今後の課題　94
食育　42
食育基本法　150, 151, 203
食育指導　29, 204, 206
食事の役割　78, 79
食生活　78
シンガポールの家庭科　201
真偽法　184
人体と水　83
診断的評価　175, 177
水分　82
水溶性ビタミン　93
スウェーデンの学校系統図　199
スウェーデンの家庭科　198
生活に役立つ物　64
生活の技能　179
生活の質→QOL（Quality of Life）
生活の自立　36
生活意識の調査　21
生活科　17, 147, 206
生活時間　24, 47, 48, 50
性差　52
製作　63
製造物責任法　115
性別分業役割意識　52
整理・整頓　102
世界の学校教育制度　192
世界の家庭科　193
世帯　46
絶対評価　175, 177
繊維　54, 55, 57
繊維製品の取扱いに関する表示記号　74
戦後の家庭科教育　9

洗剤　69
戦前の家庭科教育　7
洗濯　73
洗濯の手順　71
洗濯用具　70
洗濯用洗剤　70, 77
創意工夫　179, 181
総括的評価　177
総合的な学習の時間　150, 205, 206
相互評価　176
相対評価　175, 177

― た　行 ―

タイの家庭科　201
体育　18
題材　153, 154, 155
題材の配列　154
題材指導計画案（題材案）　153, 157
題材設定の理由　158
題材名　158
台湾の家庭科　200
他教科と家庭科　17
諾否法　184
単元　153
男女異教材　9
男女共同参画社会　49
炭水化物　91
単独世帯　46
蛋白質　92
地域とのつながり　50
地域の教育力　51, 52
チェックリスト法　181, 182
地球温暖化　104, 105
知識・理解の評価　182, 183
知的発達　27
着装　62
中央教育審議会答申　33, 151, 189, 204
中学校の教育課程　15, 17
調理の基礎　78
調理実習　83, 84, 86, 87
調理台兼作業机　168, 171
通気性　61, 62
通知表（通信簿）　184
通風・換気　100
T・T（Team teaching）　127
訂正法　183
ディベート　128, 181
手縫いの基礎　67
討議法　128

等現間隔法　183
糖質　91
道徳教育　42
特定商取引に関する法律　116
特別活動　147
取扱い絵表示　73

― な 行 ―

内発的動機づけ　28
内容の変遷　39
日本家庭科教育学会　26
縫い糸　56, 66
布　56
年間指導計画案　153, 154
年間指導計画例　155, 156

― は 行 ―

配当時間　155
発育と健康　29
ピアジェ　28
PL法→製造物責任法
PIO・NET　111
ビタミン　93
批判的思考　116
被服　58
評価　160
評価の意義　174
評価の観点　178, 178
評価の分類　175
評価の方法　177
評価基準（規準）　175
評価時期による分類　177
標準教材品目　170
評定　184
評定尺度法　182
評定法　182
プライバシー　52

ブレーンストーミング　181
分団指導・学習　127
平均世帯人員　45
ペーパーテスト　183
縫製用具　65
保温性　61, 62
保健　150
本時の展開　162
本時の評価　163
本時の目標　162

― ま 行 ―

まちづくり学習　104
水　81, 90
ミネラル　92
無機質　92
六つの基礎食品群　81, 82
目標　158
持ち家　103
問題解決能力　181
問題解決法　129
問題場面テスト　181
問答法　128

― や 行 ―

役割分担　25
誘導居住水準　103
汚れの種類　68
4R（Refuse, Reduce, Reuse, Recycle）　75

― ら 行 ―

理科　18
リサイクル　75, 76
リユース　75
ロールプレイング　130
論文体テスト　182, 183

本書は、2009年に学芸図書より刊行したものです。

小学校家庭科教育研究

2017(平成29)年 8 月15日　初版第 1 刷発行
2019(令和元)年 8 月 5 日　初版第 3 刷発行

編 著 者	教 師 養 成 研 究 会
	家 庭 科 教 育 学 部 会
	代表者　池﨑　喜美惠
発 行 者	錦織　圭之介
発 行 所	株式会社　東洋館出版社

〒 113-0021　東京都文京区本駒込 5 丁目16番 7 号
営業部　電話 03-3823-9206／FAX 03-3823-9208
編集部　電話 03-3823-9207／FAX 03-3823-9209
振替　00180-7-96823
URL : http://www.toyokan.co.jp

装　　丁　水戸部　功
印刷・製本　藤原印刷株式会社

ISBN978-4-491-03312-9　　　　　　　　　Printed in Japan